科技发展视角下英、日、韩、中

人寿保险业发展研究

赵燕妮◎著

中国财经出版传媒集团

经济科学出版社
Economic Science Press

图书在版编目（CIP）数据

科技发展视角下英、日、韩、中人寿保险业发展
研究/赵燕妮著 . —北京：经济科学出版社，2017.12
ISBN 978 - 7 - 5141 - 8672 - 7

Ⅰ.①科⋯　Ⅱ.①赵⋯　Ⅲ.①人寿保险 - 研究 - 英国
②人寿保险 - 研究 - 日本③人寿保险 - 研究 - 韩国④人寿
保险 - 研究 - 中国　Ⅳ.①F841.622

中国版本图书馆 CIP 数据核字（2017）第 281891 号

责任编辑：于海汛　李一心
责任校对：刘　昕
责任印制：潘泽新

科技发展视角下英、日、韩、中人寿保险业发展研究
赵燕妮　著

经济科学出版社出版、发行　新华书店经销
社址：北京市海淀区阜成路甲 28 号　邮编：100142
总编部电话：010 - 88191217　发行部电话：010 - 88191522
网址：www. esp. com. cn
电子邮件：esp@ esp. com. cn
天猫网店：经济科学出版社旗舰店
网址：http://jjkxcbs. tmall. com
北京密兴印刷有限公司印装
710 × 1000　16 开　15.75 印张　260000 字
2017 年 12 月第 1 版　2017 年 12 月第 1 次印刷
ISBN 978 - 7 - 5141 - 8672 - 7　定价：46.00 元
（图书出现印装问题，本社负责调换。电话：010 - 88191510）
（版权所有　侵权必究　举报电话：010 - 88191586
电子邮箱：dbts@ esp. com. cn）

序

　　科学技术的发展给人们的生活带来日新月异的变化，科学技术决定着经济的发展和社会的进步。纵观人寿保险业的发展历史，也无一不体现着科学技术在其悠久的发展过程中的巨大作用。无论是早期天文学家哈雷研制出第一张生命表并被应用于人寿保险，还是近期互联网的发展带来了人寿保险领域承保方式的改变，无一不体现着这一巨大作用，可以这样说，科学技术的发展丰富了人们对风险的认识，拓宽了风险管理方法，极大地促进了人寿保险业的发展。本书是从科学技术的发展影响人寿保险业的发展这一视角，对世界历史上人寿保险行业历史发展悠久的英国人寿保险演化过程进行梳理，同时，在亚洲范围内，选取具有代表性的日本、韩国与中国的人寿保险业逐一进行分析，在分析比较过程中，无论是对历史的回顾还是对现状的描述，也都体现了一国科学技术发展对当地人寿保险业的巨大影响。

　　本书主要分为四个部分：

　　第一部分分析英国人寿保险业的演化发展过程、当前人寿保险市场状况、人寿保险业的结构、绩效以及寿险业的监管体系，对中国人寿保险行业的发展有什么样的启示。

　　第二部分是对亚洲代表性国家日本、韩国的寿险行业发展历史、现状及未来发展前景进行分析研究，在对这些问题进行研究分析的基础上，归纳总结出对我国寿险行业的启示。

　　第三部分是对中国寿险行业的历史演化过程进行分析，在此基础上，分析我国当前寿险业发展概况，并对影响我国寿险业发展的因素进行实证分析，提出未来我国寿险业发展的对策建议。

　　第四部分是对整个亚洲国家的寿险业进行分析概括，目的是分析中国寿险业发展的大环境，并提出亚洲人寿保险行业发展趋势和行业前景，以及正在进入亚洲特定市场的保险公司。在一定程度上，指出未来中国寿险业的发展方向。

随着人类医疗水平的提高及对身体健康的重视，老年人越来越长寿，实际寿命比预期寿命更长。根据国际上的标准，中国早在 1999 年即进入老龄化社会，随之而来的便是老年人口的养老问题，除了对老年人口的养老问题进行思考之外，还引申出我们对其他寿险产品乃至寿险行业的进一步思考，比如，中国的寿险行业发展现状如何？与世界发达国家相比，中国的寿险业差距主要在哪里？中国寿险业未来发展前景如何？我们应该从其他国家寿险业发展中获得哪些启示？未来应该从哪些方面发展我国的寿险行业？这是本书研究的目的所在。

目　　录

第一章

英国保险业演化发展过程

　　自 1700 年以来，英国现代保险作为风险保障的一种方法对社会发展起到了至关重要的作用。现代保险是在鼓励私人处理风险和国家提供补充性社会保障政策两类活动共同作用下发展起来的，技术组织和市场的发展变化显著的改变着商业活动。作为欧洲最大的保险市场，英国保险业发展远源流长，迄今已有三百多年的发展历史，英国保费收入占 GDP 的比例在欧洲最高，在世界排名第二。英国保险业在世界上处于领先地位，连续 10 多年排在世界前 5 名。20 世纪 80 年代以来，全球寿险业保持高速增长，复合增长率达到10%。英国寿险业务占全球寿险业务的比例在10%左右，2007 年，这一比例达到最高值，为 14.76%，2008 年，该比例开始有所下降。作为世界第四大寿险市场，英国寿险业在全球仍占有举足轻重的地位，2013 年，英国寿险业保费收入达到 1 723.10 亿欧元。英国保险业发展历史源远流长，了解其发展过程，把握其发展动力和特征，有助于促进我国保险业的发展。

　　风险的存在和其不确定性使很多社会机构在为个人提供保障措施过程中不断发展。家庭、社区、商贸工会、法律体系，甚至是国家本身都是如此，这就会产生福利，如果没有保险，就会有很多人在灾难中丧生。经济的发展和社会的进步也促使保险蓬勃发展。社会机构的存在降低了创新风险和投资风险，提高了生活标准，扩大了保障范围。自1700年以来，现代保险作为风险保障的一种方法对社会发展起到了至关重要的作用。一方面，风险管理通过在个人、组织谨慎安排各自的事务和自愿合作过程中得以发展；另一方面，国家也提供风险保障，通过立法控制给他人带来危害的违反社会的行为，除此之外，还有诸如养老金等其他社会保障形式。

一、现代保险的起源

相比较于其他形式的保障形式，我们可以从保险业的起源来理解其逻辑关系。从 1700 年开始，伦敦新成立的机构组织只要缴付必需的保费，在满足合同规定条款时就可以获得赔偿。保险市场的提法并不新颖，它起源于罗马时期，盛行于中世纪的商业地区，尤其是意大利和荷兰。都铎王朝时期出现的英国保险法是在早期实践的基础上发展起来的，但是保险人却是新出现的。早期的保险主要是海上保险，依靠专业技能和信息得以流传下来。保险人，还有被保险人，通常是商人和水手，相互之间是认识的，至少听说过彼此。

相比之下，新成立的保险公司中，保险人和被保险人对对方了解并不多，彼此只了解关于风险的内容，与其他成立于"金融狂热"中的公司不同的是其所采用的企业形式和后续的管理。保单所有人不再需要具备完善的个人投保方面的知识。公司形式比任何形式的组织都能够提供更全面的保障。承保方面，个人要有专业知识和判断才会具有广阔的视野，而这部分的会被系统过程替代。大型企业能更好地支付经营管理过程中所发生的成本。

另外，家庭、社区、贸易和职业团体提供的保护，甚至是国家提供的自愿和强制的保障，都意味着忠诚和信任，在接受不确定的义务时需要放弃一些自由。而保险则把提供保障视为商品。保险人和被保险人的义务限定在交易中，都很具体，有更多的控制和决定权。

通过明确的法律，提高了保险人和被保险人的信心，公司形式在 18世纪得到了强化。其中心思想是"最大诚心原则"，要求保险人和被保险人提前告知与保险合同相关的所有信息。这减少了保险人和被保险人的欺诈行为，维护了保险市场，这些变化反映了 18 世纪的英国个人主义在经济发展中的重要性。明确的合同取代了社区互惠的特点，强调个人主义，以市场为导向，这是工业化活动的核心。正如亚当·斯密所观察到的，个人网络和公共义务的自由激发市场的发展，这使得 18 世纪的英国可以利用专业来提升经济效率，在更大的市场中的保险公司可以通过功能的专业化、系统的标准化、业务的精通化降低成本和保费。

公司形式最大的优势是风险共担，通过增加承保的可靠性和安全性使保险人和被保险人都可以从中获益。现代统计理论的发展提供了新的承保原理，但是新原理和保险实践之间的关系却是复杂的。以前英国火灾保险人一直用概率直觉，人身保险也是直到 18 世纪后期才开始使用早期生命表，尽管依赖于统计原理，人身保险仍然注重实践。知识、经验活动以及工业化中文化共同的起源似乎更重要，人们注重经验上的把握，而不是被动的接受天意的安排。

二、19 世纪保险业的发展

现代保险业的前二百年以海上保险、火灾保险、人身保险稳步发展为主。以保险人围绕方便性、可靠性、成本等方面展开以扩大对市场的渗透力。对这三个险种过多的管制可能会使其遭遇停滞的风险，因为成熟的市场最终会缺少可持续发展的空间。然而，保险在更广阔的范围内进行了融合，从而得以发展下去。国内外经济的发展变化为扩大海上保险、火灾保险、人身保险业务提供了机遇，其中，英国海外火灾保险的发展就是一个重要的例子。技术和社会的变革，使企业和个人有了新的责任，而这可以从保险中获得保障。

事实证明，多样化经营可以有效扩大市场，在原有市场的经验可以直接成功运用于新开辟的市场中。多样化经营最典型的例子就是意外事故保险，它出现于 19 世纪中期，但是发展缓慢，1900 年左右，亨特设计扩大保单承保范围才促使其发展起来。扩大市场的机会通常会由经济和社会的发展变化引起，这意味着保险很少会遭遇长期的停滞。

因为保险业在许多港口很重要，伦敦交易的重要性也使得劳合社的业务不断增加。专业化的出现，产生了大量的、充满活力的保险人和经纪人机构。传统方法之所以得以幸存下来，是因为专业的、定制承保方式在风险多变和船东寻求富有竞争力的利率方面存在优势。

两个早期的海上保险公司（皇家交易保险公司和伦敦保险公司）提供了一些方法，为其他市场注入了活力，然而他们享有的特权却阻碍了劳合社等更富有冒险精神的公司之间的竞争，在这方面，很难评估他们获得了怎样的成功。1824 年，当市场向所有公司开放时，这些公司最初发展是缓慢的。直到 19 世纪中叶，一些公司依靠由劳合社和利用其实力承保新的、更大的蒸汽动力船舶形成的伦敦海上保险市场获得了成功。国际贸易的激增给商业带来了变化，伦敦的中心地位使其成为国际海上保险市场中心，劳合社是其中最著名的。扩大集团规模可以更好地适应公司业务能力的增加，降低管理费用。为了补充劳合社的非正式网络，成立了国际信息采集和监测机构，正如后面提到的，劳合社以多元化经营进入了新的市场。

太阳保险公司、皇家交易保险公司、伦敦保险公司享有特权，可以学习新的火灾业务以降低面临的竞争压力。在 18 世纪，他们提出了火灾保险按风险适当分级和接受的范围进行分类的原则。起初，他们利用董事与伦敦的关系吸引业务，市郊的组织机构也发展起来了，并试图渗透到国际市场上，这些说明对世纪末出现的工业化带来的新市场的控制是不成熟的。

在制造业省份，许多新的大型风险的存在使保险条款增多。首先，直到 1820 年，经济的发展使所有企业降低了市场份额、保费和利润率，传统企业通过降低利率应对竞争，实践证明这只是暂时的，因为协商保费变得越来越普通。再保险技术的发展降低了交易成本，允许原保险人自留风险。从事实质性业务的企业，如果没有妥善的再保险安排，其经营是非常困难的。更大的公司只对接受协定费率的企业开展再保险业务，这种机制传播开来。1868 年，成立了正式的火灾协会，监管各方面的竞争。

竞争控制带来了巨大反应，由来自新企业的稳定竞争变成了来自特定风险方面的成本竞争，即便这样，公司还是渴求能分摊到稳定利润。利物浦公司提出了"强大的皇家和利物浦，走出伦敦，走向全球"的口号。在伦敦，继著名的托雷街大火之后，税费增加刺激了商业联盟的出现。

生产率的提高使在竞争控制中难以发展的企业充满活力，一些新的公司通过商业关系寻求海外商机。这由菲尼克斯在 1800 年首创，当时，难以吸引传统企业来开展业务。从 1850 年开始，国际经济的增长给英国海外扩张提供了条件，随着拉丁美洲和美国一些地区贸易和投资活动的展开，英国变成了世界最大的保险市场。1900 年，有 1/2 到 2/3 的英国公司的火灾保险保费来自海外，那些没有抓住机会、发展缓慢的传统公司被新兴公司超越。在国内，在面临关税控制时，同样产生出了新的市场化的方法。自该世纪中叶以来，由检查人员组成的分支机构成为了可以直接处理大量投保客户的有效机构。这非常重要，因为关税刺激了保险经纪人的发展。

1780 年以前，英国寿险保险人还不了解精算原理，短期保单通过集中收取高的保费，长期保单依赖于提供应享有的多样化人身利益的机制来限定他们的责任。人们对保证保险的需求在人身保险方面主要涉及信用保证保险的安排，财产人身利益或者是对生活中流行的投机押注。

然而，1774 年，法律规定没有可保利益不得投保人身保险，这使人身保险经营更规范。1780 年左右，刚成立的公平人寿（1762）聘请一位名叫理查德·普莱斯的杰出数学家建立以北安普顿死亡率数据为基础的可靠模型，证明了人身保险保费可以降低，这为公平人寿提供了富有竞争力的保单，其他企业纷纷效仿。因为投保人是从广大地区中筛选出来的，北安普顿生命表为企业带来巨大盈余，这刺激了新企业的进入，带来了竞争，为保单持有者提供了将来享有的利益。低利率和收益使人身保险成为 19世纪中产阶级的普遍需求，市场的发展使新企业能容易的得以扩张，但是保险公司在管理庞大的人身保险资金时，却没有顾及企业道德的发展。

尤其是公司立法自由化之后，企业欺诈倒闭威胁着市场的声誉，1820年，受当时环境的限制，立法者一直着眼于监管问题，直到 1869 年著名的艾伯特倒台才改变了这种状况，艾伯特立法要求提供包括精算报告在内的公开账户。在这种环境下，人身保险资金运行非常安全，可以进行抵押，1870 年后收益率下滑的时候，保险公司资金转而购买债券。

人身保险在 1800～1850 年发展很快，但是却局限于中产阶级市场。有两种发展为市场扩张提供了机会。最显著的是工业人身保险的推广。保诚集团和其他保险公司标志着人身保险涉及低收入群体，对他们实行每周收取保费而不是按年收取保费的措施。事实证明，这一方法自 1870年吸引工薪阶层参保以来，取得了显著的成功。截止到 1900 年，1/3 的英国人购买了保诚集团的保险。每周少量的保费积攒成保险资金，这种方法使传统的保险企业相形见绌。保诚集团成为伦敦市场上最大的投资机构。

这意味着市场渗透到了一个新的程度，当时几乎所有的保单都对来自布鲁和其他地方的服役士兵收取很高的保费，支付一定的丧葬费。批评家们认为这样是不公平的，容易导致国有化倾向。20 世纪对工业的挑战就是运用他们的分销渠道为工薪家庭提供更有价值的产品。

也许养老政策是最重要的，在固定的日期提供确定的支付，这可以带来盈利，1890 年前后，投资收益率下降的时期，这种投资方式很受中产阶级欢迎。

三、20 世纪

直到 1900 年，火灾保险一直占据英国保险市场很大的份额，并且迅速扩张到海外。人身保险却刚刚走出中产阶级的市场范围，人们很少认识到它的发展潜力。除了少数商业帝国，很少有人身保险在海外销售。保险公司通过增加投资功能扩大了纯粹保险功能的范畴。人身保险基金在英国的投资领域中扮演着越来越重要的地位，在海外更是如此。大多数重要的船只和货物可以由海上保险承保，这是国际经济固有的业务，随着国际经济的活跃，伦敦海上保险市场——劳合社和保险公司也得以扩张。意外事故保险在 20 世纪中期就已经出现了，但是局限在一个很小的特定的市场中，直到 20 世纪末才有所改变。

1880 年，立法强制雇主对其雇员投保意外事故保险，这创造了一个新的随着法律的颁布而得以发展的保险市场。同时期，劳合社也在改变自己，在普通保险中开展多元化经营，创新了诸如盗窃险、堵塞、信贷、车辆保证保险和针对火灾保险的间接损失保险，这些险种影响巨大。1895 ~ 1914 年间，"复合型"公司设立了大量的办事处等分支机构经营火灾保险、人身保险、海上保险和意外事故保险以满足广大消费者的需求。

战争期间国际经济不景气对保险投资带来了压力，但公司却通过新业务的拓展渡过了难关。劳合社机动车辆保险的创新使其在国内外得以多元化发展，扩大了融资规模，保护了储备基金。直到 1938 年，意外事故保险给英国公司保险带来至少和火灾保险一样多的保费收入，那时期经济不景气，人们缺乏安全保障，对人身保险产生了很大的需求，保险公司为中产阶级设计了养老保险作为其投资渠道，该投资可以享受税收优惠，集团也允许利用这一点为公司客户提供养老金计划。维多利亚精算师建议，保险公司已经有了日益增长的投资业绩，不必过于谨慎的投资。1938 年，一些保险公司已经将投资渠道扩展到了股票和房地产，战后，热衷于"股票热"和直接的房地产投资，并历经了 1950 ~ 1960 年间较高的通货膨胀时期。

1945 年之后，全球经济迎来了前所未有的发展，火灾保险市场和海上保险市场也恢复了往日的活力，创新了保险产品。机动车辆保险随着低收入阶层购买汽车而发展起来，随着低收入阶层的发展，工业人身保险机构，现在来讲就是复合型机构，成功地为保单持有者提供了相当广泛的产品。在殖民化时期，一些英国保险公司失去了帝国商业业务，也有很多业务通过再保险的方式转向了英国。

然而，发展带来的最根本的变化是竞争均衡化。20 世纪早期的劳合社多样化经营成了世界上关税公司新的有力的竞争对手。这个变化在国内感觉更明显。在战争期间，劳合社发展迅猛，强大的竞争力使其通过再保险支持的经纪人和独立的公司，成功地进入了机动车辆保险市场。1938

年，保众保险成为英国最大的意外事故机构，市场上大概有 1/3 是独立保险人，这为 1945 年后交叉进入所有市场者提供了快速发展的平台。关税公司在处理事务中的文化和机构是特有的，事务要想达成一致需要付出较高的成本。1968 年，因为最大的意外事故关税成员失去了很多业务，导致意外事故关税瓦解。同年，垄断委员会提及了火灾保险业务，这导致了房屋保险达成率的结束并且威胁到了所有的火灾关税的结束，1985 年，取消了商业风险的关税。

关税控制的收缩改变了商业经营，威胁了不稳定的保险费率竞争，而这恰恰是保险人担心的，费率的下降使依赖市场的关税公司分支机构处境危险。

1974 年，保险公司通过更严格的立法监管来防止欺诈和不负责任，但是 20 世纪最后 25 年是一个过渡到新政权的困难时期。保险公司追求两个策略：寻求降低保险公司的数量以维持稳定的自发竞争；试图缩减只接受关税税率控制调整的大规模机构。

然而，实际并没有达到可控的管理目标，很多有一定影响力的公司被合并了，大约 1960 年，关税体系开始瓦解，直到 1980 年才彻底结束，整个过程进展和缓。出于规模经济的考虑，他们希望总部和分支机构更合理化，昂贵的大型计算机取代了部分员工。交易的低进入成本、保险的国际化，包括监管的放松，这些都意味着相关的市场规模比国内发展的更快，全球竞争需要全球的稳定。

1990 年，跨国合并以前所未有的速度发展，这样的发展是从 19 世纪英国保险扩张开始的。英国公司认识到自身的劣势，相对而言，国外的竞争市场更轻便、简捷、容易并购国际竞争对手的吸引力变大，高度监管和受保护的市场留存下来。这样，英国保险人在国外日益增多。

同期，技术的改变加剧了机构收缩，微机取代大型主机，开启了新的承保和市场模式。自 1985 年，直接保险彻底改变了以往模式，复杂的交互式数据支撑了电话联系，团体承保和反应灵敏的市场。这绕开了传统的分支机构，中介组织，节约了成本，使保险费率更有竞争力。传统公司如果采取新的方法就要冒着失去代理人、经纪人、员工和主要资产的风险。很显然，他们不愿意改变，这为新的保险人成功进入个人保险业务创造了机会。最终迫使传统的保险人不得不改变以避免难以接受的商业损失。

1990 年，结束了传统的保险模式，重塑了新的所有权和组织模式。拥有三百多年历史的分支机构和代理网络的结束与其说是有组织的撤退不如说是以失败而告终，毫无疑问，这是保险业三百年来最显著的转折点。

四、21 世纪

英国保险的成功建立在发展承保，提供一系列产品，成功的实行多元化营销的管理模式方面，事实证明这是非常有效的。局限于某个模式中，公司很难提供更广泛的，富有弹性的风险管理服务，这也会限制公司的业务能力。在国际市场上，来自劳合社的压力使英国公司比其他大多数政权地区的公司更富有竞争力和弹性。

除了提供保障条款，英国保险还提供其他福利，海外业务给英国带来了无形的收益，通过盈余和投资收益增加了国际储备。在两次世界大战中，英国的海外资产提供了至关重要的战略支持，国内，保险基金是政府支出的资金来源，私人资产的形成提高了市场的流动性，稳定性和有效性。专业技术可以有效降低风险，很多保险产品成为政府福利的有益补充。

有三条主线贯穿英国保险业发展历史，很有可能会继续影响其以后的发展。第一条是竞争和合作之间的关系。合作为公司和消费者带来了大量的好处，包括：稳定的市场、再保险、承保和费率信息的交换、海上救助服务和索赔处理，与风险相关的技术研发，通过诸如研究所和精算师为员工和技术发展提供支持。然而，同样的联系也会引起勾结行为，可能产生自满现象，缺少成本意识，对消费者的利益不敏感，这对竞争非常不利。即使看起来是最复杂的合作，通过竞争也能重振价格，产品，服务。保险人不仅要懂得竞争，也要知道与成功的企业相互合作。

第二条线是通过商业最大化信息流整合保险程序。19 世纪的公司通过总部和代理机构及分支机构之间联合承保以降低市场的低效率，在承保人寻求控制和分支经理人成长过程中，也存在一些困难。20 世纪保险公司试图更有效的管理，复合型公司转向消费者为主的管理思想，但是有些承保人仍然抵制该策略，很少有激励政策予以整合。另一个措施是 1980 年对个人和商业生产部门采取的，然而，根本性变化之一是 1990 年对直接市场采取的允许定制化服务以避开标准保单和费率的激励措施。

最后一条线是整合和市场之间的关系，现代保险以大公司创新整合多种活动为主导。这往往意味着经济规模和机会，在规模和分布广泛的比较大的保险公司中特别重要，但是规模效益也能为市场提供机会。

全球的市场吸引全球的保险人，这使保险人同样产生了这个阶段的效率和市场能力之间的紧张关系。跨国公司虽然会获得国内参与者难以获得的效率，但是他们也会尝试建立全球垄断以替代原来的全国垄断。市场产生了可能性规则的新方式，专家认为，大型的承保人日益重视检查风险管理中的负债情况，保险只是风险管理方式中的一种，它还应包括员工发展和文化改变风险的自我管理。在供给方面，风险假定和转移都将会面临挑战，就像操作电话业务的机构和索赔的外包一样，这样的风险投资组合将会被证券化而在开放市场上售卖。

随着文化领域中出现的变化，21世纪的技术和竞争需要保险人针对消费者的需求提供越来越有弹性、敏感的定制服务。这些挑战会由策略驱动的、早在三百年前就扩张现代项目、整合公司的跨国公司面临吗？现代股份形式是商业保险公司的最优形式吗？或者将分散网络、专业化和定制服务来实现公司的战略？世界范围内的道德风险和全球性的系统性风险，比如AID - HIV，全球变暖，污染会使得商业保险难以应付吗？保障方式的焦点会转向像全国或更广泛区域甚至全球的健康管理机构这样的社会机构吗？这些机构能更充分，更积极地反映这方面的社会和伦理道德吗？这是否意味着以合同为基础的拥有三百年发展历史的专业保险公司的结束呢？可以预见的是，保险业的将来肯定会像它之前那样精彩。

第二章

英国人寿保险业发展

第一节　英国人寿保险发展历史

世界上有记载的最早的人寿保险雏形溯及 1 世纪的罗马，当时组建了一个"埋葬组织"，也就是众所周知的"Fratres"。该组织由穷人发起设立，为其成员支付殡葬费，从经济上帮助死者家属。

由于寿险在欧洲的其他地方都不合法，所以寿险传到了英格兰。世界上第一起人寿保险单出现在 1536 年的英国。当年 6 月 18 日，英国人马丁为一个名叫吉明的人承保了 2 000 英镑的人寿险，保险期限为 12 个月，保费为 80 英镑。第一家被公认为世界上真正的人寿保险组织是 1699 年成立的英国孤寡保险社。英国的人寿保险在 17 世纪后期得到了巨大发展，当时，保险交易在位于伦敦 tower 街道的劳埃德咖啡馆进行。人寿保险在提供回避风险的功能时，也激发了英国新兴中产阶级的赌博本能。赌博异常猖獗，当报纸刊登出哪位知名人物病重的消息时，对他死亡预计日期的投注被放置在劳埃德咖啡馆。有 79 名承保人反对这种做法，他们在 1769 年脱离出来，两年后成立了"新劳埃德咖啡馆"，后来被称为"真正的劳合社"。1774 年，国会颁布人寿保险法禁止对人死亡进行押注。法律规定没有可保利益不得投保人身保险，这使人身保险经营趋向规范。

1693 年，英国著名的数学家、天文学家埃德蒙·哈雷根据德国布勒斯劳市 1678 ~ 1691 年间的市民按年龄分类的死亡统计资料编制了第一张生命表，为现代人寿保险奠定了数学基础。18 世纪四五十年代，辛普森（Thomas Simpson）根据哈雷的生命表，制定了按照死亡率增加而递增的费率表。此后，陶德森（James Dodson）又按照年龄差等因素计算保险费，并于 1756 年发表其计划。1762 年成立的伦敦公平保险社（The Society for the Equitable Assurance of Lives and Survivorship）应用了该计划，成为真正以保险技术为基础而设立的人寿保险组织，其后，采用公平保险社计算办法的现代人寿保险公司不断增加。由于计算趋于科学化，改变了一般人对人寿保险的看法，人寿保险从此受到大家的重视并快速发展。1780 年以前，英国寿险保险人还不了解精算原理，短期保单通过集中收取高的保费，长期保单依赖于提供应享有的多样化人身利益的机制来限定他们的责任。大约在 1780 年，刚成立的公平人寿（1762）聘请一位名叫理查德·普莱斯的杰出数学家建立以北安普顿死亡率数据为基础的可靠模型，证明了人寿保险保费可以降低，这为公平人寿提供了富有竞争力的保单，其他企业纷纷效仿。因为投保人是从广大地区中筛选出来的，北安普顿生命表为企业带来巨大盈余，这刺激了新企业的进入，带来了竞争，为保单持有者提供了将来享有的利益。低利率和收益使人寿保险成为 19 世纪中产阶级的普遍需求，市场的发展使新企业能容易的得以扩张，但是保险公司在管理庞大的人寿保险资金时，却没有顾及企业道德的发展。

尤其是公司立法自由化之后，企业欺诈倒闭威胁着市场的声誉，1820 年，受当时环境的限制，立法者一直着眼于监管问题，直到 1869 年著名的艾伯特倒台才改变了这种状况，艾伯特立法要求提供包括精算报告在内的公开账户。在这种环境下，人寿保险资金运行非常安全，可以进行抵押，1870 年后收益率下滑的时候，保险公司寿险资金转而购买债券。

人寿保险在 1800～1850 年发展很快，但是却局限于中产阶级市场。有两种发展为市场扩张提供了机会。最显著的是工业人寿保险的推广。保诚集团和其他保险公司将人寿保险推广到低收入群体，对他们实行每周收取保费而不是按年收取保费的措施。事实证明，这一方法自 1870 年吸引工薪阶层参保以来，取得了显著的成功。

直到 1900 年，人寿保险刚刚走出中产阶级的市场范围，人们很少认识到它的发展潜力。除了少数商业帝国，很少有人寿保险在海外销售。保险公司通过增加投资功能扩大了纯粹保险功能的范畴，人寿保险基金在英国的投资领域中扮演着越来越重要的地位。

大约在 1938 年，由于经济不景气，人们缺乏安全保障，对人寿保险产生了很大的需求，保险公司为中产阶级设计了养老保险作为其投资渠道，该投资可以享受税收优惠，集团也允许利用这一点为公司客户提供养老金计划。维多利亚精算师建议，保险公司已经有了日益增长的投资业绩，不必过于谨慎投资。1938 年，一些寿险公司已经将投资渠道扩展到了股票和房地产，战后，热衷于"股票热"和直接的房地产投资，并经历了1950～1960 年间较高的通货膨胀时期。保险公司的传统型保险产品的给付无法应对高通胀，之后，英国保险公司创新出了投资连结险和分红保险等险种来抵御通货膨胀和利率波动的风险。

英国主要寿险产品介绍①

英国的人寿保险主要分为保障型寿险、分红型寿险和投资联结险。保障型寿险主要包括个人定期寿险、团体寿险、老年寿险（Over－50 plans）和终身寿险。定期寿险可分为水平保险金额的寿险、递减保险金额的寿险（主要用于保障债务的分期偿还）、递增保险金额的寿险（主要用于应对通货膨胀）、家庭收入给付（family income benefit，被保险人死亡时，向依赖于被保险人的生活的受益人定期地支付保险金）。团体寿险是由雇主向组织的员工提供的。老年寿险只针对 50 岁以上的人群，主要是保障被保险人的丧葬费用或者将保险金留给某些人，有一定免税额度。终身寿险包含了较多的投资成分，有现金价值、退保价值和保单贷款的权利。

分红寿险主要分为传统分红寿险和累积式分红寿险。英国最早的分红寿险出现在 1776 年，当时是为了抵御通货膨胀和利率波动而推出的。传统分红寿险的红利主要来源于寿险公司的"三差益"。1850 年，英国首次出现了增加保额的分红方式。到 20 世纪 80 年代，分红产品形态主要以期缴型的两全寿险、终身寿险和养老金为主。20 世纪 80 年代后期，趸缴型分红产品开始热销，但近期此类产品销量递减。20 世纪 60 年代和 70 年代，英国已出现了累积式分红保险的雏形。成熟的累积式分红保险出现于 20 世纪 80 年代中期。英国很多保险公司现在已停止了传统型分红保险的销售，逐渐转型到销售累积式分红保险。20 世纪 70 年代，寿险公司将公司收益与投保人的收益连接起来，创新出了投资连结保险。②

---

① 方力：《人身保险产品研究——机理、发展与监管》，中国财政经济出版社 2012 年第 1 版，第 186～187 页。

② 方力：《人身保险产品研究——机理、发展与监管》，中国财政经济出版社 2012 年第 1 版，第 193～201 页。

一、英国的投资连结保险

（一）产生的背景

20 世纪 70 年代，欧美不少经营传统固定预定利率寿险品种的寿险公司出现，尽管承保时固定好预定利率，但以后多年的投资收益难以确定。由于市场竞争激烈，往往为了吸引客户招揽业务，保险公司不得已将预定利率一再提高，使得保险公司经营越来越困难。于是，保险公司就将公司收益与投保人的收益连接起来，保险公司不会在自身投资亏损的同时又要按照保险合同约定给付客户一大笔固定的利息。从招揽客户方面来说，随着保险公司投资收益增多，客户获利也会增多，这给客户带来了获得高额投资收益的想象空间。这样，保险公司一方面转嫁了风险，另一方面吸引了客户，促进了业务增长。在英国，投资连结类产品 1987～1997 年间占寿险产品的市场份额由 39% 提高到 50%。

（二）产品特征

1. 从客户的角度。投资连结保险可以为投保人提供以下利益：

（1）保险保障功能与投资功能相结合。投保人在购买保险保障的同时，可以享有保险基金投资的选择权，享受期望的高投资回报。

（2）保单持有人的利益直接与投资账户的回报率挂钩。保单持有人拥有获得所有投资利益的权利，当投资表现好时，保单持有人享有所有的固报；当投资表现差时，保单持有人则要承担风险。保单持有人的回报有很高的变动性和不确定性。

（3）产品透明。投资连结产品比传统类产品更加透明，具体体现为以下两个方面：一是客户可以看到自己所缴保费是如何分配的，以及分配到何处；二是客户可以定期检查账户的单位价值，了解投资的状况，也可以随时通过电脑查询其保险单的保险成本、费用支出以及独立账户的资产价值。这是投资连结保险的重要特征，使客户可以更容易地理解产品的基本运作框架。

（4）享受税收优惠。由于在大多数保险市场中投资连结产品被认为是寿险产品，因而也享受寿险产品的税收优惠（一些市场要求投资连结产品含有最低保险保障后，才能获得与其他寿险产品一样的税收优惠）。

（5）灵活调整保障水平。客户可以根据个人的风险偏好或储蓄状况，不同的时期选择适合自己的保障水平。与那些标准化的传统保单相比，投资连结保单提供了更广阔的选择余地。

2. 从保险公司的角度。对保险公司而言，投资连结保险有以下优点：

（1）限制利率风险的影响。利率下降时，很多保险公司都试图降低其具有保证收益的长期寿险合同的负面影响，20世纪80年代，英国的保险公开发中心承保了大量保证收益的业务，当投资回报急剧下滑时，这些公司面临着巨大自压力。由于投资连结保险将投资风险和投资收益转嫁给了投保人，因此有助于控制利率风险对保险公司的影响。

（2）投资风险的转移。投资连结保险的费用较低，准备金及资本金要尊也较低，投资风险由投保人承担，保险公司负责保单持有人资金的投资运用。不保证投资回报率，保险公司的收入是收取一定比例的管理费用。

（3）保险公司通过提供投资连结产品可以扩大业务领域，提升与银行等其他金融服务公司的竞争力。

（4）更低的资本要求。开展投资连结业务所要求的资本比传统类产品要低，因此可以为保险公司提供更大的增长空间。且由于投资风险由投保人来承担，保险公司用同样的资本金可承担更大的保险风险，有利于扩大业务规模。

（三）产品演变

投资连结保险的概念是1928年英国某专家在写给英国精算学会一篇文章《人寿保险基金投资中股票的地位》中提出的，但由于当时还没有计算机，使这类计算、管理都相当复杂的产品无法真正得到发展。随着计算机技术的发展和精算技术的成熟，投资连结保险应运而生，并在欧美及亚洲逐渐流行起来。最早的投资连结保险产品诞生于1956年的荷兰，其现金价值、死亡给付等均与投资业绩的变动直接相连，由于当时投资连结产品完全投资于股票，20世纪70年代股市的暴跌导致了该类产品销售下滑。

1. 英国投资连结保险产品发展回顾。英国最早真正意义上的投资连结保险是1957年诞生的一张递延年金保单，1960年，有6家保险公司销售这类保单，1970年，已有91家保险公司销售投资连结保单，但市场份额不大。在随后的二三十年里，投资连结保险的市场份额稳步提升。其间，在个人寿险方面，客户购买投资连结保险不能享受税收优惠，导致投资连结保险的市场份额开始降低；但在养老保险方面，至20世纪90年代，其投资连结保险的份额已远超过非投资连结保险，从而使整个寿险业中投资连结保险的份额达到50%左右。

从英国的发展情况来看，当时投资连结保险能够迅速发展的主要原因包括5个方面：

（1）信托基金积极通过人寿保险开拓市场，这是早期投资连结市场发展的重要推动因素。

（2）20 世纪 80 年代以前，有关保险的税务优惠政策，比如保费抵税、增值税递延等，使得通过投资连结保险的方式投资基金在税务方面占有优势。

（3）成立时间较长的保险公司在过去的经营中累积起充裕的自由准备金，可以广泛地投资于具有较高回报的资产。但是，20 世纪 70 年代涌现出很多新保险公司，无法在传统保险业务上与老公司较量，因而另辟蹊径，大力开拓投资连结保险市场，使新公司也可以投资高风险、高回报的资产。

（4）20 世纪 90 年代之前的 30 年中，股市投资回报率长期保持在较高的水平，对传统的固定利率产品产生了较大的冲击和挑战，同时也推动了投资连结保险的快速发展。

（5）保险监管部门对投资连结保险偿付能力要求相对较低，使得投资连结保险在资本效率方面比传统寿险更有吸引力。

早期的投资连结产品基本是生死两全保险或终身寿险，都具有较强的储蓄性质。生死两全保险的设计一般采用以下方式：大部分保费用于购买基金单位，其余部分用于死亡保障和其他费用；购买基金的比例可以依据被保险人年龄、保险期限和保费等因素确定；满期金可以设最低保证。终身寿险可以只附加很低的保险保障，比如 1% 的基金价值作为风险保额。这些产品的死亡保障和费用收取水平是不透明且保证不变的。此外，定期缴费或一次性缴费的延期年金产品也逐渐流行，这些产品由于没有身故保险金额，其主要目的是为投保人在退休前提供一种免税的保费累积。

投资连结产品设计一般采用"前端收费"的方式，而消费者对此也普遍可以接受。投资连结产品主要涉及的费用包括：

①买卖差价，大约为保费的 5%；

②保单管理费，通常每个月 2 英镑，从保费或投资基金中扣除；

③资产管理费，通常每年 1% 左右，一般不超过 2.5%；

④保险保障费用。对于年缴保费的产品，在缴费前期，投保人所缴保费只有一部分被分配进入投资基金，有时第一年的保费并不进入投资基金，而在交费后期，所缴的保险费则有可能超过 10% 进入投资基金。另一种收费方式是将投保人的前期保费分配进入一种特殊的基金中，这种基金的管理费较高，通常为 5%～6%，剩余的保费则分配进入正常收费的累计基金中。

20 世纪 80 年代，保险市场上出现了灵活缴费的投资连结保险，通常为终身寿险形式，主要有以下特点：保费可在多个不同投资策略的投资基金中选择；投资基金不保证投资收益；各项费用的收取是清晰列明的；按月从投资基金中扣除各项费用；对保险保障没有最低保证，其他费用未来的收取水平不变；投保时可以选择保额；投保后可以在一定条件下更改保单；保单的现金价值等于投资基金单位的赎回价值（退保时要扣除退保费用）。随着市场的发展，伤残收入保障投资连结保险以及重疾、全残、长期健康保险、豁免保费等各种附加险也相继问世。

2. 投资连结保险产品发展趋势。随着 IT 技术和互联网技术的发展与普及，西方国家特别是欧洲金融监管的放开，使得更多、更新的金融创新产品不断涌现。保险、银行、证券等的经营界限日渐模糊，行业之间的竞争日益激烈。保险公司若仍然依靠传统的方式和保险产品经营，是难以生存、发展的。

银行越来越多地参与了保险的经营和销售，这在欧洲尤为明显，其保险业务收入已达银行业总收入的 30% 左右。与传统保险相比，投资连结保险更接近于银行传统上销售的金融产品，所以也成为银行渠道的理想销售产品。在欧美市场上，非专属的销售队伍（金融咨询师）的销售比重日趋增加。与代理人相比，他们有更好的专业素养和知识技能，非常适合销售投资连结类保险产品。他们的成功及进一步的壮大，有力地推动了投资连结保险市场的发展。

（四）针对客户群

投资连结保险产品将客户的保险利益与保险公司的投资业绩直接相连，与其他寿险产品相比，除保险保障功能外，还具有较强的投资功能，因此适合于具有理性的投资理念、追求资产高收益，同时又具有较高风险承受能力的投保人。

投资连结保险的选择还和客户的收入、资产状况、支出等情况有密切的关系。如果投保了投资连结保险，随着经济周期波动和保险公司本身经营问题，有可能没有任何收益。同时，一些投资连结保险条款中规定，投保后一定期限内不能退保，即本金无法随时取回，对于收入低、开支多的家庭来说会带来很大的不便。如果客户的收入还可以，开支少，平时不善投资，则可选择投资连结保险。

二、英国的传统分红保险

（一）产生的背景

英国的分红保险最早出现在 1776 年，当时是为了抵御通货膨胀和利率波动而推出的。英国金融监管较为宽松，主要强调行业自律。一般情况下，保险资金进行股权投资的主要目的就是获得较高的收益率，并非为介入和控制产业资本，因此未受到来自产业界和公众的压力。在这种环境下英国分红产品一直采取与之相适应的增加保额以及年度红利和终了红利相结合的分红方式，其特点是：第一，可以使红利更多地留存在保险公司，保证利益；第二，可以提高保险资金规模和收益水平，调整和非保证利益的构成以及对未来金融市场白资策略，实现股权和债券投资优化配置，以获得长期的较高收益率；第三，保险公司通过对资产份额进行一定程度的平滑处理来计算终了红利，使得保单持有人在保险事故发生时所得到的保险利益不会因为市场和公司经营情况的波动而遭受损失，体现了对投资等风险的调剂作用。

（二）产品特征

1. 红利来源。分红保险的红利主要来源于寿险公司的"三差益"，即死差益、利差益和费差益。除此之外，还包括退保等保单状态变动可能产生的损益，与"三差益"共同构成分红保险的红利来源。寿险公司将部分利润分配给保单持有人，保证了保险公司的经营管理行为不会违背保单持有人的利益。实际上，在全部利润源按比例分配的制度安排下，只有保单持有人得到了利益，保险公司才能得到对应比例的利益。

2. 红利分配方式。英式增额红利法以增加保单现有保额的形式分配红利，保单持有人只有在发生保险事故、期满或退保时才能真正拿到所分配的红利。增额红利由定期增额红利、特殊增额红利和终了红利三部分组成。定期增额红利每年采用单利法、复利法或双利率法将红利以一定的比例增加保险金额；特殊增额红利只在一些特殊情况下，如政府税收政策变动时，将红利一次性地增加保险金额；终了红利一般为已分配红利或总保险金额的一定比例，将部分保单期间内产生的盈余递延至保单期末进行分配，减少了保单期间内红利来源的不确定性，使每年的红利水平趋于平稳。

在红利的作用下，保险金额保持单利或复利递增走势；通过增加保额以要求较低，可投资期（无须核保）的形式返还红利。保额分红对资产收益性有较高的预期，可为客户和保险公司带来较多的红利；通过账务处理进行红利派发，节省派发成本，相对增加客户和公司的收益。红利形式以年度红利和终了红利体现，再投资风险较低。

相对于现金红利分配方式，增额红利分配方式具有一些优势，比如，赋予寿险公司足够的灵活性，对红利分配进行平滑，保持每年红利水平的平稳，并对终了红利进行最终调节；又如，由于没有现金红利流出以及对红利分配的考虑，增额红利法增加了寿险公司的可投资资产；再如，由于不存在红利现金赎回压力，寿险公司可以增加长期资产的投资比例，这在很大程度上增加了基金的投资收益，提高了保单持有人的红利收入。但是，增额红利分配方式也存在一些不足，比如，保单持有人处理红利的唯一选择就是增加保单的保险金额，并且只有在保单期满或终止时才能获得红利收入，保单持有人选择红利形式的灵活性较低；又如，在增额红利分配政策下，红利分配基本上由寿险公司界定，很难向投保人解释现行分配政策的合理性以及对保单持有人利益产生的是响，尤其在寿险公司利用终了红利对红利进行平滑后，缺乏基本的透明度。

3. 运作机制。英式保额分红的分红方式主要来源于相互保险公司的运行机制。在英国，相互人寿保险公司有着悠久的发展历史，业务规模巨大，且多数开办了分红保险业务。在相互保险公司分红业务形成的分红账户中，分红产品的保单持有人扮演类似股东的角色，上一代的分红保单产生的未分配盈余为下一代的分红保单提供营运资本，承担提供保证收益的风险；与此同时，分红产品的保单持有人不仅享有类似年度分红的年度红利，而且在保单退出时，享有根据业务贡献参与分红业务未分配盈余分享的权利，这种分享权利往往以终了红利的方式实施。股份制公司开办的保额分红产品具有非常明显的保单持有人与保险公司股东之间的合作特征。在股份制公司开办的保额分红产品也借鉴了相互人寿保险公司分红业务的运作方式。保险公司股东为分红账户提供营运资本，承担提供保证收益的风险；分红产品的保单持有人在一定程度上扮演类似"小股东"的角色，上一代的分红保单产生的未分配盈余也能够为下一代的分红保单提供营运资本，承担提供保证收益的风险。在这种情况下，股东与分红保单持有人按照约定比例进行分红业务经营盈余的分配，保险公司股东只有在分红业务对保单持有人分配年度红利的时候，才能分配到按照约定比例属于自己的年度红利；在保单持有人由于分红保单终止获得其应享有的未分配盈余份额时（以终了红利方式体现），股东也才能按照约定比例分享其未分配盈余份额。

因此，对于英式保额分红方式的运作模式可以归纳为以下特征：第一，由于保额分红的特点，对于开办保额分红业务的寿险公司而言，在经营过程中通常会产生较大额度的未分配盈余，这些未分配盈余客观上可以充当保险公司的实际资本进行运用，支持分红业务的发展。第二，未分配盈余属于分红保单持有人与股东共享的权益，分红保单持有人与股东将在分红保单终止时按照比例分享其各自的未分配盈余份额（对于保单持有人，以终了红利体现）。但应该认识到，与年度红利一经宣布就属于保证责任不同，终了红利属于非保证责任，保险公司可以根据未分配盈余的变动情况对终了红利水平进行调整（可能上调，也可能下调）。第三，在分红保单终止之前，分红保单持有人以其享有的未分配盈余份额扮演"小股东"的角色；分红保单终止类似于"小股东撤资"，分红保单持有人以获得终了红利的方式分享其未分配盈余份额。

（三）产品演变

几百年前的英国伦敦，规范寿险行业经营的相关法律法规较少，任何人都可以为其他人投保，且保额无限制。因此，一些赌徒通过为即将去世的社会名人和政治家购买人寿保险而获利，给社会造成不良影响。此后，人寿保险被当时的政治家禁止销售。

随着法律法规的逐步完善，人寿保险随着"保险利益"概念的出现而逐步走向规范化。保险利益是指投保人对被保险人应该有已经存在的财务上的利益。每个人对自身和配偶都有无限的保险利益，而不是对政治家和社会名人有此权益；同时，对于自己的债务人也有保险利益。

随着寿险业的逐步规范，精算行业随之发展起来。精算人员通过预测人的寿命进行寿险产品定价，使产品价格在具备市场竞争力的同时为公司赚取利润。在精算行业发展初期，费率较高，但人的实际寿命开始比预期寿命长，死亡给付支出比预期少，保险公司因而获得意外的财富。之后，保险公司开始将这部分意外的财富作为红利分配给忠诚的客户以获得更多的市场份额。那时候，大部分公司是相互保险公司，投保人是公司的所有者，因而有权利获得公司的超额利润。红利分配金额由公司的精算师确定。

1776 年，英国公平保险公司进行决算时发现实际责任准备金比将来保险金支付所需的准备金多出许多，于是将已收保费的 10% 还给保单所有人，于是出现了最早的分红保险。1850 年，英国首次出现了增加保额的分红方式。到 20 世纪 80 年代，分红产品形态主要以期缴型的两全险、终身寿险和养老金为主。20 世纪 80 年代后期，趸缴型分红产品开始热销，提供最低寿险保障和投资理财的功能，但近期此类产品销量递减。

在英国，保额分红产品形态主要以两全保险为主，此外还包括分红型终身寿险、年金保险和定期寿险。在很长一段时间里，分红型两全保险占据英国寿险市场较大份额，且具备良好的盈利水平。但是，伴随着1990年英国股市下挫，保额分红产品市场开始萎缩；从2000年开始，利率下调和股价下跌加快了保额分红产品的下滑趋势。英国市场保额分红产品萎缩的主要原因如下：第一，分红水平较以往下降，客户的满期收益和退保利益降低，与客户合理预期差距较大，退保率上升；第二，由于在此期间的投资回报较低，保险公司的偿付能力下降，直接影响到保额分红产品保证责任的未来给付问题。因此，一些保险公司决定停售保额分红产品。

（四）目标客户群

从保险公司承担风险的角度看，分红保险界于传统保险和投资连结保险之间。保险公司在承担分红保险保底利率风险的基础上，与客户按一定比例分享产品经营成果，具有非常明显的客户与保险公司合作的特征，可以较好地形成和管理客户预期，客户适应面宽，可以较好地应付市场利率的波动。

三、英国累积式分红保险

累积式分红保险（Unitized With – Profits）从字面上理解是单位化的分红保险，英国保险监管方将其归为"累积式分红保险"，它是营销上的一种产品名称包装。英国《保险监督条例》给出的"累积式分红保险"定义为"一种具有随时可以确认的保险利益的分红保单合同。其所确认的保险利益并不一定可以立即变现。该保险利益根据保费的支付而调整，并定期增加附加利益。附加利益来自于该保单对保险利润的分享"。

（一）产生的背景

1987年的股市下跌和1990年的股市低迷给英国保险公司的经营，尤其是投资连结产品的销售带来了巨大的压力。投资连结产品的个人业务，特别是趸缴保费业务，更是雪上加霜，销量大幅度萎缩。客户开始转到分红保险或保本基金等有保证收益的产品上。在业务经营过程中，寿险公司将面临其他金融机构，如银行、证券机构的直接竞争，导致业务成本增加。与传统保额分红产品相比，累积式分红产品突出了个人账户的概念，所分配的红利是增加当前的账户价值，而不是增加保险金额。此外，累积式分红产品对各保单年度红利水平的平滑程度低于传统保额分红产品，年度红利水平更多地考虑了分红业务各年度实际产生的盈余，因此，累积分红保险降低了分红保险红利宣布的即期成本。

（二）产品特征

累积式分红保险是在投资连结保险的基础上运作的，保费扣除风险保障费用和其他保险合同费用后的余额用来购买分红基金的基金单位。单位价格通常保证按一个较低的固定利率增长，红利跟传统分红保单确定方式一样。但是，累积式分红保险与对应资产的连接是间接的，得到的保险利益不直接与基金单位所对应的资产挂钩。一般来说，保险公司会将保证基金单位价格按一个较低的保证利率增长，额外的增长由公司通过分红来决定。保单终止时，公司还可能会支付终了红利。

从客户的角度看，累积式分红保险产品看起来有点像一个银行账户，其收益通常比银行存款高，但收益并不能保证。从产品运作的角度看，累积式分红保险与投资连结产品类似，投资连结产品的大部分特征在累积式分红保险上均适用：透明的收费结构、灵活的保险利益给付、可变动的保费、定期的投资单位报告书、不同基金单位之间的转换等。

累积式分红保险兼具传统分红保险和投资连结保险的特征，但其本质上是一个分红保险产品。累积式分红保险能够较好地满足客户的长期储蓄和保障需求。一方面，累积式分红保险提供本金保证，与银行的储蓄账户相似，累积式分红保单的保险利益从零开始，然后随着保费购买基金单位以及分配红利，保险利益逐渐增长，当投保人提出理赔时（包括退保），保险公司分配终了红利，以提高投保人的保险利益，达到保单的"资产份额"（又称"公平份额"）；另一方面，累积式分红保险单独设立账户，收取的费用透明，公司通过定期扣除死亡风险保费为客户提供风险保障，收取一定的基金管理费用来管理和运作分红账户，采取可变保费的缴费方式，产品更加灵活。

（三）产品演变

在20世纪60年代和70年代，累积式分红保险的雏形已经在英国产生。那时，英国很多保险公司已经成功地开始销售账户管理型和周期性发生的趸缴保费分红保险，这些产品与累积式分红保险有很多共同点。还有一些新公司开始在投资连结产品中引入利润分享机制，同时也提供账户管理型保单。成熟的累积式分红保险出现在20世纪80年代中期，1983年，英国标准人寿保险公司最早开发和推广这一产品。随后在1984年，永明人寿（SunLife）迅速跟进。在过去20多年间，大多数英国的寿险公司都推出了该类产品。尽管传统分红保险已有200多年历史，而累积式分红保险只有20多年历史，但很多英国保险公司已经完全停止了传统分红保险的销售，并逐渐转型到销售累积式分红保险。

第二节　英国人寿保险市场基本情况

一、市场总况

从早期开始，英国保险市场已经成为世界上第三大（仅次于美国和日本市场）市场，占全球总保费收入的9%。英国保险业在世界上处于领先地位，连续10多年排在世界前5名，寿险业务占全球寿险业务的比例在10%左右（见图2－1）。而且保费总收入大体呈逐年增长趋势，这足以见出英国保险业的发达与国力的强大。其中，寿险保费收入始终高于非寿险保费收入。

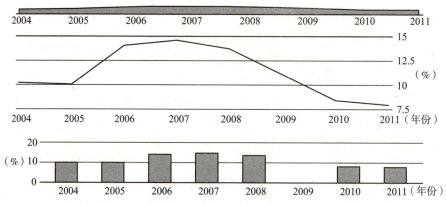

图2－1　2004～2011年英国寿险业务占全球寿险业务比例

资料来源：前瞻网。

英国人寿保险市场在欧洲排名第一，世界排名三，而英国普通保险市场是欧洲第二大（在德国之后）、世界第四大（英国保险协会，2004）市场。英国人寿保险市场约占欧洲人寿保险市场的33%，而英国普通保险市场大约占欧洲普通保险市场的20%。英国保险业的投资资产约占欧洲保险业的投资资产的34%，相当于德国和法国的总和。此外，英国保费收入占GDP的比重在欧洲是最高的，世界排名第二，仅次于美国。

（一）保费收入

20 世纪 90 年代英国寿险增长很快，2004 年寿险保费比 1994 年翻了一番，2000 年以来发展尤为迅速，1999～2006 年仅 7 年时间就已经几乎达到 1999 年保费的两倍。在 1994～2007 年，寿险的增长速度明显高于非寿险，寿险市场加速，非寿险增长发展平缓。自 2008 年金融危机后，全球经济处于衰退时期，对于英国寿险业的影响十分明显（见图 2-2）。自 2008 年后，寿险保费收入增长连续为负，2008 年保费增长率为 -19.11%，2009 年为 -36.78%，2010 年稍微好转，为 -7.5%（见图 2-3）。2011 年寿险保费增速为 4.7%，2012 年，保费达到 165.4 亿美元，占人身保险市场总值的 80.4%；养老和年金部分保费是 40.4 亿美元，占市场总值的 19.6%（见表 2-1）。英国寿险市场尽管在 2011 年恢复了增长，但最近几年有大幅缩减，预计萎缩将会持续到 2017 年。[①]

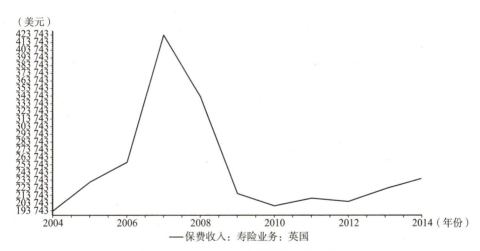

图 2-2　2004～2014 年英国寿险保费情况

资料来源：同花顺 iFinD.

（二）保险密度

保险密度是指按照一个国家的全国人口计算的人均保费收入。保险密度即一个国家每一位居民在保险上的人均花费。该指标是反映一个国家或

[①]　资料来源：Life insurance in the United Kingdom, January 2014.

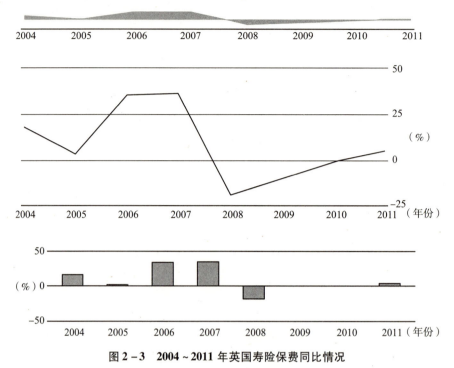

图 2 - 3　2004 ~ 2011 年英国寿险保费同比情况

资料来源：前瞻网.

表 2 - 1　　　　　　　2012 年英国人寿保险市场份额情况　　　　　单位：10 亿美元

项目	2012	%
人寿保险	165.5	80.4
养老保险/年金	40.4	19.6
总额	205.8	100

资料来源：Life insurance in the United Kingdom, January 2014.

地区安全保障意识、保险的普及程度和保险业的发展水平的重要指标，这个数字越大说明该国家或地区的居民在满足了基本物质生活需要的同时，对于自身的财产安全和人身安全保障的关注程度越深。它是一个国家保险购买力的象征，会由于汇率的波动而出现偏差。

　　英国的保险密度长期位居世界前列，世界排名在第 3，反映该国国民安全保障意识较高，保险的普及程度较为广泛。从图 2 - 4 可以看出，英国寿险密度在 2008 年以前一直呈现上升趋势，2008 ~ 2010 年，呈现下降趋势，自 2011 年，又呈现上升趋势。英国人口增长较为缓慢，自然增长率维持较低水平。而国民收入的不断增加使得保险密度基本上呈较快速度上升。

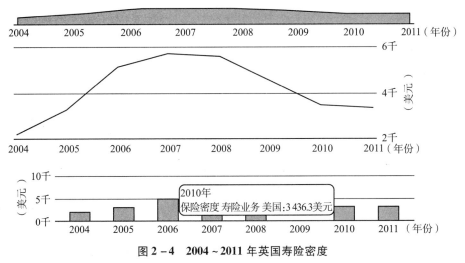

图 2 - 4　2004～2011 年英国寿险密度

资料来源：http：//d. qianzhan. com/xdata/detail？d = xCxUYvxV&di = x5xUy0x1xPxUYvxV#.

（三）保险深度

保险深度是指保费收入占国内生产总值（GDP）的比例，是用来衡量保险业在一个国家整体经济生产力中的重要性以及在其国民经济中的地位的一个重要指标。这个数字很好地反映了保险业在国民经济中的重要程度。该指标数值越大说明这个国家或地区保险业发展程度越深。它不受外币波动的影响。英国保险深度世界排名靠前。而英国 GDP 保持平稳上涨趋势，表明该国的寿险业水平较高，在该国国民经济中地位重要。寿险业在英国发展的程度较深。

由图 2 - 5 我们可以看出，英国的寿险深度水平很高，基本维持在 10% 左右。2004～2011 年寿险深度数据有波动，最高点在 2006 年，达到 13.1%，最低点在 2011 年，为 8.7%。英国的寿险深度在 2006 年达到最高点后期间波动幅度较大，说明期间英国的寿险保费收入占 GDP 的比值波动幅度较大，寿险业在英国的国民经济的地位不稳定，这可能与英国加入欧元区的不确定性与 2000 年的保险业并购案有一定的相关性。

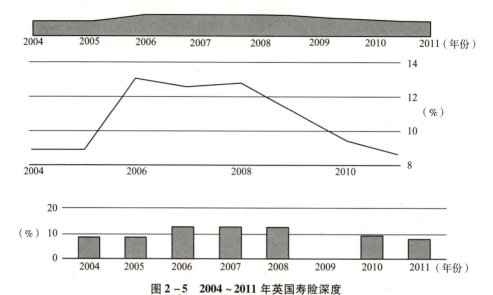

图 2 – 5 2004 ~ 2011 年英国寿险深度

资料来源：前瞻网.

第三章

英国人寿保险业结构与绩效

第一节　寿险行业结构

一、寿险市场集中度

英国保险业也变得更加集中。在人寿保险中，前十大寿险公司占50%以上的市场份额。近年来，越来越多的并购影响集中的程度。英国人寿保险市场的结构变化可以从保险浓度比率来说明。

对人寿保险来说，表3－1显示了市场份额最大的人寿保险公司（CR_1），前五大人寿保险公司（CR_5）和前十大人寿保险公司（CR_{10}）的情况，以及1993年、1998年和2003年的Herfmdhal指数。最大的寿险公司的市场份额在11年间从10.6%上升到14.5%（1998年下降到9.9%）；而前五大寿险公司市场份额从35.2%上升到37.4%；前十大寿险公司的市场份额从51.3%上升至54.8%。与此同时，Herfmdhal指数（定义为行业内所有公司市场份额平方之和）从400增加到500。如果行业内所有公司规模相同，等同于公司的数量从25下降到20，意味着英国人寿保险行业的集中程度的上升。

表3－1　　　　　　　　　英国人寿保险市场集中度

集中度	1993	1998	2003
CR1	10.6	9.9	14.5

续表

集中度	1993	1998	2003
CR2	35.2	36.9	37.4
CR10	51.3	56.2	54.8
Herfindhal 指数	400	400	500
等同公司数量	25	25	20

资料来源：Stephen parente，Capital Structure and Product Market Competition：Evidence from the EU Life Insurance Industry. 2012. 7.

二、英国保险的供应商

英国保险公司的所有权结构是复杂的，由几家大型集团多个法人实体组成。例如，伦敦皇家共同体包括 Refuge 保险、苏格兰寿险和美国友好寿险等。此外，一些公司专利（或股票）公司注册在公司和行动属于股东，而另一些则相互公司归他们所有投保人成员。此外，一些依据公司法注册的所有权公司股东拥有所有权，还有一些相互保险公司的所有权则由保单持有人共同所有。而且，一些所有权公司由银行（或建筑协会）机构联手，多样化渗透保险行业（主要是人寿保险）。英国的寿险和普通保险行业中所有权公司占主导，2003 年，寿险中相互保险公司保费收入只有15% 的比例，普通保险保费收入占比不到 5%。联手组织拥有两个市场的股份（大约分别是 20% 和 15%），英国的联手组织主要通过共同投资和收购形成，允许银行或建筑协会借助一个专业的保险公司进行起初运作。2003 年，英国主要的联手组织保费收入情况是：苏格兰哈里法克斯银行（£ 61 亿）、劳埃德 TSB 银行（£ 48 亿）、阿比国民银行（£ 10 亿）、巴克莱人寿（£ 5 亿）、汇丰银行（£ 5 亿）。

表 3 - 2 和表 3 - 3 总结了英国十大人寿保险和十大普通保险集团在 2003 年的情况，同时也显示每家集团的最终所有者所在的国家、组织形式（共同或专有）以及主要的分销渠道。

表 3 - 2　　　　　　　　　2003 年英国十大寿险集团

集团	保费（百万英镑）	所有者	销售方式
英杰华	8 184	英国	I, D, O

集团	保费（百万英镑）	所有者	销售方式
标准人寿	7 175	英国	I
苏格兰哈里法克斯银行	6 072	英国	B
保诚	5 420	英国	I，D，O
劳合社	4 786	英国	B
法通保险	4 162	英国	I
安盛	3 664	英国	I，D
全球人寿	2 949	荷兰	I
苏黎世金融服务	2 750	瑞士	I
友诚保险	2 507	英国	I，D，O

注：I：独立中介机构；D：直销；O：自己的销售人员/绑定代理商；B：银行/建筑协会。
资料来源：Association of British Insurers（2004）and Standard and Poor's（2004）.

由表 3 - 2 可知，除了家喻户晓的标准人寿（一家互助公司），英国最大的人寿保险公司是专业保险集团和联手组织。2003 年，四大人寿保险公司的保费收入超过￡50 亿，前十大人寿保险公司净收入超过￡25 亿。表 3 - 3 也出现了类似的现象，可以看到，在十大普通保险公司中只有一家共同公司（NFU 共同公司）。在前十大公司中，只有一家公司净保费收入超过￡50 亿（诺维奇联盟）、四家公司净保费收入超过￡25 亿。

表 3 - 3　　　　　　　2003 年十大英国普通保险集团

集团	保费（百万英镑）	所有者	销售方式
诺维奇联盟	5 405	英国	I，D，O
英格兰皇家银行	3 767	英国	B
英国皇家太阳联合保险	2 726	英国	I，D
苏黎世金融服务	2 547	英国	I
安盛	2 392	英国	I，D
安联康希尔	1 352	英国	I，D
英国保柏	1 240	英国	I，D，O
全国农场主联合会互助保险	715	荷兰	I，D，O

集团	保费（百万英镑）	所有者	销售方式
英国合作集团	636	瑞士	D
劳合社	588	英国	B

注：I：独立中介机构；D：直销；O：自己的销售人员/绑定代理商；B：银行/建筑协会。
资料来源：Association of British Insurers（2004）and Standard and Poor's（2004）.

英国其他类别的保险公司还包括：

（1）外资公司。大量与殖民地的起源有关的保险公司在英国市场经营多年，如加拿大阳光寿险和殖民地相互保险。此外，近年来，许多外资公司设立子公司或接管英国保险公司，例如苏黎世金融服务和安联。

（2）友好社会组织。2003 年，有 227 家友好社会组织在英国（不包括分支机构）注册，友好社会共同组织最初未获批，但现在在 1992 年金融服务法案下可能注册成功，无论注册与否，友好社会组织可以提供比相互保险和专有保险公司更多的一系列产品，英国友好社会组织拥有不同的规模、能提供一系列不同的产品类型，包括分红产品、投资连接险、养老金产品、收入保险和与事故疾病有关的普通保险。英国最大的三家友好社会组织，2002 年的保费收入情况是：利物浦维多利亚（£ 5.538 亿）、皇家人寿（£ 2.623 亿）、警察相互保险（£ 1.776 亿）。

（3）自保公司。自保公司是最简单的形式，作为独资保险子公司的业务并不是对外提供保险业务，其主要功能是部分或全部承保母公司的风险。现在有许多类型的自保形式：

①单一自保，只承保相关集团组织的风险。

②多样化自保，除了承保集团组织的风险，还承保其他风险。

③协会自保，承保企业或贸易协会成员员工的面临的风险，如医疗责任风险。

④机构自保，由保险经纪人或代理人组成允许他们参与高质量的风险，并由其控制。

⑤租用自保，该自保公司提供需要而又没有自保的业务，用户对提供的业务支付费用，但需要提供一定形式的担保，租用自保公司并不承担由用户带来损失的风险。

⑥特殊目的工具，该种形式用于风险证券化。他们是再保险公司，向其母公司提供再保险业务，通过发行债券的形式将风险转嫁到资本

市场。

市场增长不仅表现在自保公司的数量方面，也体现在越来越多的公司所在地，长期所在地，如百慕大、开曼群岛、根西岛、开曼群岛、已经加入了佛蒙特州的卢森堡、英属维尔京群岛，直布罗陀和都柏林。

⑦再保险公司。再保险人是原保险公司的保险人，它们有助于消除一个大损失发生的可能性，使保险人接受超过自身承保业务能力的风险。在英国最大的再保险公司保费收入情况是：2002 年，通用电气（£ 4.09亿）、瑞士再保险（£ 3.66 亿）、慕尼黑再保险（£ 2.73 亿）、汉诺威人寿再保险（£ 0.44 亿）。全球再保险（£ 0.3 亿）。科隆再保险公司（£ 0.12 亿）和全球格玲人寿再保险（£ 0.12 亿）。

第二节　主要寿险公司

劳埃德银行集团是英国人寿保险市场的是最大的寿险公司之一，市场份额占到 5.5%。保诚市场份额占 5.4%。图 3 - 1 是英国人寿保险市场份额占有情况。

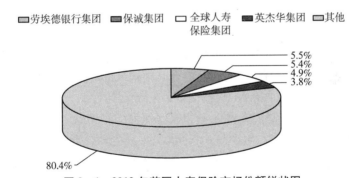

图 3 - 1　2012 年英国人寿保险市场份额饼状图

资料来源：Life insurance in the United Kingdom，January 2014.

一、劳埃德银行集团①

劳埃德银行集团，是英国金融服务集团的著名公司，提供零售、私人

———————

① http：//www.lloyds.com/.

和商业银行业务、投资服务、养老金管理、财政服务、保险、综合银行和国际银行等一系列服务。集团的主要业务在英国。

集团业务分为五个部分：零售、商业银行、财富、资产融资和国际化业务，集团经营和中心项目。

劳埃德在 2012 年重组各部分。综合和商业部分整合形成了商业银行。以前隶属综合部分的资产融资业务现在隶属于财富、资产融资和国际化业务部分。

零售部分，其品牌包括劳埃 TSB、哈利法克斯苏格兰银行、伯明翰郡、切尔滕纳姆和格洛斯特，它通过巨大的分支网络提供往来账户、储蓄、个人贷款、信用证和 300 万元以内的抵押业务。该部分也是普通保险和银行保险的分销商销售品种多样的长期储蓄、投资和普通保险产品。

集团商业银行创建于 2012 年，结合英国中小企业、大企业与全球的客户确保统一有效的客户覆盖。客户包括刚成立和已经成立的公司，为客户提供一系列的迎合其需求的服务。包括商业银行、商业融资、发票贴现和保理业务。

财富、资产融资和国际业务部分集中为集团私人银行和资产经营业务提供动量，密切协调其国际业务的管理，现在还包括英国和澳大利亚的资产融资业务。财富部分包括英国及海外集团私人银行、财富和资产管理业务。国际业务部分包括主要在欧洲大陆的零售业务。

资产融资部分包括英国和国际资产融资及在线存款业务。国际部门包括集团在爱尔兰、欧洲、亚洲和世界上其他地区的非核心业务。

保险部分提供品种多样的长期储蓄、投资保障产品、个人和企业养老金的银保业务。是英国销售支付保障和家庭保险的经销商。主要由三部分组成：英国人寿、养老和投资产品；欧洲人寿、养老和投资产品；普通保险。

其他部门包括管理集团技术平台，分公司和总公司资产，操作（包括支付、银行业务和集合）和采购服务。

以下是该集团的几个关键指标：

公司在 2012 会计年度收入是 616.5 亿美元，比 2011 年增长了 44.9%。2012 年净损失 21.28 亿美元，2011 年净损失为 43.01 亿美元。

表 3 - 4 劳埃德银行集团的几个关键指标

项目	2008 年	2009 年	2010 年	2011 年	2012 年
收入（亿美元）	111.127	717.77	696.52	425.35	616.499

续表

项目	2008 年	2009 年	2010 年	2011 年	2012 年
净收入（亿美元）	13.39	46.793	−4.088	−43.006	−21.281
总资产（亿美元）	6 909.314	16 277.73	15 712.334	15 379.128	14 650.314
负债总额（亿美元）	6 755.625	15 578.817	14 969.134	14 640.806	13 942.25
雇员（亿美元）	664.73	1 320	1 229.79	1 204.49	970.91
利润率（%）	12.8	6.5	−0.6	−10.1	−3.5
收入增长（%）	−61.5	545.9	−3.0	−38.9	44.9
资产增长（%）	23.4	135.6	−3.5	−2.1	−4.7
负债增长（%）	25.1	130.6	−3.9	−2.2	−4.8
债务资产比率（%）	97.8	95.7	95.3	95.2	95.2
资产收益率（%）	0.2	0.4	0.0	−0.3	−0.1
每位员工收入（美元）	167 176	543 765	566 373	353 137	634 970
员工利润（美元）	20 143	35 449	−3 324	−35 704	−21 919

资料来源：Life insurance in the United Kingdom，January 2014.

二、保诚集团[①]

英国保诚集团是以零售为基础的金融服务集团，专注于退休前、后市场。除了保险，集团还提供零售金融产品和服务，如投资理财产品和基金。集团通过几家子公司经营业务。在英国，该集团旗下有保诚保险有限公司（PAC）、保诚年金有限公司（PAL）、保诚退休收入有限公司（PRIL）和 M&G 投资管理公司。在美国，有杰克逊国家人寿保险公司，在亚洲旗下有保诚集团和其他主要合资公司。

集团主要有两大类业务：保险业务和资产管理业务，主要由四个业务部分组成，亚洲保诚公司、杰克逊国民人寿保险公司、英国保诚和 M&G。

集团的保险业务主要包括人寿保险，养老金和年金服务。在英国，通过英国保诚，集团提供年金，企业养老金，分红和连结债券，储蓄投资产品，保障保险，股票发行，健康保险产品，综合年金产品。

---

① www.prudential.co.uk.

英国保诚大约有七百万的客户。在美国,杰克逊国民人寿保险大约向四百万客户提供固定、固定指数,直接和可变年金产品。杰克逊国民人寿保险的子公司和附属公司也提供资产管理和零售经纪服务。在亚洲,亚洲保诚公司向包括中国、中国香港地区、印度、印度尼西亚、日本、韩国、马来西亚、菲律宾、新加坡、中国台湾地区、泰国、越南和阿拉伯联合酋长国在内的 13 个国家提供储蓄,保障和投资产品。保诚在亚洲的合资企业,有中国中信集团,中国香港地区的中国银行和印度的 ICICI 银行,还包括保诚保险公司(PAC)的业务、分红基金风险投资和持有的支持长期业务的其他投资子公司。

资产管理部分提供内部和第三方资产管理服务,包括投资组合和共同基金管理,集团是顾问和经纪人的角色。M&G 和保诚的共同基金分布在英国、欧洲和亚洲。在英国,资产管理通过由零售、综合和融资为主要业务的 M&G 开展业务,M&G 的业务包括零售管理,机构固定收入、共同人寿和养老基金、财产和私人融资。亚洲资产管理公司包括亚洲的人寿保险公司,经营人寿基金和投资连结基金产品,以及与共同基金业务有联系的第三方客户业务。在亚洲,在一些国家某些地区提供互助基金投资产品,让消费者参与债务、股权与货币市场投资。在美国,资产管理部分通过为美国、英国和亚洲附属公司经营资产的美国 PPM 开展业务,为包括 CDOs(担保债务凭证)、私人投资基金和机构客户在内的附属和非附属机构客户提供服务。

以下是该集团的几个关键指标:

2012 财年,公司收入是 879.06 亿美元,比 2011 财年增长 52%。2012 年,净收入为 34.81 亿美元,2011 财年,有 22.42 亿美元净收入。

表 3 – 5　　　　　　　　　　　保诚集团的几个关键指标

项目	2008 年	2009 年	2010 年	2011 年	2012 年
收入（亿美元）	300.929	762.17	754.991	578.469	879.064
净收入（亿美元）	- 6.196	10.712	20.695	22.422	34.813
总资产（亿美元）	3 395.798	3 608.956	4 120.555	4 321.877	49.16223
负债总额（亿美元）	33.15649	35.0908	40.00681	41.85492	4 751.997
雇员（亿美元）	296.83	273.89	259.92	254.14	276.19
利润率（%）	- 2.1	1.4	2.7	3.9	4.0

续表

项目	2008 年	2009 年	2010 年	2011 年	2012 年
收入增长（%）	3.4	153.3	-0.9	-23.4	52.0
资产增长（%）	-2.0	6.3	14.2	4.9	13.8
负债增长（%）	-1.5	5.8	14.0	4.6	13.5
债务资产率（%）	97.6	97.2	97.1	96.8	96.7
资产收益率（%）	-0.2	0.3	0.5	0.5	0.8
每位员工收入（美元）	1.13808	2 782 758	2 904 707	2 276 181	3 182 825
员工利润（美元）	-20 873	39 110	79 619	88 226	126 049

资料来源：Life insurance in the United Kingdom，January 2014.

三、AEGON N. V.（全球人寿保险集团）[①]

AEGON N. V. 是市场份额较大的金融服务集团，主要经营人寿保险、养老金和资产管理业务。集团也经营意外事故保险、附加健康保险、普通保险和有限的银行业务。

AEGON 业务遍布美国、荷兰和英国。目前 AEGON 在美洲、欧洲和亚洲二十多个国家开展业务。

集团的业务有五大部分：美国 AEGON、英国 AEGON、荷兰 AEGON、新兴市场、控投的其他业务。

美国 AEGON 分公司包括美国、加拿大、墨西哥和巴西部分，以及不在这些国家的整体业务。分公司通过子公司经营业务，子公司有 Transamerica 人寿保险公司，Monumental 人寿保险公司，俄亥俄的 Western Reserve 人寿保险公司，Mongeral 人寿保险公司，Seguros e Previdencia 等。

英国 AEGON 分公司在英国的业务主要集中于两个市场：退休和企业的储蓄。分公司通过自己的顾问公司 Origen 和 Positive Solutions 提供联合和单独养老金，保障产品和年金。

荷兰 AEGON 分公司在荷兰的业务有四部分：人寿保险和储蓄、养老金、非人寿保险和销售。分公司最早的子公司有 AEGON Bank N. V.，AEGON Levensverzekering N. V.，AEGONSchadeverzekering N. V.，AEGON-

---

[①] www. AEGON. com.

Spaarkas N. V. , OPTAS Pensioenen N. V. , AEGON Hypotheken B. V. , TKP
Pensioen B. V. , Unirobe Meeus Groep B. V. , AEGON PPI B. V.

新兴市场部分的业务经营与欧洲 AEGON 公司的变额年金业务和 AE-
GON 的资产管理一样集中在中心、东欧、亚洲、西班牙和法国。AEGON
在中心和东欧（CEE）主要的子公司是 AEGON Hungary 复合保险公司，
AEGON Hungary 投资基金管理公司，AEGON Hungary 养老金基金管理公
司，AEGON 波兰人寿保险公司，AEGON 养老金管理公司。

控股的其他业务部分包括 AEGON 控股公司的资产、雇员和其他管理
费用。

表 3 – 6 是该集团的几个关键指标：

2012 年 AEGON 公司的收入是 384.72 亿美元，比 2011 会计年度增加
2.7%。2012 年净收入是 20.19 亿美元，2011 年是 11.21 亿美元。

表 3 – 6　　　　　　　　全球人寿保险集团的几个关键指标

项目	2008 年	2009 年	2010 年	2011 年	2012 年
收入（亿美元）	437.985	382.327	406.192	374.72	384.718
净收入（亿美元）	– 13.905	2.622	22.618	11.206	20.189
总资产（亿美元）	3 714.400	3 837.719	4 269.355	4 440.966	4 704.95
负债总额（亿美元）	3 636.641	3 678.792	4 043.577	4 171.097	4 387.93
雇员（亿美元）	314.25	280	274.74	275	244.07
利润率（%）	– 3.2	0.7	5.6	3.0	5.2
收入增长（%）	– 13.2	– 12.7	6.2	– 7.7	2.7
资产增长（%）	– 8.0	3.3	11.2	4.0	5.9
负债增长（%）	– 3.8	1.2	9.9	3.1	5.2
债务/资产比率（%）	97.9	95.9	94.7	93.9	93.3
资产收益率（%）	– 0.4	0.1	0.6	0.3	0.4
每位员工收入（美元）	1 393 746	1 365 455	1 478 458	1 362 617	1 576 260
员工利润（美元）	– 44 247	9 363	82 324	40 749	82 717

资料来源：Life insurance in the United Kingdom, January 2014.

四、Aviva plc（英杰华集团）[①]

Aviva plc（英杰华集团）致力于长期保险和储蓄，普通保险和健康保险，资金管理产品和服务。集团经营范围包括欧洲、亚洲太平洋和美洲。

集团业务主要包括七个部分：英国和爱尔兰；法国；意大利，西班牙和其他国家；加拿大；较快发展的市场；Aviva 的投资业务；其他集团业务。

英国和爱尔兰部分由两类业务组成：人寿保险和普通保险业务。

英国和爱尔兰人身业务主要是英国的人身保险、长期健康和意外事故保险、储蓄、养老金、年金和健康保险。

英国和爱尔兰的普通保险为单个人和企业提供机动车辆保险、财产保险、责任保险（比如雇主责任保险和职业赔偿责任保险）和医疗支出保险。

法国部分的主要业务是长期保险和普通保险。主要为个人、与个人有联系的单位提供一系列的长期保险和储蓄产品。普通保险通过代理和直接销售个人和商业保险产品。

意大利、西班牙和其他国家的业务主要包括长期，意外事故保险和健康保险以及普通保险。

加拿大的业务主要针对私人和联合的消费者。

较快增长的市场部分包括亚洲、波兰、土耳其和俄罗斯的业务。集团在亚洲的业务主要在中国、印度、新加坡、中国香港地区、韩国等的长期业务上。较快增长市场业务也包括新加坡、印度尼西亚、波兰和土耳其的普通保险。

Aviva 的投资业务包括集团经营的大部分业务，在英国、法国和加拿大，主要为机构养老金资产委托经营保单持有者和股东投资的资金，提供投资管理服务和经营，包括投资资金、机构委托、OEIC 和 ISA 等业务的一系列零售投资产品。

其他集团业务提供资产投资收益和总部开支，比如集团财产和融资功能、税收、借入资金的成本。

表 3 – 7 是该集团的几个关键指标：

[①]　www. aviva. com.

2012 年公司收入是 682.88 亿美元，比 2011 年增长 40.3%。2012 年净亏损 48.33 亿美元，2011 年净收入 0.95 亿美元。

表 3-7 英杰华集团的几个关键指标

项目	2008 年	2009 年	2010 年	2011 年	2012 年
收入（亿美元）	533.34	652.817	649.284	486.769	682.877
净收入（亿美元）	-14.499	17.193	23.812	0.951	-48.33
总资产（亿美元）	5 618.33.7	5 615.627	5 864.661	4 949.864	5 002.361
负债总额（亿美元）	5 387.415	5 376.577	5 583.793	4 706.424	4 822.352
雇员（亿美元）	547.58	463.27	450	365.62	331.22
利润率（%）	-2.7	2.6	3.6	0.2	-7.1
收入增长（%）	8.6	22.4	-0.5	-25.0	40.3
资产增长（%）	10.3	0.0	4.4	15.6	1.1
负债增长（%）	11.4	-0.2	3.9	-15.7	2.5
债务/资产比率（%）	95.9	95.7	95.2	95.1	96.4
资产收益率（%）	-0.3	0.3	0.4	0.0	-1.0
每位员工收入（美元）	973 994	1 409 151	1 442 853	1 331 351	2 061 702
员工利润（美元）	-26 478	37 112	51 517	2 600	-145 915

资料来源：Life insurance in the United Kingdom，January 2014.

第三节　英国保险中介市场

英国拥有世界上最发达的保险经纪市场，2007 年有 3 200 多家独立的保险经纪公司，是保险公司的 4 倍，近 8 万名保险经纪人，业务范围涉及财产保险、人寿保险和再保险领域，市场份额占财产保险业务量的 60% 以上，占一般人寿保险业务量的 20%，占养老金保险业务量的 80%。英国经纪人组织形式可以是个人、合伙企业和股份有限公司。

英国的中介市场经过长时间的发展，具有其鲜明的特点：

一、实行以保险经纪人为中心的保险中介制度

由于英国是现代海上保险最古老、最发达的国家，国民的风险观念和保险意识强，在英国立法及国民习惯等的影响下，保险经纪人先于保险代理人、保险公估人产生，进而形成了以保险经纪人制度为中心的保险中介人模式。英国的保险经纪人制度最为完善，在国际保险市场上影响巨大。

二、在保险业务的市场分割上，保险中介人充当角色不同

在保险业务的市场分割上，保险代理人充当了寿险市场上的主要角色，而在非寿险领域，则是保险经纪人控制了约 2/3 的市场，尤其是再保险业务和劳合社承保的业务，都是保险经纪人在运作。同时，英国的保险中介人制度采用了两极化原则，即寿险代理人与经纪人二者不能兼营，保险经纪人只能从事保险经纪业务，而保险代理人则只能从事保险代理业务。

三、对保险代理人、保险经纪人、保险公估人的宏观监管力度不同

英国的法律对保险经纪人的监管最为严格，适用的法律主要有 1977 年颁布的《保险经纪人（注册）法》《保险经纪人行为法》、英国保险人协会的《实务法》及《金融服务法》等，其中对保险经纪人的资格、职业行为、授权范围等有详尽的规定。对寿险代理人的监管则相对而言较为宽松，例如无特别的规定限制寿险代理人销售非寿险产品等。另外，保险公估业务在英国法律上不属于保险监管范围，而受一般的代理法管制。

四、保险中介人的行业自律较强，且行业自律组织分工较细

英国政府的贸工大臣享有对保险业实行全面监督和管理的权力，其监管机构侧重于对保险公司的管理，而对劳合社则依据专门立法赋予其自律的权利。保险经纪人协会不仅配合国家立法机关对保险经纪人的行为进行监督，还代表保险经纪人参与同政府、其他保险组织及商业机构进行的谈

判。此外，保险代理人与保险经纪人的行业自律组织严格分开，保险公估人则由英国特许公估师学会监督管理。

第四节　英国人寿保险市场五力分析模型

迈克尔·波特（Michael Porter）于 20 世纪 80 年代初提出五力分析模型，该模型可以有效地分析客户的竞争环境，模型以产业组织结构理论中的"结构—行为—绩效"为基础，认为企业竞争的优势是由一个产业中的五种力量决定的，这五种力量分别是供应商的议价能力、购买者的议价能力、潜在竞争者进入的能力、替代品的替代能力、行业内竞争者的竞争能力（见图 3 - 2）。五种力量的不同组合变化，最终影响行业利润潜力的变化。

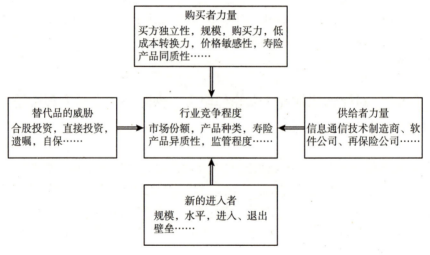

图 3 - 2　寿险市场波特五力分析模型

一、购买者的力量

购买者主要是消费者（既有个人也有公司）。由于寿险市场的本质，以及提供的产品的重要性，失去单个的消费者是微不足道的，这削弱了买方市场的力量。大客户每年都会支付数万的保费，失去这样的高边际重点客户对公司是非常不利的，所以大客户比寿险公司拥有更大的谈判力量。

这在一定程度上增强了买方力量。寿险市场中的消费者由于愿意做更划算的交易，因此他们并不总是忠诚于特定公司。

网上购买、在线比较允许消费者选择适合个人需要的保险种类，这增强了买方的力量。允许客户在线比较进行选择的做法，可以更好地满足购买者个人的寿险需求，这会进一步提高购买者的力量。然而，由于存在转换成本，对个人来讲，从一家公司转向另一家公司常常需要提供早期的保险单（除非保险单结束或者购买者完全选择不同的保险种类），这在一定程度上会削弱购买者的力量。

总体来看，购买者力量一般。

二、供应商的力量

供应商主要包括信息通信技术制造商、软件公司和再保险公司。某些保险公司需要针对他们的产品和服务要求"量身定做"特定的计算机系统。例如，保险人运用计算机应用中的"smart system"来管理风险。这些类型的系统是复杂的，通常与因特网数据联系在一起，一个安全的可靠的信息通信技术制造商是非常必要的，供应商一般是一个富有声誉的大公司，往往拥有他们自己特有的专利系统，比如IBM，人寿保险公司对供应商的依赖程度很高。人寿保险公司愿意花钱培训员工新系统，如果转换供应商则会遇到一定障碍，这会增强供应商的力量。尽管许多人寿保险公司拥有自己的IT部门，但很少会做出有意义的整合（同样，供应商试图与保险服务整合起来也不太可能），这也进一步增强了供应商的力量。为了降低承保风险，人寿保险的保险人也需要再保险公司的服务。

总体来看，供应商在人寿保险市场上的力量比较强。

三、潜在竞争者

潜在竞争者进入人寿保险市场的壁垒一般来讲是比较低的，然而新的进入者必须决定以什么规模进入，因为规模不同，面临的收益和风险也不一样。以较小规模进入市场会增加新进入者面临的风险。人寿保险领域的知名公司需要有良好的声誉、消费者的认可、通常能提供可供潜在竞争者竞争的范围广阔的服务。潜在竞争者面临的风险大部分来自寿险业自身。因为，既然消费者通常很少会去购买人寿保险的替代品，因此，市场上重复做业务很难成功。这意味着挖掘新客户很重要，有没有良好的销售网络是判断进入能否成功的标准。一些人寿保险公司担心被规模较大的保险公司挤出市场，往往会划分适当的区域展业。对大多数保险公司来讲，另一个风险是其他金融服务公司也会进入市场。实际上，一些银行和投资银行在某些特定领域也开始提供寿险产品，比如抵押领域，就有人寿保险单。尽管独立的金融形式是最有效的模式，在英国利用银行网点的渠道进行销售（银行保险）仍然是一种日益发展起来的有效销售方式，比如网络销售这样的直接销售也很有效。另外，政府管制通常比较严格，PRA 和 FCA 这两种监管方式以强制资本充足和其他必需条件限制潜在竞争者进入市场。而且，2014 年实施的偿付能力Ⅱ将进一步限制潜在竞争者。偿付能力Ⅱ的实施能降低银保集团的形成，限制人寿保险公司对银行的依赖，这对人寿保险市场有非常大的影响。

总体来看，潜在竞争者进入人寿保险市场难度一般。

四、替代品的替代能力

人寿保险单有很多替代产品，比如储蓄、投资等金融产品。储蓄和投资包括存款、财产和股票方面的合股投资和直接投资。遗嘱也是处理风险和去世后保护家人的一种方式。这些是成本比较低的人寿保险替代方式，但是储蓄等方式并不能像人寿保险一样获得保障，这降低了储蓄的吸引力。消费者可以采取一些风险处理方式，比如"自保"，但是此种方式需要预留一部分资金。企业也可以选择自己经营保险分公司，尽管可行，但是需要特定的专业技能和资金。

因此，人寿保险市场替代产品的替代能力是比较微弱的。

五、竞争程度

欧洲共同体现在有统一的保险市场，这是欧洲共同体保险调整措施的结果。它允许共同体成员在欧洲销售保险产品。英国人寿保险市场在业务上被较小的人寿保险公司与较大的人寿保险公司分割了。四家较大的人寿保险公司（Aviva plc、Lloyds Banking Group、Aegon NV and Prudential）的市场份额只占到了 19.6%。上述四家人寿保险公司都是较大的保险公司，尽管有包括暂时的、永久的和多种类的大量的不同计划，但他们提供的寿险产品是相似的。因为这些较大人寿保险公司具有相同的特质，它们以低成本、高效率、良好的客户服务将其他竞争者排挤在外，把人寿保险经营的更像是一件商品。尽管人寿保险市场进入壁垒不小，但是比退出壁垒要低。例如，通过对资本充足方面的管制系统的设计，阻止寿险保险人退出业务，因为这会损害保单持有者的利益。当市场上的退出壁垒比较高时，人寿保险公司可能处在恶劣的市场环境中，这种情况会降低竞争程度。人寿保险公司也会运用高投资回报和多样的保险投资种类来吸引客户。这会导致市场上更大的整合，因为较大的人寿保险公司相较于投入资金吸引客户而言，更愿意接管和吞并其他人寿保险公司。

总体而言，市场上存在很强的竞争。

第五节　产品结构和销售渠道

一、产品结构

近年来，新保险产品的需求在英国经历了重要的变化，可以归因于三个主要因素。首先，人口结构的变化创造了为不同的需求量身定做的产品。其次，经济状况的变化引起了储蓄模式的改变（向资本市场投资、减少低收益的银行存款）。最后，虽然保险行业仍表现为信息不对称，客户意识普遍提高，迫使人寿保险和普通保险公司比之前提供更具竞争力和复杂的产品。

近年来，西方国家最重要的人口趋势是人口增长率的下降和相关的人口老龄化问题。这种变化的一个主要原因是出生率下降，但是发达经济体由于医疗体系的完善和生活水平的提高使预期寿命增加了，这也导致老龄化现象（Hoschka，1994）。因此，抚养比率（即退休人员占劳动人口的比例）上升。这个人口趋势带来的结果就是，"固定缴款养老金"（代替固定收益养老金）的销售的呈上升趋势，这可能会使年金的需求在未来十年以每年 2% 左右的趋势上升（斯塔克，2002）。这为英国的保险人扩大投资连接的年金、发展价格指数年金创造了机会。

近年来，由于人口结构和生活水准预期的提高使储蓄模式不断的变化，因此，对长期的、高收益金融投资需求增加。此外，日益重视资本市场投资也使得精密设备比低收益的银行存款更有吸引力（拉弗蒂，1991）。

较低的通货膨胀率也使长期投资更安全，这往往减少短期储蓄，增加长期合约，如保险。1999 年，还有一个增加储蓄的因素是，英国政府当时引进了个人储蓄账户，这使投资者可以持有现金存款、股票或债券市场投资和人寿保单，并且可以免税。例如，一个投资者可以在个人储蓄账户（最高£ 7 000）上持有一份人寿保险合同，所有的收入可以免税，资本利得也可以免除资本利得税。

英国的人寿保险业务由一系列不同的产品组成。包括连接险和非连接险、分红和非分红人寿保险、普通年金、养老金和收入保障保险。1990～2003 年，英国人寿保险业务（如人寿保险、年金、养老金和收入保障保险）总净保费收入情况总结在表 3－8。很明显，在此期间，人寿保险业务总体呈现上升趋势后，从 2000～2003 年每年都有所下降。同样，人寿保险和年金保费收入占总额的比例在 1990 年约 42%，2003 年下降到32%。同期，养老金和收入保障保险的保费却稳步增长。总的来说，人寿保险净保费收入从 1990 年的£ 322 亿上升到 2003 年的£ 898 亿。

表 3－8　　　　　　　　　　1990～2003 年英国人寿保险业务

净保费　　　单位：百万英镑

年份	人寿保险	年金	养老金	收入保障	总计
1990	12 858	713	18 318	308	32 197
1991	15 391	1 182	21 329	343	38 245
1992	17 886	988	22 628	400	41 902
1993	20 507	938	23 040	438	44 923
1994	19 748	655	20 961	461	41 825
1995	20 784	380	22 072	531	43 767
1996	24 630	851	26 717	597	52 795
1997	26 629	413	32 622	672	60 336
1998	30 019	423	40 266	968	71 676
1999	36 470	128	49 891	1 270	87 759
2000	38 768	199	75 429	1 618	116 014
2001	37 567	181	54 067	1 832	93 647
2002	35 747	209	58 416	1 982	96 354
2003	28 639	244	58 408	2 529	89 820

资料来源：Association of British Insurers（2004）.

客户意识增强、生活方式的改变引起了市场进一步的细分。在非寿险领域，消费者倾向于选择更简单易懂的产品，这使非寿险产品进一步标准化。许多常见的非寿险产品，如汽车保险和家庭保险，需要一些小的建议。因此，很可能会使扩大成本效益标准化产品的直接销售市场，会有一个增长市场的直接交付成本效益标准的产品。1990~2003年，普通保险的总保费收入的主要情况如表3-9所示，在此期间，所有主要的保险业务都增加了，增幅最大的是普通责任保险（1990年和2003年之间增加了156%）和经济损失保险（在1990年和2003年之间增加了214%）。总的来说，普通保险的净保费收入从1990年的£243亿上升到2003年的£493亿。

表3-9和表3-10总结了1990~2003年间，英国普通保险的保险人承保和总体的交易结果，表中有两个特性值得评论。第一，在大多数年份，大多数业务的承保结果通常是负面的，投资收益弥补这个缺口、带来一个下面的交易结果。第二，表显示了英国普通保险的承保周期：在承保各项业务和整体交易的结果方面有规律的上下波动。短期内随意一组数据都能显示周期的长度在6~10年间，观察其他国家的承保周期也很明显。

表3-9　　　　　　　1990~2003年英国主要的普通保险业务

净保费　　单位：百万英镑

年份	汽车保险	意外健康险	财产保险	普通责任险	财产损失险	其他	总计
1990	5 616	2 192	5 462	1 684	1 197	8 180	24 331
1991	6 079	2 405	5 767	1 701	1 394	9 836	27 182
1992	7 033	2 792	6 446	1 767	1 619	12 192	31 849
1993	7 840	2 803	6 975	2 053	1 821	12 164	33 656
1994	7 833	2 836	7 344	2 280	1 901	10 687	32 881
1995	7 179	2 825	6 999	2 264	2 074	10 808	32 149
1996	7 068	2 953	6 667	2 112	2 181	10 011	30 992
1997	7 183	3 239	6 899	2 091	2 253	10 569	32 234
1998	7 761	3 390	7 067	2 034	2 461	10 020	32 733
1999	8 328	3 437	6 573	1 774	2 724	10 220	33 056
2000	9 401	4 112	6 738	1 720	2 955	11 252	36 178
2001	10 652	4 646	7 227	2 531	3 201	12 924	41 181
2002	10 784	4 763	8 127	3 411	3 251	15 905	46 241
2003	10 771	4 793	8 984	4 317	3 762	16 624	49 251

资料来源：Association of British Insurers（2004）。

表3－10　　　　　　　1990～2003年普通保险业务的承保情况　　　　　　单位：百万英镑

年份	汽车保险	意外健康险	财产保险	其他	总计	投资收入	经营结果
1990	－1 439	12	－1 283	－2 244	－4 954	3 479	－1 475
1991	－1 532	－78	－1 001	－4 350	－6 961	3 691	－3 270
1992	－939	96	112	－4 143	－4 874	4 049	－825
1993	－290	200	667	－2 783	－2 206	4 051	1 845
1994	4	209	1 201	－1 554	－140	4 090	3 950
1995	－369	27	513	－846	－675	4 925	4 250
1996	－987	25	137	－1 062	－1 887	4 807	2 920
1997	－1 500	91	－91	－288	－1 788	4 635	2 847
1998	－2 100	－27	－343	－1 877	－4 347	5 142	795
1999	－1 804	－74	－412	－1 223	－3 513	4 347	834
2000	－1 620	7	－698	－2 717	－5 028	5 352	324
2001	－430	62	－276	－2 788	－3 432	4 758	1 326
2002	－297	261	－106	－919	－1 061	3 639	2 578
2003	－61	218	367	－1 442	－918	3 805	2 887

资料来源：Association of British Insurers（2004）.

近几年，英国人寿保险行业一直是被批评的对象，特别是1988～1994年间，个人养老保险的不当销售。当人们退休可以在雇主养老保险下生活得很好时，个人养老保险的不当销售促使保险公司和独立财务顾问会建议用雇主养老保险代替个人养老保险。在此期间，超过一百万个客户被误导而购买个人养老保险，据金融服务管理局估计，保险公司和独立金融顾问为此付出约120亿英镑的赔偿。现在对保险行业也存在诸多批评，查普曼（2001）认为主要有以下因素：

（1）人寿产品过于复杂。

（2）必须支付高额的佣金给销售人员。

（3）高佣金导致产品被误导购买，许多产品不具有长期竞争力。

（4）高佣金是导致低的退保金额。

（5）公司仍然销售过去各种复杂的产品。这种情况下，高的市场和销售成本也会导致受到更多的批评。

（6）由于存在复杂的和差异化的产品导致竞争（会降低费用）不充

分，很多销售是由绑定到一个公司的代理机构做的。

欧雷沃、斯冒（1999），欧雷沃（2000）提出了一种替代方法，那就是采用简单结构的产品就可以避免上述问题，尤其是像资本连接保险产品这样复杂收费结构而需要前置收费的投资连接产品特别适用。近期，复杂产品主要集中在带红利的产品，其收费不透明，保险公司在设置红利率和退保金额时会受到监督（Blake、Board，2000）。

2001年，英国财政大臣设置桑德勒评论机构（2002）监督中长期存款在英国的结构。具体来说，监督的职责是"识别竞争力、激励行业发展"，尤其是与投资相关的方法渠道，而且，在必要时提出政策措施以对消费者服务。人们认为监督机构是有必要的，因为，特别是低收入和中等收入群体的人没有足够的储蓄养老。监督机构认识到有必要缩小中等收入的"储蓄缺口"，也认识到英国储蓄市场上存在的一系列问题。首先，产品的收费结构过于复杂，缺乏透明度，这使得投资者依赖于财务顾问，财务顾问的建议由于支付佣金而受到影响。桑德勒的主要建议包括：一套不附带通常所见的高建议的简单的储蓄产品；红利产品提高透明度；删掉不必要的术语、解释清楚基金的实际表现；重新组建独立的财务建议行业，向顾问支付的费用是"独立"的。

到目前为止，对于桑德勒的建议实施几乎没有任何进展，尽管2003年4月，英国金融服务管理局提出获利资金的改善治理和增加透明度。金融服务管理局的建议包括公司定义和印刷金融管理关于红利投资实践原则的需求，此外，英国金融服务管理局拟对获利投资的偿付能力要求更清晰直接可比的信息以保证投资者的利益。英国保险协会（2003）支持桑德勒提议，但认为对当前体系下储蓄产品规模的过多调整每年至少会减小6亿~7亿英镑的储蓄缺口，他们认为，彻底地改革能使储蓄增量每年达40亿~50亿英镑，这是至关重要的。

二、分销渠道

在1986年金融服务法案之前，有三个主要类型的代理机构提供投资建议：第一，只为保险公司工作的保险公司的代理人；第二，保险经纪人；第三，为提供少量建议而获得佣金的公司或企业（主要是银行、房地产中介和律师）。1987年，引进了作为监管框架的一部分的极化。极化规则适用于为"打包"的投资产品（如人寿保险、个人养老金和投资信托储蓄计划）提供的建议，要求向私人客户提供或者是独立的中介机构或者是的相关代理建议。独立的中介公司与产品供应商可能没有任何关系，但是必须站在客户的立场来调查产品并给出最合适的建议。另外，关联代理是绑定一个产品的公司或团体，只建议客户购买公司或组织的包装产品。极化导致独立渠道的扩张，独立渠道是由不同类型的来自范围广泛的独立财务顾问中介机构组成，目前，由金融服务管理局监管，独立的中介机构（如会计师、律师）则由他们的专业机构监管。

因此，目前英国保险公司使用的主要分销渠道有：

1. 独立的中介机构。这些独立的财务顾问和国家代理、连锁经纪人（他们有一系列的办公室），电话中介（提供电话中介服务）和其他中介机构。独立财务顾问不需要提供所有产品类型的建议，可以专注于某一特定领域（如年金和养老金）。但是所提的建议必须是该产品和市场上其他产品任何一样好。一些银行建立拥有独立财务顾问的社团和大公司。2003年，英国前五名独立财务顾问营业额是布拉德福德和彬格莱（£1.296亿）、汤姆森公司（£6 000万）、伍尔维奇独立财务顾问服务（£5 790万）、内联盟（£5 190万）、特锐法律金融服务公司（£4 920万）（Tillinghast - Towers Perrin，2004）。

2. 公司代理人。这些都是与保险公司有联系的代理人，而不是公司员工，他们只能销售公司或集团的产品。

3. 直接销售。这些销售不涉及中介，其业务主要通过电话、互联网或通过分支机构完成。

4. 其他渠道。包括通过主要的零售商（如 Tesco、Sainsbury、Asda 超市和 Marks、Spencer、Debenhams 的百货商店），银行和建筑团体以及其他公司。

表 3 - 11 显示了 1994~2003 年间英国人寿保险不同销售渠道的市场份额（新保费收入）。

表 3 - 11　1994~2003 年英国人寿保险不同销售渠道的市场份额（%）

年份	独立中介机构	自己的销售人员/绑定代理商	直销	其他（包括银行保险）
1994	54	44	2	1
1995	57	40	2	1
1996	59	38	1	1

年份	独立中介机构	自己的销售人员/绑定代理商	直销	其他（包括银行保险）
1997	60	37	1	1
1998	58	37	2	2
1999	58	37	2	3
2000	61	34	2	3
2001	63	29	2	6
2002	63	28	3	6
2003	61	28	4	6

资料来源：Computed by the authors from data in Association of British Insurers （2004）.

对于人寿保险，从见表 3 - 11 可见，1994 ~ 2003 年间，由不同销售渠道（独立财务顾问，自己的销售力量或关联机构，直接市场和其他）获得的新保费有相当大的变化。具体来说，由独立财务顾问获得的新保费从 1994 年的 54% 稳定增长到 2003 年的 61%，直接销售的人寿保险产品 1994 年增长了 2 个百分点，2003 年上升了 4 个百分点，通过其他销售渠道（包括银行保险）从 1 个百分点增长到 6 个百分点。增长的市场份额中，主要在于独立财务顾问在养老金规模方面做出了贡献，与个人养老金相关的业务有个人养老金、年金、雇主养老金，独立财务顾问带来的业务由 1994 年的 50% 急剧增长为 2003 年的 80%。

三、英国寿险公司的国际竞争力

在过去的约二十年间，由于沟通和放松管制的成本下降，英国保险行业在全球的竞争力日益上升。竞争力增加意味着在保险市场可能会出现并购现象，例如在 1996 年，出现了皇家和太阳联盟保险集团，此次合并创建了在国际市场有代表性的一个更大、更强和更广泛的公司。当前，保险行业的整合反映了保险公司的重组，发掘了最有利可图的领域，这种扩张常常伴随着低利润行业的缩减。

通过并购完成海外扩张特别受国内总体市场高度发达的保险公司的欢迎。对英国保险公司而言，海外业务变得越来越重要，这使他们减少对国内市场的依赖。海外英国保险公司保费收入的增长在很大程度上是收购

（英国保险协会，2003）的结果。尽管以英国为基础的保险公司可以在海外市场销售产品，大多数英国保险公司更倾向于购买已存在的海外公司或成立附属公司、分支机构、代理机构（也就是在依赖现有基础上进行销售）。英国保险业在世界市场上的持续成功取决于英国保险业的相对竞争力和英国保险公司的相对成本效益。

丹尼尔（Daniil Vladimirovich Osipov）[①] 认为评估一个国家保险行业竞争力的方法之一就是计算净出口比率和 Balassa 显示比较优势指数外博斯特和维斯（Webster、Hardwick，2004）等指标。一个国家保险业的国际竞争力非常难以衡量。虽然观察不到竞争力方面存在的差异或竞争力直接比较优势，但可以用一个国家保险业出口和进口数据得到这个国家保险行业竞争力的结论。例如，如果一个国家是保险的净出口国，这意味着这个国家在保险市场上有比较优势。该方法引出了一系列衡量显示比较优势的两种指标。

第一个是净出口比率（NER_i），定义为：

$$NER_{ij} = (X_{ij} - M_{ij}) / (X_{ij} + M_{ij})$$

这里 X_{ij} 和 M_{ij} 分别代表 j 国保险服务（i）的出口和进口。NER 比率显示如果一个国家保险业的出口大于进口，那么这个国家在保险领域就拥有比较优势。然而，如果忽略国家规模，仅仅考虑净出口（出口小于进口），显然是不合适的。对此，用总贸易（出口和进口之和）除以净出口来体现。净出口比率最低值为 -1（这意味着该国保险业只有进口），最大价值 +1（这意味着该国保险业只有出口）。负值意味着不具有竞争优势，正值具有竞争优势。

第二个指标是 Balassa 显示比较优势指数（RCA_{ij}），由 Balassa 提出（1965）。公式如下：

$$RCA_{ij} = S_{ij} / S_{iw}$$

S_{ij} 是 j 国保险业总出口的份额，S_{iw} 是世界总出口的份额。这样，如果该国保险服务比整个世界重要，那就意味着 j 国保险业存在比较优势。这样，Balassa RCA 指数的值大于 1，显示存在比较优势，而值小于 1 则表明不存在比较优势。

丹尼尔经过测算发现，在所选国家中，瑞士净出口比率最高，英国排在第二位，而英国的 Balassa RCA 指数最高，瑞士位居第二。这表明，

---

① Daniil Vladimirovich Osipov, Capital Structure and Product Market Competition: Evidence from the EU Life Insurance Industry, 2012.

2001年，英国和瑞士在保险行业中是最具竞争力的。

依照净出口比率得出存在显示比较优势的其他国家有瑞典、德国、法国和比利时－卢森堡，而希腊、葡萄牙、美国和荷兰不具有竞争优势。运用Balassa指数比较的结果显示，有时不同的措施会带来不同的结果。同时与英国、瑞士和瑞典高排名的国家采用相同的措施，根据Balassa指数，德国的排名会较低。同样，根据Balassa指数，而不是净出口比率，奥地利高度排名较高。

总的来说，英国保险业在欧盟可能是最具竞争力的国家，在世界上也是最具竞争力的市场之一。由此可见，英国保险公司在全球保险市场上也具有竞争优势。

四、英国人寿保险公司的成本效率

最具有成本效率的英国保险公司很可能是那些能抓住金融自由化，全球一体化和欧盟金融市场进一步整合带来机会的保险公司。因此，在本部分中，主要分析评估英国人寿保险和普通保险部门成本效率的整体发展水平。戴南·沃德（Damian Ward）[1] 抽取1994～2001年间英国50家人寿保险公司和50家普通保险公司，运用数据包络分析（DEA）来估计一组技术、分配、成本和规模效率得分。

对于每一组样本，计算四个效率值：纯技术效率、配置（或价格）效率、成本效率和规模效率。纯技术效率测度如何采用有效的技术来实现既定产出。配置效率在一定程度上衡量公司在既定投入、不同价格组合情况下，以最小成本生产的能力。成本效率计算人寿保险公司的技术效率和配置效率的分数。如果保险公司的成本与"最好的成本实践"的公司在条件相同时能生产相同产出付出的成本一样，那么这家保险公司就存在成本效率。成本效率方法可以用经济X－效率测度。规模效率测度每家公司与该公司"适度规模"情况下的成本有关的公司成本。

在测度效率方面最新进展是使用非参数线性规划的数学方法（例如DEA），估算每家公司在行业中与其有相同特征的占主导地位的公司的效率。DEA评估公司多个投入和产出的效率。此外，它比参数方法在自由度

---

[1] Damian ward, Can Independent Distribution Function as a Mode of Corporate Governance?: An Examination of the UK Life Insurance Market, Journal of Management and Governance 7: 361 - 384, 2003.

方面要求低；不需要指定生产成本函数的形式；没有必要对随机误差项进行分配假设库民斯和维斯（Cummins、Weiss，2001）。因为很难对人寿保险公司多个投入产出函数的特性进行定义和连续估算博格和哈莫夫瑞（Berger、Humphrey，1997），因此，DEA 的上述特点在保险行业效率研究方面是有用的特质。输出生产函数的规范寿险公司是很困难的定义和测量（伯杰和汉弗莱，1997）。此外，DEA 尤其适合相对较小样本（类似我们这样的）的研究，此时，可以对行业中的公司做出合理的产出类型的比较库民斯等（Cummins et al，1999）。DEA 在参数（随机）经济计量方法方面还有一个优点，就是 DEA 容易分解公司特有的总效率库民斯和维斯（Cummins、Weiss，2001）。博格和汉南（Berger and Hannan，1998）认为 DEA 是一个有效的评估技术效率的方法，成本差异是因为一段时期内相对稳定的低效率，而这归因于随机误差是暂时的，在一段时期内应该予以平均。而且，库民斯和泽（Cummins and Zi，1998）使用美国人寿保险行业数据比较 DEA 和参数方法，并得出结论，这两种方法在人寿保险公司平均效率水平的估计上是一致和相似的。尽管有证据（例如，博格和汉南，1997）表明，对于同一样本，参数和非参数方法有时会给出公司不同的效率排名，但博格和麦斯特（Berger and Mester，1997）也认可上述观点。

戴南·沃德使用两个独立样本的年度数据，分别是英国 50 家人寿保险公司（大约占业内公司数量的20%），50 家普通保险公司（约占业内公司数量的8%）。为了从样本中获得准确的结论，公司必须：（1）1994～2001 年间持续经营 8 年；（2）没有受到较大兼并或收购；（3）不是再保险公司或者信托基金，因为这二者不是直接人寿保险。样本也涵盖了规模、组织形式不同的保险公司，也包括相对较新的进入者（如联手组织）以及历史悠久的企业。

戴南·沃德采用 DEA 模型对英国人寿保险公司和普通保险公司每 8 年做的纯技术效率（PTE）、配置效率（AE）、成本效率（CE）和规模效率（SE）的估计研究发现，英国保险公司在给定投入价格选择成本最小化投入组合时，具有平均合理效率（相对于两类业务中最佳实践公司）。然而，有证据表明纯技术效率低下会导致成本效率低下。人寿保险公司 PTE 平均分数是 0.62，普通保险是 0.71。这表示英国人寿保险公司在利用既定资源情况下平均产出只有效率提供的保险服务的62%，普通保险只有71%。人寿保险公司的 CE 平均分数值是 0.57，普通保险公司是 0.66，这说明，总体而言，在所能获得的产出中，英国寿险公司产出只有57%，英国一般保险公司产出只有 66% 。人寿保险公司平均 SE 是 0.76，普通保险公司是 0.83，这表明，属于两类业务中的一些公司可以通过改变经营规模减少他们的单位成本。在这八年期间，人寿保险公司平均约有 14% 的公司是规模报酬不变，大约 54% 是规模报酬递减，其余公司（大约 32% ）是规模报酬递增。普通保险公司中，平均约 14% 表现出稳定的规模报酬不变，约 48% 是规模报酬递减，其余公司（大约 38% ）是规模报酬递增。

英国保险行业在未来几年将面临许多挑战，尤其要面对来自世界各地的保险公司日益激烈的竞争，全球化步伐加快意味着英国人寿保险公司和普通保险公司不仅要立足于英国保险业，还要面临来自世界各国保险公司不同程度的竞争。较小的英国保险公司的生存取决于他们是否有能力获得缝隙市场实现增长和通过合并或收购开展多元化经营，从规模经济和范围经济中获得潜在发展。与此同时，大公司需要开发产品和销售策略以使他们能够在世界市场上经营成功。

英国保险行业有一个相对较大数量的公司，该行业的市场集中度相对较高，再加上信息不对称、产品存在差异化，这使英国保险业有相对复杂的市场结构。然而，在对净出口比率和显示比较优势指数的研究表明，英国仍然是世界市场上最有竞争力的保险行业之一。为了维持这个地位，提高生产力和成本效率将是明智的办法。

第四章

英国寿险行业的监管体系

毫无疑问，保险业对英国经济的作用是巨大的，如果保险公司不履行合同规定的义务，其后果可能极其严重和深远。在 19 世纪，欺诈和管理不善导致英国保险公司频繁倒闭，对投保人和保险公司的声誉都造成严重后果。即使如此，直到 20 世纪中期，议会才开始认识到需要"规定"来保护投保人。保险公司法案（1982）（合并了 1974 法案）提出了最低偿付边际、保险公司在英国办理授权业务应具备的条件。法案的总体目标是确保只有合适而恰当的人才可以办理保险业务。

直到 2001 年，英国保险公司法案（1982）下的保险公司审慎监管才由工贸部门最初（后来则是财政部）提出，此外，投资业务的增长和销售（包括除了单纯保障性质的业务以外的所有寿险业务）也在 1986 由金融服务法案规定了下来，并于 1988 年 4 月生效。这项法案使没有授权的投资业务交易成为一种犯罪行为。《金融服务法案》的基本原则是：

- 维护英国金融体系的信心。
- 提升公众对金融市场的了解。
- 减少授权业务导致金融犯罪的可能性。
- 保护消费者。

1980～1990 年间，英国投资者的监管体系是法律框架内自我监管之一，该体系是几个重叠的自我监管组织，因而是无效率的。以人寿保险公司为例，1995 年后，该体系简化了个人投资机构的设立，在人寿保险业务的发展和销售方面做了规定。个人投资机构取代了金融中介机构、管理者和经纪人监管协会、人寿保险信托监管组织等其他自律组织。个人投资管理局的目标是：

- 加强高标准的诚信、公平交易和能力。
- 制定充分并正确使用的权力以保护投资者。
- 设定标准严格的培训和专业能力。
- 帮助投资者通过建立相关披露的需求标准来保护他们的自身利益。
- 提供有效的投资者投诉和处理机制以保护弱势群体获得赔偿。

1997 年，英国政府宣布建立一个对所有金融机构（包括银行、投资管理和证券交易员、保险公司）服务的单一的监管机构，也就是金融服务管理局。这是由金融服务和市场法案（2000）的后续效应带来的，该法案取代了保险公司法案（1982）和金融服务法案（1986），以及其他相关的主要金融服务业务方面的立法。金融服务和市场法案比由金融服务管理局所覆盖的先前的立法更详细，并于 2001 年 12 月 1 日开始生效。此外，各种与金融相结合的规章和各种补偿方案也陆续出台。

英国金融服务管理局（Financial Services Authority）是目前英国对金融服务方面监管负责的法定机构。它的主要目标是保持英国的金融体系的信心，促进公众对英国金融系统的理解，保护消费者，减少金融犯罪的发生率。因此，英国金融服务管理局竭力确保英国保险公司保持充足的财力并由"合适"者运营。所有的英国保险公司必须向英国金融服务管理局提交年报，在保险公司面临财务困难时，金融服务管理局有权干预企业经营。《罗马条约》（1957）中，欧盟立法的根本目的是为联系日益密切的欧洲人民提供基础，在保险方面，其目的是创建一个共同市场。作为欧盟的一员，英国服从欧洲议会发布的法令。这些法令由成员国协商制定，以自由创建和自由提供服务为原则。

三个主要寿险和非寿险法令旨在发展欧洲单一市场。1973 年第一个非寿险法令（73/239/EEC）和 1979 年在第一个寿险法令（79/267/EEC）中，提出成立当时的偿付能力保证金。1995 年前后，第三代寿险（92/96/EEC）和非寿险法令（92/49/EEC）建立了"单一市场"。这是欧盟成为世界上最有竞争力的保险市场之一。在任何成员国得到授权的保险公司有权通过欧盟不受任何价格管制和条款条件的优先权（强制保险除外）销售保险产品。在"单一通道"体系下，任何一个成员国，在审慎监管下的保险业务可以向另一个成员国直接（如通过电话或互联网）或通过设置分支机构或子公司销售保险产品。

第一节　监管法律的出台

寿险产品的提供者寿险公司与寿险产品的中介服务提供者应共同对寿险产品投资者的利益负责，将两者纳入同一监管体系是英国监管体系建设和发展完善的重要目标。《英国1986年金融服务法》的颁布实施是英国政府加强对服务于大众的金融保险投资机构监管的重要标志。鉴于其本身内容庞杂及对金融服务业的深刻影响，其中许多重要条目在1988年4月29日才正式生效。寿险产品作为私人投资者的一种重要投资工具受到这部法律的规范。事实上，市场上的寿险公司在该法实施前根据《英国1982年保险公司法》已经受到贸工部的监管，对其行为的规范不再是监管的难点和迫切需要解决的问题；寿险中介人则因为寿险产品本身日趋复杂及近年金融产品相互渗透趋势的加强，而在私人投资者选择寿险产品及金融产品组合中发挥越来越重要的作用，将其纳入监管体系，并加强对其监管力度成为这部法律的重要立法目标，寿险市场上的产品开发者第一次与寿险中介人共同受到同一部法律的规范。

第二节　《英国1986年金融服务法》的监管内容和方法

一、专门的政府机构的宏观调控与政府认证的自律组织的日常管理共同构成完整监管体系

根据《英国1986年金融服务法》，专门的政府机构——证券与投资管理局（SIB）成立，它就私人投资市场整体运行状况向政府负责，其精力集中于大的政策法规制定及监管体系的维护，目标是保证市场上该法律规范范围内的金融投资业务（传统商业银行业务及机构投资业务除外）对每一位私人投资者的利益有较高的保障。在SIB下，一批协会团体被认可为专业自律团体（SRO）和特许职业机构（RPB），他们被授权从事维护市场秩序、保护投资者利益这一宏观目标下的具体日常管理工作。对这些自

律组织的授权有严格的审核条件，获得授权资格后还必须在证券投资管理局的统一规范下，完成内部组织机构和管理制度的建设，自律机构的管理资格还要定期接受核查。

二、寿险从业者的强制性资格认证及寿险中介的明确划分成为寿险市场监管运作的基础

《英国 1986 年金融服务法》第 3 条中明确规定，任何人和机构除经资格认证或豁免外不得开展本法规范投资及相关业务，违反此条将处以两年以下的监禁或罚款或两项并罚。获得授权的渠道就是经过审核，成为 SIB、SRO 或 RPB 所管辖的组织的一员。获得资格认证不仅要参加考试，而且要对法人或自然人的资质进行全面考核，获得认证者必须严格在各自律机构所制定的管理条例下开展业务活动，否则获取的从业资格可能随时会被取消。这种资格认证制度保证了市场上寿险中介人的素质，赋予了监管机构绝对的权威。

三、对寿险中介进行科学的划分可以明确监管责任，为建立严谨的监管体系创造条件

在这部法律中明确了代理人与经纪人应严格区别对待，公司代表是寿险公司法定意义上的代理人，独立中介是私人投资客户法定意义上的代理人，任何个人和机构不能兼有双重身份。传统意义上的专业代理人类似这里的公司代表，因寿险公司对其授权的代理人在授权范围内的行为承担最终法律责任，故只要加强对寿险公司从业资格的认证和监管，其专业代理人可通过其代理公司获得从事投资中介业务资格的认证，并接受其所代理公司的监管，寿险公司对其代理人的监管是审核其从业资格的重要指标；兼业中介人的资格认证一般通过申请成为 RPB 获得，如目前的英格兰及威尔士注册会计师协会、精算师协会等，但一个重要的前提是：根据机构的性质，其通过从事投资中介业务获得的收入小于其总收入的 20% ~ 49%，一旦超过规定限度，就要通过申请成为 SRO 组织成员的渠道获得从业资格认证；独立中介自身必须经过资格认证，成为 SRO 组织成员（见图 4－1）。

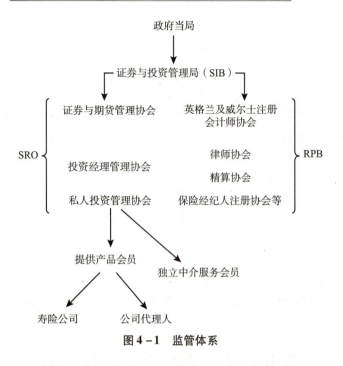

图 4 – 1   监管体系

英国寿险偿付能力监管体系改革的背景①

英国寿险市场主要以销售储蓄型保险商品（分红保单、投资连结型商品、退休金计划等）为主，其中尤以英国式分红保单为最。2004 年，在已生效的产品中，分红保单占有 55% 的寿险市场，占有 25% 以上的年金市场。英国式分红保单在投资策略方面较传统型分红保单更为积极，资产配置上以有价证券为主。2000 年，由于网络科技泡沫破灭造成全球股市大幅缩水。而英国分红保单由于此前的股市利好，将高达 70% ~80% 的资金投入证券市场，因而受到股市大幅下跌的沉重打击。加之 2000 ~2003 年间，英国中央银行为刺激经济增长，连续 9 次降息，持续性低息冲击到分红保单所标榜的保证利率优势。至此，英国寿险业偿付能力受到严重损害。鉴于寿险公司遭遇的偿付能力困境，以及 2000 年的公平人寿事件和随后的两全保单销售误导，英国金融服务局不得不重新审视其监管体系。

① 方力：《人身保险产品研究——机理、发展与监管》，中国财政经济出版社 2012 年第 1 版，第 210 ~212 页。

金融服务局从 2001 年 11 月开始强化寿险业偿付能力监管举措，改革原有的保险监管体制，实施以风险为基础的审慎监管；同时引入市场力量监督和管理，提高财务信息披露的透明度，以便更好地应对市场环境的变化和金融服务业的现代化。2004 年 12 月 31 日，以风险为基础的全面规范指导原则开始生效，实现了英国寿险监管改革至关重要的一步，开始了新的偿付能力要求和以风险为基础的资产负债评估机制。

第三节　英国寿险业偿付能力的决定因素

偿付能力监测一直是保险监管机构的一项最重要的职责。为了在保险公司破产后保护投保人利益，许多机构开发了诸如美国保险监督管理信息系统、财务分析系统、监视跟踪系统来鉴定保险公司的破产风险。在英国，尽管二十年来，保险公司破产率一直比较低，但并不意味着保险公司偿付能力高。事实上，英国人寿保险近几年来一直处在低偿付能力的状态中，这说明认识偿付能力的决定因素的重要性。

之前的研究表明，一系列与市场相关的经济和企业属性的因素会影响寿险公司偿付能力。布朗等（Browne et al，1999）在一项关于经济预测和破产关系的研究中，发现人身健康保险公司破产与市场竞争是稳定的正相关关系。此外，布朗等（2001）指出，人寿保险公司的业绩与债券回报是正相关关系，与非预期的通货膨胀是负相关关系。阿戴莫和布克（2003）研究了百慕大保险市场经营行为的影响因素，他们发现，杠杆作用对企业经营有重要的积极作用，承保风险与流动资产与企业经营是负相关关系。以上研究讨论了尝试识别单个保险公司特定因素和外在因素。杨明修（Yung-ming shiu）[①] 采用普通最小二乘回归分析和两个面板数据模型（单因素固定效果和随机效果模型）来测试一家保险公司的偿付能力和众多预测影响保险公司金融地位的变量之间的关系。普通最小二乘回归模型实际上是单因素固定效果的简化模型，固定效果面板设计允许截距不同的横向比较。衡量保险公司的偿付能力的指标是自由资产比，这是业界普遍认可的偿付估计指标之一。年度法定回报数据取自 1986～1999 年 311 家人寿保险公司，关于经济变量的数据取自 Datastream。回报率数据是不平衡的，

---

① Yung-ming shiu, The determinants of solvency in the United Kingdom life insurance market, Applied Economics Letters, 2005, 12, 339–344.

这意味着在这 14 年间，这些数据无法获得。在整个样本期间，这些企业经历了 1986 ~ 1990 年、1990 ~ 1994 年、1995 ~ 1999 年三个繁荣、萧条、复苏时期。在面板数据设置中，14 年间有 2054 个保险年度观察值，其中，773、716 和 856 观察值分别对应这三个时期。实证结果分别是针对整个样本 1986 ~ 1999 年期间和三个时期做出的。对实证模型所有数据做的 F 检验在 0.001 的水平上是显著的，证明固定模型比没有解释变量的模型更好。

简单阐述，实证结果在 1986 ~ 1999 年间都是显著的。自由资产率与债券总资产、股票总资产、新业务是正相关关系，而自由资产率与非预期通货膨胀、市场竞争、负债总资产连接保险资产、人寿和普通年金总储备、养老金总储备、永久健康总储备、其他总储备、公司规模和保险层次是负相关的。对债券总资产、股票总资产的估计是正值且在所有时期都是显著的，这表明二者是影响保险公司偿付能力的重要因素。新业务层次在 1986 ~ 1999 年 14 年间，以及 1986 ~ 1990 年，1994 ~ 1999 年的系数是负值且显著，但在 1990 ~ 1994 年间是不显著的。这意味着人寿保险公司在长期和繁荣复苏阶段需要通过获取更多的新业务来保持比较少获取新业务的人寿保险机构高的偿付能力。对非预期通货膨胀的估计结果是不确定的。在 1990 ~ 1994 年和 1994 ~ 1994 年间，估计值没有显著不等于零。然而，在整个 14 年及 1986 ~ 1990 年的估计是负值且显著。这说明从长期及 20 世纪 80 年代末经济繁荣时期，非预期的高通胀不利于寿险公司的偿付能力，因为真实的回报率是减少了。市场竞争的系数在长期及 20 世纪 90 年代末经济恢复期是负值且显著。这个结果与布朗（1999）一致，他认为竞争加剧会增加公司的破产率。这可能是因为竞争通常涉及不恰当的降价行为，这会损害保险公司的偿付能力。对负债总资产连接保险资产的估计值在整个时期是负的且显著，表明拥有更多负债连接保险资产的人寿机构的偿付能力比拥有低负债连接保险资产的机构的偿付能力低。正如所料，在大多数模型中与储备相关的自由资产比率这个变量是负值且显著。根据定义，储备越高，自由资产比率越低。公司规模这个变量的系数在整个时期是负值且显著，这与沃莫（Warner，1977）的观点是一致的，他认为小公司比大公司有更高的财务成本，因此小企业有更强的动机保持高的偿付能力。最后，表示保险公司的保险层次变量的系数在整个时期都是负值且显著，也证明拥有相对较高杠杆作用的人寿机构可能更会破产的假设。

杨明修利用 1986 ~ 1999 年的数据，对英国人寿保险公司的偿付能力做了实证分析，从结果可知，偿付能力的影响因素会发生改变。某个特定时期的结果反映了该时期的特征。尤其是在保险快速发展的时期。表明经济和公司属性可能是影响保险公司偿付能力的因素。其他许多变量也可能是影响保险公司偿付能力的因素。当对保险公司偿付能力进行监管时，监管者应该特别注意这些影响因素，因为它们是影响偿付能力的重要因素。人寿机构必须估计他们面临的非预期的通货膨胀风险和保险杠杆风险，注意他们的资产分配并安排储备金。对偿付能力和市场竞争负相关关系的认识可能有助于机构监管者和政策制定者制定监管框架以限制保险公司数量。这些意义对涉及保险偿付能力监管的主体是有帮助作用的。

新的寿险偿付能力监管体系的内容[①]

　　英国原有的寿险偿付能力监管体系根据 1979 年的欧盟第 1 号寿险指令构建，由三个层次组成：第一个层次是对责任准备金的评估，第二个层次是对资产价值的评估与认可，第三个层次是偿付能力额度的确定，这三个层次基本反映了偿付能力需要考虑的主要因素。但要形成对寿险公司整体财务状况和风险评价的偿付能力监管框架，这三个层次还远远不够。而全面规范指导原则顺应金融服务一体化趋势，将 Basel Ⅱ 的 "三支柱" 原则扩展到寿险业监管，对寿险业偿付能力体系进行重新构建。其内容涵盖财务报告要求、信息披露、监管方法的强化，强调高级管理人员职责的重要性，要求寿险公司建立适当的风险内控流程与系统。在新的偿付能力体系中，所有的寿险公司都按照 "第一支柱" 和 "第二支柱" 框架计算资本需求。其中，评估 "第一支柱" 的资本需求时所采用的方法，根据寿险公司经营的业务和负债规模的大小而有所不同：不经营分红保险业务的保险公司仍采用原来的法定偿付能力额度计算方法；在经营分红业务的公司中，分红业务总负债额在 5 亿英镑以上的公司，必须采用双峰估值法，即按照实际原则和法定原则同时计算资本需求，而 5 亿英镑以下的公司可以选择是否采用实际原则计算资本需求。在 "第二支柱" 中，要求寿险公司根据自身的业务结构和风险状况，按照金融服务局的个别资本充足标准，开展自我资本评估。

　　一、第一支柱

　　在第一支柱中，符合条件的经营分红业务的寿险公司需要根据双峰估

---

　　①　王敏，陈迪红：《英国寿险偿付能力监管体系变化及启示》，载于《金融经济》2012 (8)：第 120 ~ 121 页。

值法，计算增强资本。双峰估值法在保留原有的最低偿付能力额度体系的基础上，增加了新的实际偿付能力规定。这意味着公司不仅必须满足按照法定原则计算的"法定峰"下的资本要求，而且必须满足按照实际原则计算的"实际峰"下的资本要求才能表明其资本充足性。其中，法定峰的计算基本与原有的最低偿付额度的计算类似，略有调整。在实际峰中，采用更为贴近市场的方法评估公司的资产和负债，并在此基础上计算风险资本额度。通过双峰估值法，可以在保证实现资产负债评估具有市场一致性基础上，判定公司是否有足够的能力支付未来所有负债，尤其是分红保单的酌情支付红利及保单所有人的保单选择权。

1. 法定峰。法定峰基于技术准备金、弹性资本需求及长期保单资本需求三者之和与认可资产的比较。其中，技术准备金主要按照原有法定监管规定计算，弹性资本需求根据特定的压力测试得到，类似于原有的弹性测试准备金，而长期保单资本需求实质上为原有的最低偿付能力额度。换言之，法定峰仍是根据原偿付能力额度方法计算法定责任准备金和资本需求的传统方法。英国金融服务局借此表明其偿付能力监管体系仍遵循欧盟指令要求。

2. 实际峰。实际峰基于实际负债与风险资本额度之和与实际资产（包括一些非认可资产）的比较。其中，实际负债的计算包括原有监管体系下所不要求的一些风险负债和额外准备金项目，如未保证给付项目准备金、终了红利准备金以及红利分配平滑成本，因此它对公司风险的反映更为全面、准确。而风险资本额度是金融服务局提出的新概念，它由一系列压力测试结果而得到，是基于实际资产和实际负债评估而计算的资本需求额，用于抵消可能的不利情景。因此，在实际峰框架中，公司的支付金额越高，或保单所有人选择权越高，则实际负债越高，需持有风险资本额度会越多。

3. 分红保单资本需求。法定峰和实际峰一经计算，若出现实际峰高于法定峰的情况，则意味着公司必须要补充资本以保证有能力履行分红保单的未来负债，这一资本需求为分红资本需求，其值为使法定峰达到实际峰水平的资本额，即法定自由资本减去实际自由资本。

总的来看，第一支柱综合考虑了寿险公司面临的主要风险，可以对寿险公司的财务实力做出更为真实的评估，比原有的偿付能力额度方法能够更为审慎全面地评估寿险公司的负债，对资本市场的敏感性也更高。

二、第二支柱

第一支柱包括的是标准的资本金计算公式，计算的是寿险公司防范主要风险应持有的资本。然而，一家公司持有的资本额还应考虑公司自身的业务结构和战略。因此，在第二支柱中，寿险公司无论性质或规模，均从 2005 年 1 月 1 日开始适用个别资本充足标准，采用符合公司特性的内部模型，开展自我资本评估。金融服务局要求公司基于自身未来业务计划和预测进行自我资本评估的计算，识别其所面临的主要风险，并在考虑风险管理技术基础上计算相应的资本需求额。个别资本充足标准可以反映寿险公司的特定风险状况，强化风险管理，促进公司建立有效的风险管理框架。从国际保险监管的发展趋势看，偿付能力体系应当鼓励和激励保险公司主动度量和控制自身风险。从这个角度上说，金融服务局的第二支柱设计在制度安排上是成功的，可以实现对寿险公司财务状况动态和前瞻性监管。

新旧两种偿付能力监管体系的比较[①]

新的偿付能力监管通过两支柱框架，基本构建了风险的监管体系，比仅根据公司业务规模大小和经营范围提出资本金要求的原偿付能力额度体系更符合未来的监管趋势。由于新体系的第二支柱是要求寿险公司通过内部模型，对资本需求进行自我评估，而金融服务局并未进行统一的量化规定。因此，在本报告中，对于两种监管体系的比较分析主要集中在第一支柱与原有最低偿付额度方法上。

一、新的监管体系对负债的评估更全面清晰

按照原来的净保费法提取技术准备金，因无法量化一些内含选择权或支付的红利，只能通过在负债中包含审慎的安全附加，可能导致对公司负债的有意高估。并且，在原体系中，保单所有人选择权只有固定价值部分在负债中被反映，无法考量或很少考量保单内含选择权的时间价值。也正因此，使得原有的法定偿付能力额度仅代表了一部分的资本要求。另外，按原有方法提取的技术准备金并未随近年来股市下跌而减少的现象使人们认识到净保费法过于固定，未能反映股市下跌时寿险公司减少对客户分红的影响，从而可能导致公司在不利市场环境下，高估负债，低估可获得的资本，产生错误信号而过度出售股票等高风险资产。而在新体系中，采用资产份额法计算准备金能够更全面地评估公司未来的保单负债，不仅能够

---

① 王敏、陈迪红：《英国寿险偿付能力监管体系变化及启示》，载于《金融经济》2012 (8)：第 120~121 页。

量化保单的保证红利，而且能够量化支付的红利，不仅考虑了保单所有人选择权的固定价值，也考虑了选择权的时间价值。因此，在变化的金融环境下，特别是寿险公司存在大量股票投资资产情况下或低利率市场中，适合采用资产份额法。

二、实际峰遵循市场一致性原则，采用公允估值法对资产负债进行评估，更能反映公司实际的资本情况以及对资本的需求，解决了原体系对资产负债评估缺乏透明性问题

偿付能力体系对资产与负债的评估应遵循市场一致性原则，只有这样才能明确反映公司实际拥有的资本。而在原有的体系中，虽然对负债采取保守评估，对资产认可严格限制，但由于财务报告制度方面因素导致实际中对资产负债的评估缺乏透明性，从而难以形成对保险人真实财务状况的清晰评价。与此相反，新体系侧重采取市场一致性原则对资产负债进行评估，以风险为基础对资本要求进行计算，从而消除了资产负债评估与现实经济的差距，更符合金融一体化和国际化趋势。

总的来看，英国新的寿险偿付能力监管体系，通过第一支柱规定了寿险公司必须满足实际资本和法定资本的双重要求，因而能够更审慎地评估公司资本的充足性。第二支柱的个别资本充足标准体系能够更好地反映公司自身的风险状况，鼓励公司发展更好的风险管理技术以管理监控风险。但实施新偿付能力监管体系需要付出较高的成本。这可能不利于小寿险公司，因为他们缺乏足够的资源来开发复杂的个别风险管理模型。

作为欧盟成员，英国目前进行的寿险偿付能力体制改革实践与欧盟正在发展中的"偿付能力Ⅱ"并未背道而驰，通过"两支柱"框架，英国寿险业的新偿付能力监管体系确保了与"偿付能力Ⅱ"的兼容性。考虑到英国寿险业近年来面临的困境，相较于欧盟，金融服务局对监管体系的改革步伐更快。而目前对偿付能力监管制度的有益探索也必将会影响到"偿付能力Ⅱ"的最后结果。

英国公平人寿事件[①]

英国公平人寿事件的发生，对于国际保险业影响甚大。英国是保险发源地，保险监管比较完善，而公平人寿又是英国寿险业的骄傲。发生此类

---

① 丁昶，商敬国：《英国公平人寿事件剖析》，载于《中国金融》2004年第16期，第52~54页。

事件，引起人们深刻反思：无论哪个国家，也不管什么样的公司，都要谨慎地预测未来，更好地去适应不断变化的外部环境。对于寿险公司来讲，未来不确定性的把握显得尤为重要。精算师要更加审慎地履行自己的职责。中国寿险业所处的环境也在不断变化，市场主体都应从公平人寿事件中吸取教训。

英国公平人寿保险公司（The Equitable Life Assurance Society）（以下简称公平人寿）因为销售了大量含有保证年金选择权的高预定利率分红养老金保单，最终导致了其在 2000 年年底停止销售新的保单。这一事件在英国和国际上引起了广泛关注，并促使英国着手修改其偿付能力监管体制和指定精算师制度。

一、精算之翅使古老的公司如虎添翼

1762 年，公平人寿成立，它是英国乃至全球最古老、历史最悠久的相互人寿保险公司。它改革了原有不合理的保费收取制度，首次运用生命表技术并采用长期均衡保险费方式计算保费，使人寿保险建立在科学基础上。现代保险精算技术的应用使公平人寿获得了巨大成功并成为保险业中的佼佼者。合理的保费水平加上诱人的分红使公司的新保单保费规模不断上升。公平人寿于 1957 年对其在 1913 年推出的养老金业务进行创新，首家推出了灵活的个人退休年金业务，此举在业界赢得了极高的声誉。20世纪 80 ~ 90 年代，公平人寿的保费规模又有较大的增长，公司推出了额外自主缴费型养老金计划，成为市场上个人养老金业务的领导者，同时也成为业界费用率最低的公司之一，此时公平人寿达到了事业发展的顶峰。1999 年末，公平人寿的资产总额超过 330 亿英镑，全年新保单保费收入为 35 亿英镑，在英国寿险业排名第四位。当年它所管理的分红基金和养老基金的投资收益率分别为 16% 和 22.7%，高居英国寿险公司前列。公平人寿的费用率平均仅为 4.2%，在业界属于最低水平。

二、数百年老店遭受重创

公平人寿在 1960 ~ 1988 年间销售了大量含有保证年金转换权的高预定利率分红养老金保单，但 20 世纪末，市场利率逐步下降，这些业务给公平人寿带来了巨大的利差损。为了减轻保证年金转换权带来的巨大财务压力，1998 年，公平人寿决定降低执行保证年金转换权的保单分配的红利，并低于未执行保证年金转换权的保单分配的红利。但希望执行保证年金转换权的保单持有人认为这一方案有失公允，首先向英国高等法院起诉，最后官司打到了国会上议院，最终判决否定了公司的红利方案。由于未能出售公司部分业务来弥补巨大的资金缺口，公平人寿于 2000 年底停止销售新保单。2001 年 2 月，苏格兰银行集团同意收购公平人寿的非分红保险业务。公平人寿分红基金成为一只封闭的基金，公司只接受老保单续期保费，并负责分红基金的管理和运作。这一事件成为全球寿险业关注的焦点。英国议会调查官对监管机构进行了调查，并提出质疑。英国金融服务局（FSA）因此考虑修改现有的保险公司监管制度，并准备在 2004 年底实行更为谨慎的实际偿付能力监管模式。

三、追根溯源探成因

公平人寿签发了大量含有保证年金选择权的养老金保单，但公司管理层和指定精算师对此类保单的风险认识不足，准备金提取不充分。公平人寿在 1960 ~ 1988 年间销售了约 10 万份平均预定利率为 7%、最高预定利率达到 11% 的含有保证年金转换权的分红养老金保单。按照保单规定，保单持有人有权在到达退休年龄后按照签发保单时确定的年金费率购买年金，即保证年金选择权。最初公平人寿没有对选择权提取相应的准备金，后来虽然提取了，但不充足。由此可见，公司的指定精算师并未发挥其应有的风险管理作用，导致公平人寿对保证年金选择权的风险认识很不充分。过高的分红水平和不恰当的保单计划书给保单持有人造成了过高的预期。20 世纪 80 ~ 90 年代，公平人寿在行业中的分红水平一直较高，给保单持有人造成了过高的红利分配预期。同时保险计划书中没有任何关于保单价值会根据客户是否使用保证年金选择权而不同的提示。基于以上两个原因，公司决定分配执行保证年金选择权的保单较低的红利不被接受也在情理之中。

20 世纪 90 年代后期英国基础利率不断下降，股市大跌。公平人寿面临巨大的利率风险，股票投资遭受巨大损失。这期间，英国央行——英格兰银行为了刺激经济增长而不断降低利率水平。从历史数据来看，1999 年的利率最低点 5% 比起四十年来近 10% 的平均利率水平跌了一半。从 1960 年至今的 44 年中，英国央行共 267 次调整利率水平，基础利率最高达到 17%，最低为 4%，这就意味着英国寿险公司面临巨大的利率风险。在这种情况下，即使拥有成熟的市场运作机制和丰富的规避风险工具，当经济环境出现持续不利的局面时，一些寿险公司也很容易产生财务危机。全球股市大幅缩水，股票价格指数一路下滑。以 2000 ~ 2001 年为例，FTSE - 100（金融时报股票指数）指数从 2001 年年初的 6 200 点跌至年末的 5 200 点，公平人寿在 2001 年前 6 个月的平均投资收益率为 - 4.7%，前 9 个月的平均投资收益率为 - 9.1%，全年的投资损失约为 12.7 亿英镑。统计数据显示，利率每下降0.5%，公平人寿将损失2亿英镑。公平人寿在2000年前所拥有的股票投资占总投资的比例超过50%，与分红养老金保单有关的续期保费收入的投资收益已远远达不到公司所保证的保单预定利率。

四、给监管的重大教训

指定精算师应当充分发挥实时监控职能。英国于1975年就建立了指定精算师制度，这种制度是保险业比较发达的国家针对寿险公司可能出现的偿付能力不足问题所普遍采用的实时监控制度。公平人寿的指定精算师同时也是首席执行官，但并没有发挥实时监控的作用。公平人寿事件发生后，英国加强了指定精算师的职责和权力，对指定精算师的任职资格要求更为严格。2001年12月，英国颁布了《2000年金融服务和市场法》，对金融监管体系作了较大调整。在新的法律和监管体制下，指定精算师的职责也相应发生了变化。英国FSA依据该法令推出了被许可人制度。

在约束机制方面，2002年之前，监管机构对指定精算师没有处罚权，只有英国精算师协会（IOA & FOA）有处罚权，而且属于行业内部的处罚。现在英国FSA有权直接对指定精算师进行处罚，并且更具法律权威性。此外，英国FSA规定，指定精算师的"警哨"责任和保单分红方面的责任由原有职业责任改为法定责任。其中所谓"警哨"责任，是指指定精算师通过分析模型并结合实际经验，当发现保险公司的偿付能力在目前或将来可能出现问题时，有责任将这种情况以书面报告的形式告诉公司董事会，以期望保险公司采取补救措施。"警哨"责任不同于指定精算师每年一次向公司董事会和英国FSA提交的公司财务状况报告，它要求指定精算师在任何时刻都关注保险公司的偿付能力，因此这是一项实时监控责任。监管制度和监管手段要与时俱进。FSA成立之前，英国实行"分业监管"制度，共有9家监管机构，分别对银行业、保险业、证券投资业、房屋协会等机构进行监管，但银行、保险公司与投资基金却经营类似的产品，争夺共同的客户。一个金融机构同时受政出多门的"混合监管"，将导致成本增加，效率降低，监管者与被监管者间容易产生争议，甚至某些被监管者可以钻多个监管者之间信息较少沟通的漏洞，通过在不同业务类别间转移资金的方法转移风险，人为地抬高或降低盈利。公平人寿事件之后，英国对监管体制进行了改革和完善，把银行、证券、保险的监管统一于一个监管机构之下，即由英国FSA负责对整个金融业的监管。静态的法定偿付能力监管方式暴露出很多问题。公平人寿事件令英国监管部门认识到"大一统"的法定偿付能力监管体系过于简单，缺乏监管的动态性，不能反映影响寿险公司偿付能力的所有风险因素，因此已不适应在动荡的经济环境下、产品更加复杂化的保险业的发展。因此有必要改革旧的偿付能力监管体系。英国 FSA 从 2001 年 6 月开始推出全新的实际偿付能力（Realistic Solvency）监管体系的第一个草案，逐步取代原有的法定偿付能力（Statutory Solvency）监管体系，并与业界不断协商和探讨，对草案进行修改和完善，到目前为止已经推出第四个版本。在 2004 年年底，实际偿付能力监管体系将取代原有的法定偿付能力监管体系，以求更加真实地反映保险公司的偿付能力。

五、前景有所转机，还是后患无穷？

公平人寿偿付能力有所好转。2001 年 3 月，新的董事会成立，公平人寿继续作为一家独立的公司运作。公司的投资由苏格兰银行集团 HBOS 旗下的投资公司 Insight Investment 接手管理。公平人寿在维持偿付能力方面做了大量工作，如大幅削减了其资金投资普通股的比例以避免遭受动荡和低迷的资本市场产生的不利影响。2003 年，公平人寿保险资金的投资比例为：固定收益证券和债券占 82%，不动产占 8%，现金占 6%，普通股占 4%。此外，保单退保率的大幅下降也使公司的困难得到了一定的缓解。2003 年的年度报告显示，公平人寿的偿付能力在 2003 年底是充足的，满足最低偿付能力的额度要求（监管净资产实际为 8.46 亿英镑，法定最低要求为 6.23 亿英镑）。2004 年底将实行的实际偿付能力监管模式则要求对未来保单红利部分提取相应的准备金，这又对公平人寿带来了巨大的挑战。公平人寿事件给英国保险监管当局带来了不小的麻烦。2004 年 3 月，英国政府公布了帕罗斯报告，对监管机构提出质疑。公平人寿公司董事会正在通过法律顾问决定是否对监管体系提出挑战。公司的法律顾问建议通过国会下议院调查官对监管体系进行调查，认为这要比通过法院起诉监管机构可行得多。公司已经请求国会下议院调查官再次对监管体系进行调查。公平人寿认为调查官只是调查 1999 年 1 月 1 日以后（英国 FSA 开始负责保险业的监管）的问题是不合适的，因为那时英国 FSA 要想改变公司现状为时已晚，因此应该对在此以前负有监管责任的部门进行调查。调查官有权调查监管机构（包括贸工部、财政部、政府精算部）是否失职，也有权建议政府对保单持有人因为监管失职进行补偿。英国 FSA 对公平人寿前首席执行官兼指定精算师做出处罚。2004 年 6 月 1 日，英国 FSA 决定禁止公平人寿前首席执行官兼指定精算师克里斯托弗在 2010 年 5 月 26 日以前在其 FSA 所监管的公司范围内再次担当管理者和监管法规所要求的角色。原因为：克里斯托弗在 1999 年 1 月 28 日的与英国 FSA 和政府精算部的监管谈话中，没有提供有关公司与爱尔兰欧洲再保险公司 IRECO 签订的再保险协议的补充协议，而这个补充协议对于再保险协议在监管报表中的价值有着重大影响。补充协议规定如果公司理赔额度达到 1 亿英镑，再保险合同可以再进行协商，如果协商不成，可以取消再保险合同。克里斯托弗的行为所产生的后果是，法定准备金将会出现不足。1999 年 3 月 31 日，克里斯托弗作为指定精算师签署了公司 1998 年度的法定监管报表，并把上述再保险合同评估为 7.93 亿英镑，在 2000 年又以同样的方式签署了 1999 年度的监管报表。2001 年继任的指定精算师在不知情的情况下，又签署了同样的监管报表。

公平人寿新的董事会开始向法院申请起诉公司的 15 位前董事和前审计事务所安永会计师事务所。公平人寿新的董事会在征求了法律顾问的意见后于 2002 年 4 月公开宣布开始通过法律程序起诉 15 位前董事，因为在 1993~2000 年期间，公司董事会通过了差别终了红利方案并被上议院判决此方案违法。2003 年 10 月英国高等法院驳回了 7 名前非执行董事关于撤销对他们起诉的申请，允许公司继续起诉 15 位前董事。公司相信进行诉讼是值得的，对胜诉充满信心。诉讼得到的索赔将用于补充属于现有客户的分红基金的不足。2002 年 4 月 15 日，公司宣布起诉安永会计师事务所，索赔金额高达 26 亿英镑。公司认为，在 1997~1999 年期间，公司的法定账户是不足的，因为它不包括数额相当巨大的与保证年金有关的准备金，因此安永会计师事务所作为独立审计机构是失职的，没有如实报告准备金的不充足性，由此给公司带来了巨大的损失。其索赔包括没有及时卖出部分业务而造成的损失和已宣布的红利损失两部分。以上诉讼将会是一个漫长的过程，诉讼成本也是非常可观的，但是它毕竟给受到损失的保单持有人带来了希望。公平人寿事件给保险公司、保单持有人和监管部门都带来了非常深刻的教训。如何再次树立保单持有人的信心、寿险公司如何更为谨慎地经营、监管部门如何更为谨慎地监管，这些都将是寿险业发展中亟须解决的问题。

第四节　主要结论与政策建议

一、英国人寿保险市场

1. 英国人寿保险市场是欧洲最大的寿险市场；虽然近期市场值有所

下跌，但英国人寿保险市场仍然具有强大的竞争力。

2. 因为存在进入壁垒，所以，供应商的力量仍然比较强；总体上，购买者的力量一般；尽管储蓄投资是寿险的替代产品，但替代力比较弱，因为投资是需要专业知识和资本的。

3. 消费者对人寿保险的需要受多种因素影响，比如，国内生产总值、预期寿命、通货膨胀率和利率等。对于发展中国家，还有诸如市场结构，外资投资，经济金融的发展等都会影响人寿保险的需求。消费者购买人寿保险存在多种需要，比如，在被保险人死亡时，可以为其家人提供一定的收入；保单持有者可以进行保单质押贷款或退保得到资金，这是资金运用投资中非常重要的影响因素；2009 年实际收入下降，经济缓慢复苏，欧洲主权国债务危机带来的不确定性，在这种情况下，寿险不会是家庭优先考虑购买的产品，这些也都会影响寿险产品的销售。

二、英国人寿保险市场监管

1. 未雨绸缪，采取前瞻性措施应对。英国寿险偿付能力监管体系改革产生背景是寿险市场上出现了公司经营失败及其他不良事件，监管的有效性发生了动摇，触发了监管机构采纳以风险为基础的监管方法。无论出于经济环境的变化，还是出于自身管理不善，保险公司经营失败均给保险市场发展带来了负面影响。因此，我们应时刻关注保险经营环境和市场的变化，采取积极的、前瞻性的措施，及时避免和减少行业和投保人面临的风险。

2. 逐步向以风险为基础的监管体系转变。英国寿险业偿付能力新体系的核心思想是按照寿险公司面临的不同风险，制定相应的资本金要求。这种监管方法要比对所有公司设定单一水平的资本金要求有效，胜于原来的偿付能力额度方法。我国目前使用的偿付能力额度体系，借鉴了原英国偿付能力监管体系，具有其固有的局限性，如静态、未充分考虑投资风险和资产负债不匹配风险等。为促进保险业健康发展，应逐渐改变现有的偿付能力额度监管方法，向以风险为基础的方法转变。

3. 探索适应我国国情的以风险为基础的监管体系。每个监管体系都应适应自身国家的内容和特性。英国偿付能力监管的新模式具有灵活性、动态性和前瞻性，但也更多地依靠了执行者的主观判断，对公司和监管者的要求较高。我们应结合我国国情，充分借鉴英国经验，探索和研究适合我国的监管体系。

第五章

日本人寿保险行业

第一节 日本人寿保险业发展状况

一、发展概况

日本人寿保险行业受到了 20 世纪 90 年代经济衰退的影响，那时，许多公司已经接近崩溃，利率急剧下降，整体市场增长停滞不前。日本保险市场在某些产品子部门中有增长空间，并且在分销渠道中显示出前沿的创新，2008 年全球金融危机导致的放松管制，限制性法律的自由化和外部环境的变化改变了人寿保险行业的形态，而其他行业似乎由于缺乏经济增长而瘫痪。

日本是世界上第二大人寿保险市场，在美国之后，是迄今为止最大的亚洲市场。2010 年，毛保费为 3 910 亿美元，相当于亚洲第二大市场中国的三倍，是第三大市场中国台湾地区的五倍。为了更好地了解日本保险，必须首先了解构成日本产业的四种不同的机构。

第一类机构是日本邮政保险公司。2010 年，日本邮政保险公司保险费 840 亿美元，市场份额占 21%，在日本保险业中发挥了重要作用。过去，日本消费者主要通过邮政局购买储蓄型保险，例如捐赠基金。日本邮政已经主导市场，在 2000 年，通过日本邮政保险公司销售的人寿保险保费收入占所有寿险保费的 37%，这个数字随着日本消费者行为的改变而逐年下降。

日本的第二类人寿保险机构是称为 Kyosai Kumiai（相互社会）的保险合作社。2010 年，前 5 名 Kyosai 获得了超过 860 亿美元的人寿保险费，JA

Kyosai 农业合作社，规模是最大的一家，在 2010 年获得了 710 亿美元的保费。

日本第三大保险机构是私人国内保险机构，2010 年保费收入接近 3080 亿美元。大型传统公司在这个集团中占据主导地位，包括日本人寿。Meiji Yasuda、Dai-ichi 和 Sumitomo，这些公司都具有上百年的历史。仅在 2010 年，日本寿险公司（Nippon Life）就获得了 560 亿美元的保费，它的规模几乎与整个韩国相当。

最后，外资保险公司已经通过在产品和渠道中进行创新，从本地现有公司中获得市场份额。例如，在个人健康保险方面，1974 年，AFLAC 是第一个颁发癌症保险执照的公司，1976 年，Alico 是第一个提供医疗保险的公司。这两家保险公司在早期受益于优惠监管措施。虽然其中一些外国保险公司在全球金融危机之后遭受重大损失，特别是变动年金产品，但它们对日本寿险市场的影响仍然很大。在 2010 年，他们的毛保费为 480 亿美元，占市场总额的 16%。日本领先的外国公司分别是 MetLife、AXA 和 Prudential，分别是市场上的第七位、第十三位和第十四位。他们通过收购一些传统的保险公司已经成长为特别是在医疗和年金等新产品领域的行业领军者。这意味着，外国公司在日本可以非常成功地运作。

日本人寿保险市场已经停滞了几十年了。从 2000～2010 年，毛保费年复合增长率下降了 2%，而亚洲其他市场年增长率为 16%。展望未来，毛保费预计在未来 10 年将保持平稳。然而，市场的整体停滞或许掩盖了一些重振市场的力量。例如，合并和收购法规的自由化会引起扩张，医疗体系的改革为私人医疗保险创造了一个新的市场，渠道放松管制促成了银行保险。此外，2007 年 9 月实施的金融工具和交易法（FIEL）为金融产品买方提供了更大的保护，但也迫使传统保险公司审查和改变其传统销售模式。

二、发展存在的问题

（一）整体市场继续停滞

截至 2011 年 3 月，日本个人保险的总投保额达到二十几年来的最低点 10 万亿美元。自 1996 年高峰期以来，总额每年下降 3.7%。这主要是由于严重的经济衰退影响传统人寿保险市场，包括定期寿险、终身寿险和养老保险，这些占市场总保费的 50% 以上。最近，有一些新的迹象表明，日本寿险市场的下降可能会触底，一些较小规模的保险公司，如索尼人寿，在过去三年里，首年保费已经增加了 10%。然而，促使经济下降的因素仍然存在，整体市场的停滞可能持续一段时间。这些因素包括：

（1）整体经济缺乏增长。

（2）人口减少和其他不利的人口趋势使市场不断缩小。

（3）保险市场渗透率已经很高，2010 年，保险深度达 7.2%，人均保险密度为 3 066 美元。

（二）经济增长乏力

从 20 世纪 60 年代开始，日本连续三十年经济繁荣，这通常被称为日本战后经济的奇迹。然而，随着 1990 年股票市场的崩溃和 1991 年房地产市场的崩盘，经济衰退停滞不前，今天对日本经济的影响犹在。最近十几年，经济受到 2008 年全球金融危机、毁灭性地震和海啸的困扰，甚至更为毁灭性的福岛核反应堆熔毁，困扰着日本并明显加重了经济负担。预计在 2010～2020 年之间，日本的实际 GDP 以每年 1.2% 的速度增长。

（三）可缩减的市场

预计在 2020 年，日本的人口为 1.24 亿，比 2010 年减少约 330 万。尽管这听起来差别不大，但是寿险公司主要市场群体（即 15～64 岁之间的人群）在 2020 年只有 7 400 万，比 2010 年减少 750 万，也就是减少了 9.2%。与此同时，65 岁以上的人口预计到 2020 年净增 6.6 万人，即 3 530 万人，相当于总人口的 28.4%。目前日本的预期寿命是世界上最高的，女性 86 岁，男性 79 岁。比较复杂的问题是日本生育率的下降。年轻一代的日本人结婚，生育孩子少，生育率已从 20 世纪 90 年代初期的 1.5 下降到 2010 年的不到 1.3。因为越来越少的儿童是潜在客户，所以，生育率的下降减少了对死亡保障的需求。

（四）饱和的保险市场

根据日本人寿保险机构对消费者的调查，日本人寿保险在日本家庭中的渗透率已经超过 90%，日本家庭的平均保单数量超过四个。由于这种高覆盖率，许多中年日本人已经意识到他们比自己需要的有更多的死亡保险。换句话说，他们感到过度保险，特别是人寿产品。

同时，人寿保单的平均收益持续下降。由于整个人寿产品占传统个人保单保额的一半以上，平均福利的减少对传统类别的总保费收入产生了严重影响；另外，定期人寿产品在保单数量和每项保单的利益方面略有上升。这种增长主要是由于利润型中小企业的渗透率提高，保单持有人可以从公司账户支付的保费中获得税收优惠。然而，自从 2008 年 3 月实施新法规以来，增长已经放缓，这使得某些年龄组的税收抵免部分从 100% 减少到 50%。

（五）改变竞争格局

20 年前，Nippon Life、Sumitomo、Meiji Yasuda、Dai-ichi 是世界上最大的人寿保险公司。这些公司的业务超过其他大多数亚洲国家的整个市场的规模。尽管它们的规模和声望令人印象深刻，但由于缺乏增长，这些公司已经处于逐渐衰退的状态。就市场价值而言，这些公司的未来前景显然不容乐观，例如，在 2010 年年底，Dai-ichi 通过保险费收入在所有人寿保险公司中排名 17，但按市场资本化的排名则仅列第 31 名。

虽然不可否认的是，这些日本老牌公司的前进道路仍将非常艰难，但是有迹象表明，他们已经意识到未来的挑战，并开辟新的市场。

（六）日本老牌企业的缓慢衰退

日本寿险行业在过去二十年中经历了许多困难，一些企业正面临破产的阶段，因为需要在长期低利率期间实现高保障保单。在 20 世纪 90 年代的长期经济衰退期间，如果不是日本政府的干预，这些保险公司的命运会更糟糕。无论从哪方面来看，这些公司已经经历了一个经济环境，因此，很容易理解为什么这些公司专注于生存和可持续性，对变革和创新一般持非常谨慎的态度。

这些寿险公司在日本的衰落有三个主要原因：（1）新产品的采用缓慢；（2）传统家庭主妇模式的销售能力下降；（3）决策过程缓慢。

第一，当地老牌企业没有冒险进入新产品领域。在 20 世纪 70 年代，这些老牌企业不是第一个进入独立医疗市场，在 21 世纪初，这些企业也没有发展可变年金。以保守的投资前景，这些老牌企业的大多数投资组合仍然在传统的人寿保险产品。Nippon Life、Sumitomo 和 Meiji Yasuda 合计占整个人寿保险市场的 70%，该份额自 2001 ~ 2010 年以年均 6% 的速度下降。

第二，目前，这些保险公司的代理机构的形式已经根深蒂固，使得代理商很难改变他们的习惯，包括销售更多样化产品的能力。日本保险公司拥有数量巨大的家庭主妇作为销售团队，这是在第二次世界大战后的时期培育出来的，当时社会压力要求大公司提供工作岗位给妇女。2001年，固定代理的数量已经在30万以上，2010年，这一数据减少到不足25万，现在代理保费的比例约占总保费的40%。几十年的历史证明，这种销售人寿保险产品的模式是成功的，但是现在，日本保险公司却也正为这种根深蒂固的模式所困扰。

第三，日本保险公司保守的企业文化和漫长的决策过程使得这些公司在市场发生变化时没有及时采取快速行动。大多数主要的日本老牌公司都是由其保单持有人所拥有。因此，他们没有来自股东的压力，管理层自己具有较弱的治理文化。此外，由于管理层仍然将注意力放在大型传统产品上，管理层往往避开新产品领域的发展机会（例如医疗保险），理由是他们太弱小。比如，日本人寿在2011年赚取了550亿美元的毛保费，而当时整个医疗保险市场估计约为260亿美元。

在一个有大量负利差的社会背景下，投资者难以对这些保险公司的投资前景抱有积极态度。2011年底，日本人寿保险公司的交易价格为企业价值（EV）的0.4倍，美国和欧洲人寿保险公司为0.6倍~0.7倍，中国人寿保险公司为1.2倍~1.5倍。

20世纪90年代日本的人寿保险企业

日本寿险公司在20世纪80年代末成为国际金融的重要领军者。超过90%的日本人已经购买了人寿保险，而且每人持有的数量比美国至少高50%。许多日本人用购买保险产品作为储蓄手段。保险公司的资产在20世纪80年代末每年增长超过20%。1988年财政年度结束时，私人保险公司（不包括Kampo和Kyosai）的投资资产以今天的汇率计算达到1.3万亿美元。因为放松管制，人寿保险公司大量转向外国投资，并且通过资金充分的养老基金扩大其资源。

但是这样的情景没有持续很长时间。许多保险公司都制定了有效的政策，保证在20世纪80年代签约的保单持有人的高收益。随着20世纪80年代末泡沫经济的崩溃，利率下降，这些合同由于负利差导致巨额损失，由于日本政府维持低利率环境，许多保险公司无法下去。1996年，日本人寿保险协会的 31 个成员中，只有 15 个得以保存下来（见图 5 - 1）。

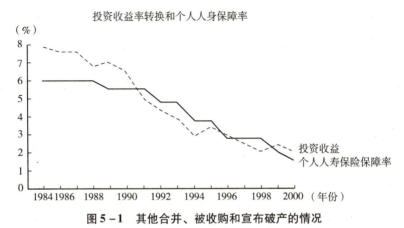

图 5 - 1　其他合并、被收购和宣布破产的情况

资料来源：Binder, Stephan. Life Insurance in Asia: Sustaining Growth in the Next Decade（2012）.

　　在这些保险公司相继破产之后，政府介入并颁布了许多政策，将保单持有者的收益降低了 70%，价值降低了 20%。2003 年，政府修订了"保险商业法"，允许保险人在宣布破产之前降低预期利率，这项具争议性的条文对个别储户造成额外的损失，但投资环境长时间不景气，寿险公司不得不撤回对保单持有人长期以来做出的高保证承诺。

第二节　未来发展方向

一、人寿保险行业发展前景

　　在过去几年中，从市场份额来看，日本保险公司已经扭转了之前的一些损失。2010 年，人寿保险保费占市场总保费的 84%，高于三年前的 74%。不可否认，这种逆转大部分是由于一些主要的外国企业，如哈特福德和 ING 市场份额的下跌，他们在金融危机爆发时由于可变年金市场的崩溃而遭受巨大损失。同时，值得注意的是，有迹象表明日本正在慢慢进行变革，并正在采取措施强化其立场。

　　首先，在过去十年中，逐渐发生了股份化的改革过程，互助公司的数量从2001年的14家下降到今天的5家。大同公司是第一家在2001年股份化的公司，其次是2002年的太阳公司和2004年的三井公司，Dai-ichi在2010年3月以112亿美元首次公开发行上市。虽然其他四大保险公司中的另外三个——日本人寿、明治安田和住友，总计占日本非邮政市场的46%，他们仍然保持着相互合作的结构，他们是否紧随Dai-ichi的脚步进行改革，还很难说。

其次，日本保险公司一直在提高其业务质量，并正在慢慢探索新的商业模式。传统业务有一个比较稳定的利润，约占其业务量的5%，而新业务相对有利可图，收益率在1%~1.5%。因此，这些公司的偿付能力和信用评级也有所提高。同时，日本人寿和住友等现有公司通过银行保险渠道推出了新的储蓄产品，这些存款替代产品的普及，特别是在没有可变年金的情况下，使日本保险公司挽回了部分损失。

最后，进入国际市场，寻找新的增长来源。虽然全球化的提法不是新的，但在过去几年中，日本大型公司的国际化在加速。例如，Dai-ichi在2010年上市，并将海外扩张定为新募集资金的主要途径之一。这种国际化趋势很可能继续下去，甚至可能进一步加速。国内停滞的前景加上日元的持续强势都将促使日本公司在国外寻找发展目标。此外，2011年，放宽条例将极大增加保险公司潜在的目标量。例如，现在允许日本保险公司收购在金融服务部门以外拥有子公司的公司；也允许超过收购方总资产10%的收购。

历史上，日本工业企业通过在全球出口产品而名声大噪，尤其是在消费电子和汽车行业，但是，如果将国际组合与国内业务相结合，大多数仍然面临重大挑战，因为它们具有独特的单一文化和单语组织。

全球化的日本企业面临的社会责任的挑战

日本知名的公司，有许多仍然落后于其全球竞争对手。许多日本公司因为他们的制造和技术实力，以及整体规模，应该是全球领导者，但他们不是。在16个行业中选取10个最大的日本公司，根据收入，资产和日本以外股权所占的百分比衡量（见图5-2）来看，日本在这些行业中的10家最大的公司（汽车是显而易见的例外）的全球化程度低于海外同行。此外，日本最大的公司在过去十年里一直迅速失去其相对市场份额：他们在"财富"全球500强总收入中的比例从1995年的35%下降到2009年的13%。

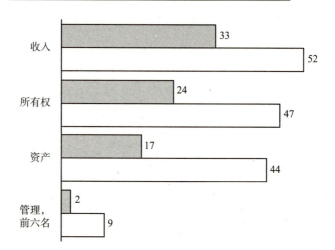

图5-2　日本企业的全球化情况

资料来源：Binder，Stephan. Life Insurance in Asia：Sustaining Growth in the Next Decade.

　　在过去40年中，日本公司已经在全球体现了其领导力，主要是通过主导国内市场和出口国内生产的产品而达到的。然而，展望未来，许多日本公司的生存可能取决于他们能否大幅增加海外收入、利润和家庭市场经济缓慢增长或停滞的趋势。随着日本人口继续下降，私人消费、税收收入和GDP增长的绝对水平都可能继续受到影响。另一个经济问题是家庭生产力落后，尽管有少数世界领先的工业和公司，日本是主要发达国家劳动生产率最低的国家之一。日本工人往往是世界上最勤奋的人，但他们常常是集体和个人无效率的，往往更注重努力和时间，而不是影响力。与此同时，一些外国竞争公司渗透了日本的某些市场。例如，IBM现在在日本比富士通在美国更大，而沃尔玛这样的企业已经设法利用其全球足迹绕过日本的多层分销系统。

　　显然，日本公司需要大幅度改变，以便在国际市场上取得成功的可能性更大。麦肯锡最近的研究表明，日本公司必须在以下五个关键领域开展工作。

　　1. 最高管理层必须进行全球化。如果没有对国际水平公司竞争力的充分了解，日本企业将继续朝着保护其国内市场份额的方向转向，而不是增加其国际影响力。

　　2. 以英语作为公司语言，特别是在国际业务上。显然，日本的单一语言的企业文化已经影响了它从国外招聘人才和与国际公司有效的工作关系。采用英语将是与世界人才和商业网络整合的关键的第一步。虽然这可能是有争议并难以实施，但有一些新兴的例子：2012 年开始，优衣库（服装零售商）和乐天（电子商务公司）已经使英语成为公司语言，日产（汽车）和武田会议用英语进行许多会议交流。

3. 设计积极的人才管理战略。典型的日本高管从未进行过国际任务或在其公司或业务部门外工作。这些专业人士可能需要能够管理国内企业，但越来越不能准备好在快速变化的竞争性市场中经营全球企业。人力资源职能几乎完全侧重于在大学一级的招聘，以及为锁定的、基于终身任职的晋升制度提供润滑剂。

4. 建立全球营销功能。目前，对在日本国内研发实验室开发产品，然后将产品运送到国外的日本模式是一个挑战。随着竞争日益全球化，日本公司需要确保他们的产品符合全球消费趋势，他们的品牌能够影响国际买家。

5. 从合并和采集中获取有效价值。因为无法构建相应能力或获得国际市场的最佳做法，日本公司的许多海外收购令人失望。除了巩固收入之外，通常只有最小的整合，并且忽略了成本削减和市场中的收入协同增长的机会。这种无效的合并后的管理常常是因为重大的语言和文化障碍。

一些公司一直试图通过尝试与本国市场不同的商业模式来实现全球化。有一种方法是，日本公司创立了另外一家公司，为全面的实验和决策提供了更多的空间。然而，构建一个全球化的公司将需要许多日本高管以新的和不熟悉的方式思考组织、营销和战略。

二、未来发展特点

未来十年，日本将出现一种截然不同的情况，其特点如下：

1. 整体市场持续停滞，受整体经济增长不足的影响，市场萎缩且市场趋于饱和。

2. 改变竞争格局，日本股市在多年下跌之后苏醒，少数几家外国保险公司仍会巩固其业绩。

3. 在某些客户和产品子市场，特别是健康和医疗保险、退休市场和个人年金方面出现巨大的机会。

4. 增加创新销售模式的范围，如银行保险放松管制，日本邮政重组，以及直接和多渠道分销的增长，这些远远超出了在世界其他地区的发展模式。

第三节　外国保险公司

20世纪90年代末和21世纪初，日本保险公司的弱点导致了一些外国公司收购了一些流动性不强和破产的中型寿险公司。GE收购了Toho，随后AIG收购了Chiyoda Life，AXA收购了Nichidan，美国Prudential收购了Kyoei Life，Manulife成功收购了Daihyaku。外国保险公司通过运用日本保险公司在家庭市场中的优势，对其产品和销售力量管理进行创新。总的来说，外国保险公司的市场份额在2007年底达到20%，是2000年的两倍多。外国保险公司在某些产品和客户收益市场上占主导地位，例如，AFLAC、Alico和AXA是医疗保险的前三名，而哈特福德、大都会人寿和ING在市场崩溃之前一直在年金领域处于领先地位。

在市场最初的波动之后几乎没有任何收购行为，部分是由于缺乏相应的目标（以合适的价格），以及由于外国公司强大的企业文化与日本保险公司难以进行合并。然而，全球金融危机，特别是AIG危机和随后的资产销售，引发了新的整合浪潮。2010年，大都会人寿投资155亿美元收购日本的Alico，表明了对这个市场的明确反应。2011年，美国保诚以48亿美元收购了AIG其他实体、Edison和Star，连同其现有子公司Gibraltar Life，美国保诚是今天日本的第二大外国保险公司，其业务跨越不同的产品和渠道。

这是市场上的一个重大变化：少数外国公司现在已经拥有了足够的规模和广阔的业务，与未来的大型公司成为强大的竞争对手，而许多较小的保险公司已被并购或退出市场。

一、市场中的新兴机会

日本人寿保险市场的快速变化还不为人们完全所知，然而，鉴于日本市场的规模，还是有一些新的机会出现，毕竟，日本的人寿保险市场仍然是中国市场的2.7倍，日本的一个子市场可能比其他亚洲市场整体都大。

二、健康和医疗保险

在日本人寿保险中，医疗保险有时常常被忽略，因为它在总市场中所占的份额很小，然而，这个市场的规模远远大于亚洲其他国家。此外，随着对公共医疗系统政策的改变，需要提供更多的私人医疗服务，这将会有更大的增长潜力。

日本在 20 世纪 70 年代之前没有出现医疗保险业，因为政府提供全民医疗保健系统。政府委员会设定医疗服务收费表，患者根据喜好选择医生和设施。日本国民选择参加雇主的健康保险计划或由地方政府管理的全国健康保险计划。然而，随着医疗需求的增长，对公共医疗保健系统的补充保险需求也在增加，保险公司开始提供私人医疗保险计划。应当指出，日本的医疗保险不提供赔偿保险，而是对住院的被保险人每日支付固定的津贴，在发生重大疾病的情况下一次性付款，这会抵销附加费和其他费用的支付。

日本的健康保险市场包括三个不同的部分：医疗、癌症和护理保险。医疗保险一般涵盖疾病和伤害，而癌症保险只包括用于癌症治疗的医疗费用。医疗保险有对住院天数的限制，而癌症保险没有限制。护理保险包括为需要在家中或在养老院中持续护理的患者提供医疗和其他服务的费用。

医疗保险是医疗保险市场中增长最快的部分，其有效保单的数量在 2001～2010 年间以年增长率 11% 的速度增长。但是目前其保险深度仍相对较低，该产品从每年 330 万新保单开始，有望继续其增长轨迹。癌症保险由 AFLAC 于 1974 年推出，这也是被批准的第一个独立医疗保险。1984 年，允许其他国外和地方中小型人寿保险公司承保癌症保险，但大型国内保险公司不能承保。从 20 世纪 90 年代初，日本政府考虑取消对第三部门保险（包括医疗、护理等）的管制，作为对人寿和非人寿保险的全面放松管制的试验。然而，有些外国保险公司反对该计划，游说日本政府，政府最终妥协，并允许保险公司在其他部门设立子公司，从而解除对人寿、财产和伤亡保险的管制。直到 2001 年，美国和日本达成协议，政府才允许国内保险公司承保独立医疗保险。自此，独立保险迅速增长，来自诸如住友的大型本地公司的竞争日益加剧，例如：Sumitomo、Dai-ichi、Meiji - Yasuda 和 Nippon Life。然而，外国保险公司仍然是这一领域的领导者，AFLAC、Alico 和 AXA 通过多项保单获得了超过 40% 的市场份额。

　　在大多数医疗保险市场中，法律法规将推动医疗保险在未来几年获得增长。根据今天的现状，医疗保险可能至少以与医疗费用相同的速度增长。日本的健康、劳动和福利部（MHLW）估计，到2025年，全国医疗保健费用将增加到约6 000亿美元，这是每年2.4%的温和增长。然而，一些医疗改革很可能就在眼前，由于人口老龄化和资金紧张，与许多西方市场一样，公共医疗系统不可能继续保持今天的覆盖率。医疗费用将继续上升，但强制保险制度越来越无法承担这些额外费用，因此，患者的共同支付和公共资金需要弥补其差额。私人健康保险可能能够利用这种机会，因为日本患者发现自己越来越需要支付医疗服务，政府改革将创造这种机会，例如，2003年的政策变化，将公司员工自付医疗费用的比率从20%提高到30%，导致毛保费在政策实施的年份达到峰值。在未来五年，医疗和护理系统可能会有进一步的改革，这将增加共付额水平，加速额外的保险覆盖的需要（见图5–3）。

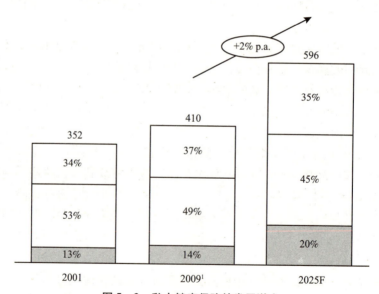

图5–3　私人健康保险的发展潜力

资料来源：Binder, Stephan. Life Insurance in Asia: Sustaining Growth in the Next Decade (2012).

三、退休带来的机遇

　　日本目前在亚洲有最大的退休市场。在日本，22%的人口超过65岁，而在亚洲其他地区，平均只有9.4%的人口达到退休年龄（必须指出，许多亚洲市场，如韩国老龄化也日益严重）。此外，日本第一个婴儿潮一代，被称为丹开，是在20世纪50年代，已快速接近退休。因此，预计到2020年，65岁以上的人口比例将进一步增加到日本总人口的28%。

麦肯锡的退休研究表明，下一代日本退休人员，即现在年龄介于40岁~55岁之间，与上一代人的储蓄水平是不同的。因此，很可能出现显著的退休差距（见图5-4）。退休时所需的资产估计约为80万美元，目前在20世纪40年代中期出生的日本人在退休时将面临20万美元的短缺。

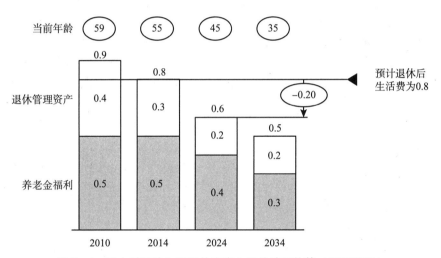

图5-4　日本财政收入和退休支出之间的缺口估算（百万美元）
资料来源：Binder, Stephan. Life Insurance in Asia: Sustaining Growth in the Next Decade (2012).

此外，日本人清楚地知道他们的公共和公司养老金计划的缺点，因为糟糕的投资回报阻碍了日本养老基金的发展。在公共方面，支付年龄从60岁增加到65岁，而且未来30~40年，家庭收入的养老金福利预计会逐年下降。企业方面的情况也并不好，许多大公司没有足够的资金履行其养老金义务。虽然近年来日本养老金改革连续且多层次，但公众对日本的养老金制度普遍缺乏信心。2010年，超过40%的日本人没有包含在为自雇人员、农民、渔民和学生提供指定的公共养老金计划内。

因此，人们普遍认识到有退休后财务咨询的需要，图5-5是日本未来公共和企业养老金的替代率情况。麦肯锡的研究预测，日本的个人金融资产在退休年龄（从退休福利中支出）平均会增加一倍，约 60% 的退休人员愿意将其部分或全部资产转移到新的金融机构。这两种组合意味着存在大量的"流动中的钱"。估计这个数字在退休时约为 8 000 亿元，这是保险公司进入该领域的机会。

　　然而，事实上，当前日本没有一家寿险公司的任何整体解决方案与这种对退休计划的明显需求相匹配。在具有类似人口特征的市场，如美国，可以发现有些保险公司将自己定位为退休领域专家，但这在日本还没有出现。2011 年的麦肯锡个人金融服务（PFS）调查显示，94% 的日本人声称仍然没有任何官方财务顾问来支持财务规划。虽然个人年金在独立产品的基础上已利用这个机会，但保险公司尚未成功建立退休市场所需的咨询模式。代理渠道仍主要销售传统和医疗产品，而银行主要销售简单的储蓄型产品。

　　因此，保险公司和其他金融机构有一个围绕退休主题制定一种全面的退休方法进行品牌塑造的重大机遇。这将包括针对不同退休前部门的投资组合规划，持续和定期跟踪客户不断变化的需求，为退休需求量身定制的产品，以及能够提供财务咨询服务的受过培训的销售团队。

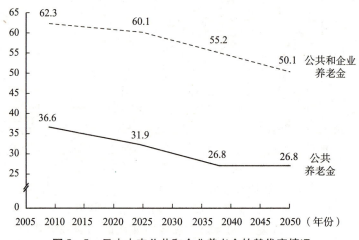

图 5 - 5 　日本未来公共和企业养老金的替代率情况

资料来源：Binder, Stephan. Life Insurance in Asia: Sustaining Growth in the Next Decade（2012）.

四、个人年金

年金产品以其特有的属性，成为日本老龄化和对提供安全稳定的金融产品日益增加的需求的主要贡献者。

在 21 世纪初期，个人年金的保费收入从 2001 年的 240 亿美元迅速增长到 2006 年的 830 亿美元。这意味着这期间年增长率为 28%，而所有其他类别产品的保费收入则有所下降。

这种显著的增长是由于放宽管制，允许出售 1999 年开始的可变年金，2002 年开始拓宽销售年金的银行保险渠道形成的。可变年金是一种提供保障长寿风险的产品，同时赋予投保人参与任何股票市场上涨收益的权利，因此，它们对日本长期受到低息环境影响的消费者显得很有吸引力。在 2002～2006 年之间，来自可变年金的新业务保额飙升 44%，而固定年金增长只有 16%。

2007 年，全球金融危机的爆发也引起了可变年金市场的崩溃。监管机构也被迫停止销售许多这些产品。到 2011 年 3 月，可变年金的新业务保额下降到 870 万美元，比 2006 年的峰值低了 30%。

可变年金产品的投资是相关年金产品与创新形式的担保（也称为车手）相结合的一种产品。在累积阶段结束时，保险公司保证对被保险人的最低付款，但是剩余的支付将根据被管理组合的性能而有所变化。保证分为两大类：死亡支付和生活资金支付。死亡抚恤金的保证受益人在被保险人死亡时获得最低限度的支付金额。

（一）生活资金支付可以采取几种形式

1. 保证最低收入支付（GMIB）：保证最低支付是年金计算的基础，独立于投资组合的表现，是可变年金的最早形式之一。

2. 保证最低累积支付（GMAB）：保证在约定年数后的合同价值金额，独立于投资组合的表现。

3. 保证最低提款支付（GMWB）：在完全撤销之前，存在一定百分比的账户价值（例如 5%），与投资组合业绩无关。

4. 终身保证提取支付（GWBL）：从支付阶段开始时起，保证账户价值与 GMWB 相比较小的百分比，直至死亡。

在全球范围内，可变年金的价值是可以提供担保加上上行潜力的产品的价值。这对于正在接近退休的富裕的婴儿潮一代非常有吸引力，例如在美国和日本，需要能够提供针对市场和寿命风险的保险的产品。可变年金的需求取决于经济周期，特别是股票市场和利率的表现。但与投资连接产品或共同基金不同，可变年金产品的固有保证意味着消费者需求通常更不容易波动。

（二）可变年金市场的崩溃有三个主要原因

1. 不恰当的风险对冲和不良套期保值策略，忽视了对冲某些类型的风险，如市场波动的变化。

2. 价格竞争导致许多保险公司以更低的价格发行更加高收益的担保。

3. 来自批评高佣金和行政费用的消费者群体的压力。

危机表明，可变年金业务的最大挑战在于风险管理。保险人必须充分了解其产品的固有风险以及通过产品设计和对冲来缓解这些风险。此外，也要明确保险公司在通过以更低的价格提供更有吸引力的保证来面对竞争市场股份时所面临的风险。

在危机中有许多损失，特别是外国保险公司，他们领导市场中可变年金的发展。最突出的例子是哈特福德，它是美国的一家保险公司，拥有大约90%的高度集中的可变年金的投资组合。哈特福德在2000年进入日本市场，到2005年，成为第六大寿险公司，在那一年只获得了135亿美元的毛保费。它也是2005年可变年金保险公司的第一家保险公司，有效保险金额为25%。可变年金市场的崩溃导致哈特福德停止新业务的销售，其在日本的前景仍然不明朗。ING是另一家外国保险公司，他们也遭受到了重大损失，保费收入在2010年减少到2005年的1/4。荷兰保险公司试图在2010年8月使用新的单一溢价可变年金产品回到市场，但其分布限于五个中小银行，而在过去则有50多家银行。ING的日本投资组合在其整体亚洲业务的交易谈判中是一个高度黏性的点，因为许多潜在买家不愿承担其传统可变年金业务中固有的风险。一些当地保险公司也遭受了损失，最引人注目的是 Tokio Marine & Nichido Fire Insurance，在2007年年初之前被认为是小型日本保险公司中的新星，其情况与哈特福德很相似。

尽管如此，可变年金的崩溃所造成的影响不应该否定年金产品的长期驱动因素，而这些因素仍然是积极的。越来越多的富裕日本消费者将其个人金融资产从现金中转移出来，人口老龄化正在将他们的保险需求从死亡转移到长寿保障。自2009年以来，可变年金的销售已经被固定年金和单一优质人寿保险产品所取代，这表明，在日本，低利率老龄化的环境下，客户对于储蓄和投资产品的需求持续增长。

可变年金的上升和下降应该成为在市场中保险公司的关键一课。一方面，具有吸引力的客户价值的新产品在日本获得突破和成功，这个市场传统上由大型本地保险公司主导，并且几乎没有例外。另一方面，对于长期维持增长的风险管理策略的设计和执行至关重要。

第四节　日本寿险业创新方向

一、增加创新销售模式

日本人寿保险的销售历来一直由有关机构主导，主要是大量的家庭主妇来销售，他们通过访问家庭或工作场所销售保单。这种销售方法已变得越来越具有挑战性，因为公司限制这些销售女士访问他们的场所，并且客户需要更高水平的销售代表。因此，传统代理的数量已经从2001年的30多万个减少到2010年的不足25万个，现在代理的份额约占总保费的40%。

随着传统代理模式的衰落，出现了许多其他销售渠道，从更专业的人寿咨询员、银行保险，到直营商店、电视购物和互联网销售等创新方式。在未来十年，如果我们看到渠道创新方面有任何重大突破，那么，日本一定会走在前列。

二、代理渠道的专业化

传统代理不会消失。传统销售模式在日本人寿保险行业中根深蒂固，具有超级销售队伍的保险公司在市场上仍有显著的优势。在过去三年中，老牌运营商一直采取行动重振这一渠道，例如，通过将销售女士的注意力重新集中到现有客户的有效保单的维护和销售上。再如，日本人寿最近发起了一次大规模的运动，要求每个销售女士重新与她的投资组合中的每个保单持有人建立联系。目前，传统代理机构的下降似乎已停止，在2008~2010年期间，代理机构规模稳定在24万~24.5万。尽管有这些行动，但不可否认的是，传统的基于关系的代理模式有着显著的应变，销售渠道的存在和竞争力将取决于它如何反应及改变自身。

具有财务规划的代理人员，比传统的家庭主妇销售渠道受教育的程度更高，而且通常是男性，这已经非常有效地满足日本富裕的消费者的需求。一个很好的例子是索尼–美国保诚的合资企业，它在20世纪80年代初期经营主要业务，在 20 世纪 80 年代末，因为索尼和美国保诚由于寻求不同经营企业的方式而解散。即使在 1987 年他们的合作关系破裂之后，合资企业的每一方都继续使用财务咨询模式。索尼人寿规划师的数量在2010 年超过 4 000 人，并在同一年完成了 88 亿美元的保费收入。这说明了一点，即使在日本等成熟市场，代理渠道也必须升级自己，采取更专业的方法。

三、银行保险放松管制和日本邮政私有化

与其他大多数亚洲国家一样，银行的可靠信誉和成立的分公司覆盖范围使他们能够成功地将保险产品交叉销售给客户群。在日本，通过银行渠道的销售是有所波动的，2005 年，可变年金销售达到高峰，随后下降。截至 2010 年年底，银行保险业务占总保费的 15% ~ 17%。

日本银行保险渠道的放松管制分三个阶段进行。2002 年，银行初步获得批准出售年金、少数资产形成的产品和一些非人寿保险。2005 年 12 月，允许银行出售单一优质的人寿和养老产品。2007 年 12 月，允许银行出售全系列产品。完全放松管制后，这个渠道会有进一步发展的潜力。此外，大型日本老牌公司，曾经只关注他们的代理渠道，已经宣布打算更积极地利用银行保险。银行渠道的力量可以通过销售共同基金的发展过程来看，由于 1998 年放松了通过银行销售共同基金的管制，约 50% 公开发行的共同基金的销售是通过今天的银行完成的。

与此同时，2007 年 10 月，日本邮政保险公司母公司重组，这可以被认为是在几十年的衰落之后振兴这家保险公司的第一步。虽然所有未来的私有化计划（包括首次公开发行的可能性）在当前政府下已经搁置，但已经发生了两个重大变化：第一，日本邮政保险已经开始与保险公司在非优势领域共同开发产品。例如，自 2009 年 1 月以来，它与日本人寿在医疗产品方面进行合作。第二，日本邮政保险公司已经开设了 24 000 个邮局作为选定保险公司的替代渠道，例如，AFLAC 被选为癌症保险的独家供应商。任何一家银行都有其经营网络，日本邮政保险的主要举措肯定有能力重塑日本的人寿保险的销售渠道。

四、直接、多渠道和互联网销售渠道的出现

日本可以说是世界上最具创新性的人寿保险销售市场。在大多数主要

城市都有直销零售网点，由于网络和移动的促销活动被广泛使用，近年来也出现了纯在线保险公司。

日本的独立机构，如 Advance Create 和 Life Plaza，一直是多渠道销售的领先者。Advance Create 于 1995 年在大阪成为一家单独的创业公司，直到 2003 年年底，它的业务还完全依赖于一种相当老式的方法，一个基于传单的邮购通道。从 2004 年开始，该经纪人引入位于交通繁华地点的保险经纪商店，例如购物中心，在晚间和周末开放，从而改变了其销售模式。Advance Create 的顾问，通过挑选大约 40 家保险公司的产品组合来定制保险套餐，这与传统的基于推送的方法存在很大不同，在这种方法中，保险代理人联系潜在客户。由于越来越多的日本消费者因为金融需求而上网，该公司继续通过发起自己的保险聚合器，Hoken Ichiba、iPhone 游戏和 Kosodate Jinsei，提高不同保险产品的知名度。据估计，大约一半的 Advance Create 的客户首先被吸引到线上，然后被指引到零售网点，在那里，与销售顾问会谈。

一些保险公司也建立了自己的零售网店。Alico 和 AFLAC 都在繁忙的"商业区"经营网店，分别拥有约 230 家和 550 家网店。大量在职者也在使用这个渠道。例如，目前，住友商业有 40 家店，其中 14 家在东京，并宣布计划积极扩大在大阪和名古屋的网店。

最近的一个突破是没有实体销售队伍的在线保险公司的出现，即 Nextia 和 Lifenet。Nextia 成立于 2006 年，作为 Soft Bank Investment 和 AXA（正式名为 SBI Life）的合资企业，于 2010 年成为 AXA Japan 的子公司，2008 年由 Nippon Life 的前任经理创立，两家公司以互联网领域为目标，基础产品以比竞争对手大幅折扣出售。虽然它们的规模仍然很小，但他们正在颠覆一个普遍的信念，即关闭需要面对面的互动的保险销售。到目前为止，结果令人鼓舞。Lifenet 的保费收入每年快速增加，截至 2011 年 3 月，达到了 2 000 万美元。该公司于 2012 年 3 月在东京证券交易所上市，募集了 8 800 万美元，估值为 4.8 亿美元的市场资本。

Lifenet：在线销售方面的突破

Lifenet 在日本的成功打破了人们普遍的认为在线销售保险是不可行的看法。Lifenet 成立于 2008 年，在其运营的第一年达到约 8 400 个保单，到 2011 年 12 月达到了 10 万个保单，相当于每月 3 000 个新保单。Lifenet 的实验性商业模式的稳健性已得到证明，公司在 2010 年获得 2 000 万美元的保费收入和 950 万美元的净收入。

Lifenet 通过其在线平台提供基本的条款和医疗保险。通过消除面对面销售产生的成本，Lifenet 能够提供与竞争对手相比 30% ~ 50% 的保费折扣。例如，出售给一个 30 岁的男性一个为期三年的人寿保单与 3 000 万日元的福利，Lifenet 的月支付约 3 500 日元，而索尼人寿为 4 800 日元，日本人寿为 6 600 日元。该公司主要瞄准年轻消费群体，截至 2010 年 3 月的一年中，约 53% 的客户群在 30 多岁，24 人在 20 多岁。

Lifenet 的在线销售流程基于一个简单易学的指南，围绕四个生命阶段进行：毕业、婚姻、父母和家庭购买。根据消费者对网站上问题的回答，在线网站为其推荐最适合的产品。如有必要，有一个呼叫中心来帮助指导客户通过在线进行申请。为了吸引客户访问该网站，该公司采用多种营销技术，如大型离线广告（例如电视，杂志等），社交媒体和博客上的在线广告，以及搜索引擎优化（SEO）和社交媒体市场营销。Lifenet 的 CEO，Haruaki Deguchi 通过在他的个人博客上定期更新公布该公司的信息，该公司本身与许多广泛关注的社交网站，如 Hatena 和每日门户网站相关联，涉及相关关键词（例如保险、人寿保险、医疗保险等），Lifenet 一直是谷歌和雅虎五大主要链接之一（超过 90% 的日本消费者使用搜索引擎）。对于在线消费者，在日常生活中，他们已经普遍接受了 Lifenet。

虽然 Lifenet 的创新业务模式无疑是人寿保险领域的一次突破性实践，但是仍然需要看到，该业务模式是否可以超越当前人口统计和相对有限的产品范围。到目前为止，因为担心通过代理商销售可能会提高保单的价格，所以，许多传统的保险公司也已经打算在线销售保险产品。

第五节　未来发展趋势

当前快速发展的日本人寿保险肯定会与 2020 年的市场截然不同。大型日本在线公司总市场份额为 30% ~ 40%，看起来可能保持其国内市场主导地位，但其渠道和产品将会变得更加多样化。老牌运营商将在使用不同销售渠道（如银行和日本邮政网点）方面展示更大的开放性，在直接销售中进行实践。附属机构仍将是其业务的基石，但同时，将更加强调专业精神和生产力。海外扩张将成为许多日本老牌企业的首要关注的问题，虽然这些国际行动的成功和失败将直接取决于他们克服巨大组织障碍的能力。

另一方面，具有独特销售或产品优势的创新型保险公司将陆续出现，成功的市场进入者将是那些能够开发低成本商业模式的保险公司，例如通过多渠道或在线销售，为退休人群提供一个全面的解决方案，捕捉对日益增长的投资产品的需求等，日本卫生系统的未来变化也将为开发下一代医疗保险产品创造空间。

然而，值得注意的是，日本是典型的高启动成本，需要花费较长的时间才能达到盈亏平衡，保险公司必须在市场上从长远的角度投资和增长他们的业务。例如，索尼和保诚在合资公司成立后 13 年才达到盈亏平衡。同样，AFLAC 花了 8 年时间才达到平衡，大多数其他保险公司约 9 年达到平衡。由于增长困难，或许进入日本的唯一途径是通过收购达成。

对中国人寿保险业的启示①

日本人寿保险从 1881 年建立明治人寿开始，经过 100 多年的起伏，从展业、保险产品设计和管理等方面来看，都受到大型电子计算机应用的普及的影响，积累了一套丰富的经验，形成了独特的体系，这使日本的人寿保险在世界人寿保险行业发挥了重要作用。1995 年，日本人寿保险业保费收入已达 510 415 亿元，占世界市场份额的 41.28%，日本人寿保险行业曾经取得辉煌成绩，但近几年来，大正第一人寿保险人寿保险，千代田保险和东京人寿保险等大型人寿保险公司的破产也值得关注。因此，正确认识日本人寿保险业的发展和运行，对中国人寿保险业的发展将有一定的启发。

一、日本人寿保险业先进的经营机制

1. 优秀的展业人员。日本拥有完善的展业工作人员员工培训制度，该制度提供了大量优秀的展业人员。在日本，新员工进入公司前有三个月的培训时间，在此期间参加协会统一组织的初级课程考试，合格者颁发相关证书。工作 7 个月的展业人员将参加协会统一组织的中级专业人员课程考试，合格者有资格申请申请高级培训，这最少需要经过 2 年的学习，通过八门考试，在通过之后可以获得人寿保险的技术名称。这些都是严格的展业人员的相关培训，这不仅可以为客户提供咨询和建议，也会增加与被

---

① 王春燕：《日本人寿保险及其启示》，《云南财贸学院学报》2011.6，第 97 ~ 98 页。

保险人保持友好关系的概率，增加了人寿保险合同签署，同时也可以提高保户的保留率。

2. 强大的媒体推广。日本人寿保险业重视人寿保险的宣传，各种人寿保险公司纷纷通过民意调查、报纸、杂志、博客、收音机等手段进行人寿保险业的宣传，收音机每天都有大量的时间来宣传人寿保险知识。每年11月是日本国家人寿保险宣传月，每年到了11月，全国各地开展人寿保险宣传活动。为了让孩子从童年接受保险知识，保险公司每年在全国十大儿童游览城市，免费接待小学生观看与保险有关的电影和戏剧，让他们对保险行业有深刻的印象。这些活动在推广和宣传人寿保险行业方面发挥了积极的作用。

3. 人寿保险公司拥有先进的管理经验和技术。日本寿险公司有先进的管理方法。管理基本做到了制度化、专业化和效率化。政策的制定、费率的厘定、保险产品的设计都集中在总部。保户询问人寿保险业务的具体问题时，能保证无论是在总部还是在所有分公司，其答案都是一样的。电脑程度等通信手段也很先进，获取、传播信息非常快，可以为保户家庭提供广泛的优质服务，满足各类保户的需求。这些举措极大地吸引了公众对人寿保险的关注，使日本成为全球人寿保险普及率最高的国家，几乎80%的家庭购买了至少一种人寿保险产品，而且出现了一批大型人寿保险公司，在世界十大人寿保险中在公司中，日本占八家。但日本人寿保险业高速发展的同时，也存在一些隐患，这些隐患造成了后来人寿保险公司的破产。

二、日本人寿保险业经营机制缺陷

1. 国内优先和过渡垄断经营。日本保险市场一直比较排斥外国保险公司。目前，外国公司的业务仅占日本保险市场的3%左右。而且日本人寿保险行业垄断性比较高，日本保险市场掌握在少数30家人寿保险公司手中，这与存在成千上万家保险公司的欧美市场存在显著差异。这种国内优先和超垄断经营机制对增加人寿保险公司的实力发挥过促进角色。但是，在全球金融和经济一体化的过程中，长期以来，依赖国内保护日本人寿保险行业的政策，在日本资本市场开放后，其抵御风险的能力就比较低。

2. 人寿保险公司和大型企业交叉发展模式。1964年，日本加入经济合作与发展组织（OECD），根据经合组织的原则，日本必须开放国内资本市场，资本交易完全开放。在这种残酷的形式下，日本业界被外国公司吞并，通过对大企业股份相互吸收，稳定股市。随着股东的稳定工作全面展开，日本法人持股比例迅速上升，企业和保险公司间的资本关系进一步增强。人寿保险公司是其中的重要力量，很多人寿保险公司成为企业稳定的主要股东。1996 年，日本人寿保险公司占所有上市公司股份总数的2 184%，位居第一；第一生命占117%，居第三；明治生命占1 114%，居第七位。这个垄断的交叉模式在分享股票收入的同时，也将面临更多的片面和更多的系统性困难和风险投资监管。

3. 寿险业的监管漏洞。日本人寿保险投资监管专注于人寿保险投资限额及相应的投资限额执行细节，人寿保险公司核心偿付能力的计算普遍较高。到目前为止，日本包含的偿付能力比率只有基金，各种负债准备金等部分，但未列入非上市股票，国内债券和外国证券，这掩盖了人寿保险公司的经营风险。因此，日本保险监管系统也受到了批评。尽管日本大量的保险公司的倒闭，也是受亚洲金融危机的影响，但日本本身的人寿保险机制也有不可推卸的责任。

三、经验借鉴

1. 展业创新。由于中国的人寿保险业也是从过去的计划经济体制下发展起来的，在计划经济体制下，是否购买保险产品全由国家决定，这导致保险公司产品营销理念薄弱。自 1992 年以来，美国 AIA 人寿保险公司进入上海，首次将专业代理商引进中国人寿保险领域，中国的几家保险公司开始使用这种营销手段。随后几年，中国的专业人寿保险代理人已达35万人。但是，目前人寿保险代理人普遍质量不高，经常采取不公平竞争手段，大多数企业营销重点是扩大新合同的能力。我国保险市场进一步开放，国外人寿保险公司拥有先进高效的管理技术和手段，这给我们的人寿保险业带来更大的挑战，展业需要进一步创新。我们可以从以下几个方面入手：一是建立严格的培训体系，加强职业人寿保险代理人员的评估，提高代理商的专业素质。专业代理商采取中国保监会登记制度，便于中国保监会监督代理人。二是逐步建立以客户为中心的营销理念。人寿保险公司应加强对业务代理质量的管理，不仅要考核员工扩大新业务的能力，也要加强客户满意度评估等，推动员工提高客户留存率。三是完善人寿保险销售技术手段。目前，宽带网络的普及和电话交易系统的改善，使得许多新产品在虚拟商业领域得以完成，包括人寿保险的各种商品。所以我国的人寿保险业应该加快人寿保险的销售技能，采取高科技技术，引进网络技术，可以在网络推动下完成对人寿保险产品设计，使保单持有人理性独立通过网络购买人寿保险。

2. 与媒体合作，普及人们的人寿保险知识。日本人寿保险业发展快的一个原因就是其强大而持久的媒体宣传，历史上数百年来，中国人的人寿保险起步较晚，人民群众的人寿保险理念极其薄弱。全面认识人寿保险是一个非常专业和非常复杂的过程，普通百姓需要对此进行广泛而全面的了解。仅依靠保险公司普及保险知识显然是不够的，可以和媒体进行深入细致的合作，对人寿保险意识进行普及。同时每个人寿保险公司都要举行一些活动来加强人们对人寿保险产品的认识。

3. 人寿保险公司管理经验。日本人寿保险业发展，一贯坚持使用新技术，这给日本人寿保险公司注入新的活力。经验表明，引进先进技术管理是提高公司管理能力的有效途径。特别是在今天开放的信息技术中，人寿保险公司使用现代信息技术，可以大大提高处理客户信息的能力，有了信息技术方面的支持，客户可以快速认识服务过程，人寿保险公司可以更灵活地满足客户的多样化需求，大大提高人寿保险公司内部管理的效率，降低管理协调成本。

4. 人寿监管启示。日本的人寿保险监管经验表明：建立以偿付能力管理为核心的监管体系不合时宜。目前，由于中国的偿付能力监管技术还比较落后，为了控制人寿保险公司的经营风险，监管部门必须依靠对投资渠道的严格限制和对费率等各个方面进行严格审查。自 1995 年以来，国家连续七次下调利率，寿险公司的资产大量萎缩，严重的利差损迫使一些公司规避管制，将资金投向一些较高风险行业或地区。由于放宽使用保险资金渠道势在必行，在这种情况下，中国的人寿保险监管应该调整到重点监督偿债能力，改变对寿险公司具体事宜多方面干预的做法，使用科学的偿付能力来监督报表，偿债能力等。

第六章

韩国人寿保险行业

　　20世纪六七十年代，印度和越南的企业，已开始寻求高附加值机会，包括高科技和金融服务。这些都是成熟的经济体，消费者越来越复杂，商业前景也越来越具有竞争力。

　　在研究人寿保险业之前，首先考虑一下以出口为导向的经济发展模式，韩国经济在20世纪80年代和90年代（亚洲金融危机之前）的繁荣程度情况。从1980~1997年，其实际GDP平均每年增长7%~8%。由于网络泡沫和全球金融危机爆发，21世纪前10年平均增长率下降了4%，但与同期西欧的1%及美国的2%的情况相比，平均增长率仍然较高。同一时期的2010年，韩国人均国内生产总值分别为21 100美元，是中国和东南亚经济发展水平的4~5倍。

　　随着国家的繁荣兴起，人寿保险业是财富创造和资产积累的主要方式之一。韩国人将更多资金购买人寿保险来补充银行存款的储蓄。2000~2010年间，毛保费按年均10%的速度增长。虽然其增长速度和市场规模可能不如新兴国家——中国和印度的增长率，但在该地区已经是非常显著的增长。

　　韩国的人寿保险深度已经很高，从表面来看，似乎没有进一步增长的余地。但仅从表象看，有时候是不准确的：这个市场年复一年显示出强劲的增长，特别是与成熟的西方市场经济增长乏力相比尤为显著。基于以下几个原因，这种趋势很可能会持续下去：

　　1. 有一个富裕的中产阶级，拥有历史上最高的个人储蓄的金融资产。

　　2. 与许多西方市场相比，保险保障水平仍然很低。

　　3. 人口老龄化，推动了退休和保健产品的需求。

　　4. 人寿保险是满足投资和保险需求的成熟的产品。

展望未来，扩张将会放缓，但预计毛利率将保持 3% ～6% 的温和增长。

第一节　高成熟的市场

韩国是亚洲最成熟的人寿保险市场之一。韩国寿险业占国内生产总值的 6.1%，达到日本的水平。市场也几乎完全饱和，估计家庭的保险渗透率高达 70% ～80%。

这种高渗透性意味着未来的增长将会来自深化客户群而不是发展新客户。保障水平和投资部分都有很大的增长潜力。例如，虽然 2010 年韩国的人均保费总额约为 32 100 美元，但对死亡的确定金额只有 24 100 美元。这个数字明显低于美国的 69 100 美元。过去几年来，储蓄率已经从 20% 下降到个位数，人口老龄化，实际资产转为金融资产等趋势，使韩国人寿保险行业至少还能保证 5 年的稳定增长，毛保费总额占 GDP 的 7% 左右。将部分储蓄转为保险产品已成为大型保险公司的主要议题之一，事实上，在未来 5 ～10 年内，这些市场拥有比美国和欧洲成熟市场更高的人均保险覆盖率。

保险公司能否抓住这个机遇，其面临的挑战是重大的。人寿保险多年的特点是高代理流失和积极的推动手段。如果保险公司要获得更大的市场份额的客户的金融资产，他们将需要开发更高质量的代理机构，采取更多的协商和长期的方式。在这个富裕但低增长的领域中，会出现数十名私人银行家，关系经理和其他经纪人都在竞争同一资产池的情况。

一、资产负债表失灵

在十几年前，韩国市场的利率在 7% ～10% 的范围内，但过去几年的利率在韩国一直徘徊在 2% ～3%。此外，与亚洲许多地区类似的是，这个市场的国内债务资本市场仍然不发达，一般不足以为保险公司投资。许多传统产品的使用期限为 20 年，而保险公司只能投资于债券 5 ～10 年的时间，有时甚至只是投资于短期的金融工具。这些因素导致了保险公司资产和负债期限的显著不匹配，并为寿险公司产生了巨大的滚动风险，因为资产往往需要以当前的低利率再投资。

图 6 - 1 是关于资产负债失衡情况，该市场中的人寿保险公司的挑战是，没有快速的方案来解决这个问题。这个问题使所有在 20 世纪 90 年代后期和 20 世纪初期具有较大市场地位的保险公司陷入困境，这些保险公司在大量消极蔓延，只能随着时间的推移而缓慢发展，其间必然经历痛苦的过程。这也使得这些市场的保险公司重新思考投资策略和投资管理团队的能力，因为这已成为价值最大的驱动力之一。

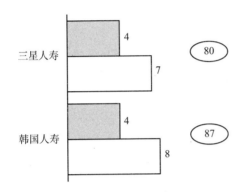

□ 资产持续时间 □ 责任期限 ⓧⓧ固定收益率保单储备占总额的百分比

图 6 - 1 2010 年韩国资产负债失衡情况下对人身保险的选择

资料来源：Binder, Stephan. Life Insurance in Asia: Sustaining Growth in the Next Decade（2012）.

二、国内人寿保险公司的情况

韩国有一批在本地市场占有主导地位的本地保险公司，2010 年，"三星人寿""韩国人寿""京波人寿"三大本地保险公司的保费占市场总保费的 50% 以上。

这个数字也许并不能完全说明某些事实。但已经出现了几个潜在的市场趋势，这些趋势给当地保险公司转型带来了压力，但也存在其他变化使得他们能够进一步巩固自己的市场地位。例如，在韩国，在 21 世纪 00 年代中期，由于当地和外国的较小的保险公司进入市场，现在公司的股票份额迅速下降，在 2000 年，保险行业放松管制，这些进入者通过销售大部分与投资挂钩的产品和新出现的银行保险，通过自有的银行渠道迅速发展，2008 年收购 ING 业务，当更严格的国际会计规则迫使欧洲保险公司退出市场时，本地保险公司的业务量翻了一番。

这些市场中的主要参与者也具有较大的工业集团或家族企业的共同特征。韩国三大寿险公司——三星人寿、韩国人寿（属于韩华集团）的两家分公司是全国最大的 cbaebols（大型家族企业，政府援助公司）的子公司，而 Kyobo 是独立的。各个国家的根深蒂固的立场赋予了这些本地保险公司一些优势，如品牌形象优势，母公司集团内的交叉销售潜力以及巨大的议价能力，例如资产管理公司在谈判投资费用时的连接产品。此外，这些保险公司得到政府和监管机构的强力支持和认可，往往比国际竞争对手面临的股东压力更小。

因此，与其他不太成熟的亚洲市场相比，这个市场对未来的进入者而言将面临重大挑战。由于具有挑战性，来自顶尖的本地保险公司的激进竞争和跨国公司之间有许多讨论，主要集中在是否应该退出成熟的市场分布格局。所以除非拥有一个很长远的视野，否则新来者不太可能有机会获得有意义的市场地位。任何新进入者都必须考虑专注于非常具体的产品或客户群体的策略，或者耐心等待下一个潜在的市场机会，例如通过放松管制进一步开放的策略等。

三、外国保险公司的市场份额

1986 年，外国人寿保险公司开始进入韩国，但与中国和印度不同，韩国自一开始以来其竞争格局就比较开放。不过，过去二十多年里，他们也经历了过山车的发展情景。

在韩国，2001～2006 年间，外资保险公司的毛保费份额从 8% 上升到 23%，有些企业规模逐渐扩大。例如，2006 年底，ING、Allianz 和 AIG（截至 2009 年的 AIA）通过利用银行保险渠道、推出可变产品、部署更专业的销售队伍等方式分别实现了第四名、第五名和第七名的目标。2006 年，与三巨头相比，外国保险公司通过银行渠道销售其初始保费的 76%，通过传统代理机构销售了 62%，外国保险公司也是第一个在放松管制后推出新型的变量产品的主体。例如，大都会人寿在 2003 年引入了可变的普遍人寿产品，而 AIA 率先推出了与股权挂钩的年金保单。最后，与国内老牌企业形成鲜明对比的是，这些外国保险公司招聘了年轻，受过更多教育的代理商，其中很多是男性。这些销售队伍更有能力、更有效地针对富裕和高净值的客户群体销售更先进的投资产品。

然而，新的国际财务报告准则的组合、国内市场的监管压力加大以及

2008 年的金融危机，造成了过去几年来许多外国企业退出这个市场以及市场份额下降的情景。

在韩国，外国保险公司在增长阶段严重依赖这些投资相关产品，因此，由股权下跌导致的与投资相关产品的销售下降对外国保险公司造成了巨大的冲击。例如，2006 年，可变产品占外国保险公司毛保费的 26%，而本地保险公司只占 15%。结果，外国保险公司自从危机发生后的市场份额下降了约 20%，第一年的保费比例从 2007 年的 28% 降至 2010 年的 19%。这是一个重复的教训：保险公司经历了快速销售投资联动产品的时期，随着市场发生变化，受到投资产品过度依赖和销售更加平衡的产品组合的技术缺陷的影响，代理商陷入了困境。

四、韩国人寿保险市场：坚实有弹性

韩国人寿保险市场在危机期间表现出显著的弹性，在经济繁荣期间呈现令人印象深刻的增长潜力。1998～2003 年期间，人寿保险市场停滞不前，亚洲金融危机爆发，网络泡沫崩溃，信贷危机重重。然而，几年之后，保险繁荣情景再次出现，2003～2010 年期间，每年的毛保费增长率为 9%。市场的复苏可归因于几个原因。首先，整体经济复苏为韩国人民带来了新的财富，正在寻找保障和投资财富的新途径。其次，人口老龄化，加上越来越多的富裕人口，推动了对年金型和保险产品的更高需求。最后，也是最重要的，在 2001 年出售投资相关产品（称为韩国的可变产品）以及 2003 年银行保险销售方面的放松管制开辟了非常成熟的人寿保险行业的新市场。

五、国内保险公司：巩固市场地位

韩国三星人寿、韩国人寿和 Kyobo Life，他们的市场份额在 21 世纪初期受到新进入市场的保险公司的影响，出现大幅削弱的情况（见图 6-2），其总保费合计占比从 2000 年的 82% 下降到 2010 年的 52%。更显著的是，在此期间，他们在每个单一产品类别中都失去了原有的市场份额（见图 6-3）。

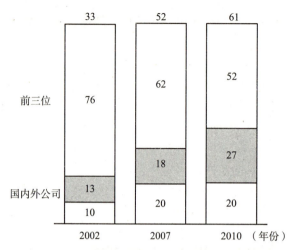

图 6 - 2　2002 ~ 2010 年韩国三大寿险公司市场份额变化

资料来源：Binder, Stephan. Life Insurance in Asia：Sustaining Growth in the Next Decade（2012）.

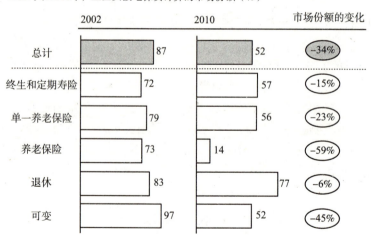

图 6 - 3　2002 ~ 2010 年韩国三大寿险公司保险产品市场份额变化

资料来源：Binder, Stephan. Life Insurance in Asia：Sustaining Growth in the Next Decade（2012）.

　　三巨头市场份额减少，主要是因为他们保持了受日本影响的以家庭主妇为主导的销售队伍，影响了销售整体和定期人寿产品的历史优势。他们在市场上抓住新机遇的速度很慢，因此外国公司和当地较小的保险公司可以通过建立更有能力、销售更先进的投资产品的、更专业的销售队伍来实现。虽然他们希望需要长期使他们的代理机构专业化和合理化，但由于家庭主妇销售模式的影响，过渡是非常困难的。多年来，这些代理人在强大的地方关系的基础上积累了庞大的客户群，而许多高管都担心，任何激进的合理化计划都可能导致市场份额的大幅下降。

全球金融危机和一些外国保险公司的弱势，为国内老牌保险公司重新开放了窗口。此外，2010 年，三星人寿和韩国人寿的首次公开发行也加快了其转型过程，引起了公众的更多注意。自危机爆发以来，三巨头的市场份额的下滑已经出现放缓趋势，三星人寿已经设法重新获得了一些失去的市场份额。在 2010 年，获得了第一年保费的 24%，而 2007 年为 21%。在过去几年中，他们已经缩小了与国外保险公司之间的差距。例如，他们投入更多的产品开发和推出可变产品，以及组合保险，这是一种将整个生命中的保险效益、健康和事故相结合的受欢迎的产品捆绑形式。此外，他们已经在销售队伍中招募年轻，受过更多教育的女性，从外国竞争对手中挖掘有才华的男性代理人，并将该机构的整体形象现代化，例如为其代理商提供手持式平板电脑。最后，保险公司也逐渐多元化进入其他渠道，包括总代理和在线销售，并增加其银行保险缴款。截至 2012 年第一季度，其份额从两年前的不到 10% 上升到 13%。

另一方面，外国保险公司一直在争取市场份额。由于更多地关注可变产品，股权繁荣的结束严重影响了外国保险公司的业绩。金融危机也导致国际品牌的价值恶化，驱使消费者回到他们认为安全的韩国本地保险公司。美国和欧洲国家的弱点也给这些公司的本地雇员带来了不确定性，这使得过去几年招聘和留住人才变得更加困难。

必须承认的是，金融危机造成的外部因素有助于国内大型保险公司重新获得市场份额。但是，很难说最近的市场复苏是由于大型保险公司的能力提升与不断变化的客户喜好而引起的。值得注意的是，这些大型保险公司，其保守的企业文化，巨大的传统销售力量和重大的社会责任，在实施改革方面将面临巨大的挑战，而且未来很可能将完成全面的转型。

三星人寿：与时俱进

韩国三大保险公司是有趣和独特的实体。作为最大的 Chaebols 的子公司赋予这些人寿保险公司强大的品牌认同，但也限制了他们的创新能力，因为在做出改变时，他们总是注意到保护整个相关实体家族的需要。三星人寿提供了最好的例子，说明母公司的规模和实力如何为韩国最大的保险公司带来好处和劣处。此外，由于担心股价下跌，公司面临的问题是重组其庞大的代理销售队伍，因为作为韩国最大的公司，它一直是人们关注的焦点，对员工和传统代理商承担了巨大的社会责任。

三星人寿于 1957 年成立，东邦人寿保险六年后成为三星集团的子公司，并于 1989 年更名为三星人寿保险公司。保险公司于 2010 年在韩国市场份额达 26%，全球排名前十五。销售个人和团体人寿保险以及零售金融产品，其销售网点约 1 000 个，注册销售人员超过 30 000 个。

该公司的母公司三星集团是韩国最大的公司。其最大的子公司三星电子在 2011 年 12 月的市值为 1 350 亿美元，其成立仍在很大程度上受家族控制，其业务范围包括消费电子产业，重工业和金融服务业。2005 年，三星赶超索尼成为世界顶级消费电子品牌，成为全球二十强品牌之一。

寿险公司受益于三星集团在全国的品牌资产和政治影响力。作为韩国最负盛名的品牌之一，三星集团吸引了全国许多最聪明、最有才华的员工，其中许多人拥有博士学位或同等学力。本地员工对公司忠诚度高，工作时间长。许多韩国人认为三星是民族的骄傲，公司在政治、媒体和文化界都有很强的影响力。走进三星人寿的办公室，很容易发现员工的自豪感和优越感。

不过，三星人寿的任何投资决定都可能对三星家庭的其余部分产生影响。这是一个保守的公司，对其社会责任有着深刻的认识。保险子公司的经理们对这个业务的变化一直保持谨慎态度。

过去十年来，最大的影响者是国内较小的保险公司，从 2000 ~ 2010 年，与三大人寿保险公司的总体市场份额的第一年溢价的 12% ~ 34% 和毛保费总额的 13% ~ 27% 相比，他们在每一个主要的产品类别中获得了市场份额。没有大型传统销售人员的包袱，这些保险公司可以积极地利用新的销售渠道，特别是银行保险渠道来快速成长。例如，Shinhan Life 通过其附属银行网络迅速发展，积极利用银行和信用卡数据库，为其专属代理和电话销售渠道提供潜在客户。因此，Shinhan Life 在五年之内能够将其代理机构的规模扩大一倍，同时保持生产力水平，是全国领先的电话销售保险公司，2010 年占有率达 23%。同样，Mirae Asset 集团积极利用财富管理专家的独特品牌形象，这源于与资产管理和证券业务的关系，其产品分配通过传统代理和金融广场优势，在一个地方提供人寿保险和投资产品的销售。提及的最后一个是银行保险合资企业，如 Hana - HSBC、Woori - AVIVA 和 KB Life（Kookmin 银行和 ING 之间的合资企业），它们是以银行保险为重点，2010 年，获得此渠道 92% ~98% 的初始保费（见图 6 - 4）。

2010年，按初始保费划分的销售渠道（%；万美元）

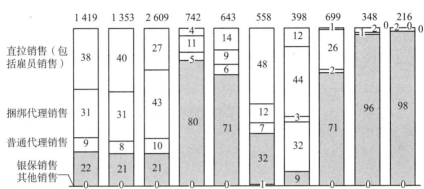

图 6 - 4　2010 年本地和外国保险公司的银保销售渠道发展情况

资料来源：Binder，Stephan. Life Insurance in Asia：Sustaining Growth in the Next Decade（2012）.

未来可能有能力打破韩国竞争格局能力的保险公司是 NH Life，它是 2012 年 3 月与国家农业合作社联合会（Nonghyup）分离的保险实体，Nonghyup 拥有最大的分支机构，其网络遍布全国，共有 1 165 家网点，其业务深入农村。这远远超过任何一家银行。neywork - Hana 银行有 615 个网点，新汉银行有 858 家，Kookmin 银行有 1 094 家，其销售实力可以用具体数据说话：2010 年，NH Life 的毛保费总额达 80 亿美元，与韩国人寿和 Kyobo Life 当年一样。虽然与集团分离本身并不会改变竞争态势，但它确实增加了未来变化的可能性。今天 NH Life 主要销售年金和可变保险。随着限制的放开，NH Life 可以开发更多的产品能力，肯定会有挑战三巨头的潜力。

六、退休机会

韩国 65 岁以上的人口已从 2000 年的 340 万人增加到 2010 年的 550 万人，到 2015 年增加到 650 万人，相当于全国 13% 的人口。同时，与其他发达国家相比，国家养老金制度的覆盖面不足。例如，2010 年韩国的替代率达到了 55%，经合组织的平均水平为 70%。

销售年金已成为老龄化趋势的方式之一。2002～2010 年间，该类别产品的第一年保费按年增长率计算达 10%，而同期的市场增长率为 6%。但与日本的情况类似，这个大退休机会迄今为止受到有限的利用。韩国人寿保险公司尚未提出全面解决这些与退休有关的需求的方案，也没有提供类似的咨询模式。在 2011 年的麦肯锡个人金融服务（PFS）调查中，近60%（亚洲平均水平低于 40%）的受访者表示，他们没有任何特定形式的退休计划。

第二节　销售渠道的改变

一、银行保险

传统的代理渠道深深扎根于韩国人寿保险行业的历史中，其仍然是销售更多有利可图的保障型产品的最重要渠道。随着银保和其他替代渠道的逐渐兴起，在 2010 年，传统销售渠道获得的保费占初始保费的 26%，在普通优质产品中的比例估计还要高得多（50%～60%）。

银行保险是今天韩国最大的销售渠道，截至 2011 年 3 月，占所有产品类别的初始保费的 45%。其中大部分增长是由于出售单一保费、存款替代产品、特别是没有重大的传统代理渠道的银行附属人寿保险公司和中型本地保险公司获得的。为保持所有保险公司开放竞争的环境，韩国的监管机构将银行人寿保险子公司或合资企业的银行保险金额上限提至最高 25%（如果银行持有多于一个的股权，则为 33%）。

展望未来，预计银保销售将是韩国最大的销售渠道，其绝对增长率可能很快就会升高。首先，大多数银行保险公司已经通过其附属银行销售保险产品。其次，所有顶级的韩国银行已经合作或建立了自己的保险公司。最后，对于传统的代理渠道进行分析后发现，其主要着眼于销售以退休为主题的产品。

下一波增长可能来自进一步放松管制，让银行出售更多的产品类型。今天的韩国银行只允许出售储蓄、信贷和第三方保险业务（即疾病、事故或长期护理的保险），但不能销售任何全部和定期人寿产品（2010 年的韩国市场，其占总数的35%）。然而，目前来看，即使在大型保险公司大力努力之后，监管机构也无限期地推迟了下一个放松管制阶段的时机。

二、独立、直接渠道

一般机构（GA）渠道的增长近年来呈强劲增长态势，人才从现任企业到这些独立公司。总代理人数从2005年的16 000人增长到2010年的140 000人，较大规模的合作伙伴（即100多名代理商）的数量也大大增加，从2005年的44个增加到2010年的200个。然而，整个渠道仍然非常分散，市场上有大量的小型和非生产性的参与者；甚至还出现了几起误销和欺诈事件，导致一些保险公司从这个渠道中脱离出来。因此，尽管代理商数量急剧上升，但2010年总代理渠道所获得的保费占初始保费不到7%的比例。在短期内，这一渠道的增长可能会在目前的水平上有所下降，直到通过市场整合或监管干预措施改善其质量。

像其邻国日本一样，韩国也开创了一系列直接的销售渠道，包括通过呼叫中心，零售商店（例如韩国人寿和Mirae的金融广场）进行电话销售，商店保险（例如在大型零售商场乐天市场）和家用电视销售（即在呼叫中心的支持下，在代理商的电视上销售人寿保险产品）。几家保险公司，如新韩人寿和丽娜，也在通过自己的网络商店进行在线销售试点，但销售目前仅限于短期事故、卫生保单和一些基本的储蓄产品。目前，三大保险公司还在努力开发在线渠道和呼叫中心支持的在线渠道。尽管如此，电话销售渠道由于面临严格的冷呼叫准则，恶化的客户、潜在客户和高呼叫中心的员工流失，导致这些渠道的增长一直在放缓。家庭购物频道也遭受了一些误销事故，其销售现在主要限于非人寿保单。

中韩两国保险资金运用比较[1]

一、韩国的保险资金运用状况

韩国保险公司间的竞争导致承包利润降低，因而资金运用越来越成为保险公司重要的利润来源。但由于市场利息逐步降低，韩国保险公司投资收益率也不断下降。韩国保险资金运用的余额中，贷款和有价证券占90%

---

[1] 金勇德，赵磊：《日韩保险资金运用对中国的启示》，《生产力研究》2008.20，第95～96页。

以上，其中份额最多的有价证券是债券，而债券比例高的原因是韩国保险公司在资金运用中重视安全性。因为收益率不太高，权益类的间接投资品在保险资金中的比例有所降低。人寿保险的特征决定应进行长期资金投资，但在韩国国内和保险满期一致的长期投资产品不多，所以海外有价证券的投资比例逐步上升。此外，韩国保险公司认为与股票投资所负担的风险相比，其收益并不大，所以直接股票投资在资金运用的余额中近期只占5%。贷款方面的资金运用比例也在逐年下降，这是由于贷款市场的竞争日趋激烈，使得保险资金的贷款融资功能难以发挥。保险资金运用的基本原则主要是安全性、流动性和营利性原则，因此，房地产投资的比例不能太大，因为它的流动性差并且要受到严格监管。而包括国债在内的有价证券比例越来越高，但随着国债利息下降，整个有价证券的收益率却没有进一步贡献。贷款比例不断下降，但整个收益率变化不大，这就为保险公司带来稳定的收入。保险公司可以考虑进一步提高贷款比例，但竞争激烈的贷款市场使其在实际操作上有一定难度。未来看，由于主要资金运用手段的债券收益率下降，需要进一步对保险资金运用渠道进行重组。

二、中国的保险资金运用状况

中国保险资金的运用渠道比较狭窄，投资方式不灵活，显然这与中国保险业发展现状不相匹配，急需加快保险资金运用政策调整的步伐。过去不规范的管理导致在保险资金运用中出现利差损、不良资产等收益率亏损的局面。目前随着保险监管以及公司资金运用管理的进一步完善、较高的基准率和股市好转等利好因素的出现，保险资金投资收益率在近几年出现回升。随着时间的推移，资金运用渠道从存款和债券慢慢向其他领域转移，可以分散投资风险。和日韩两国的趋势相同，中国保险资金运用出现债券、基金及股票方面投资增长的趋势。为了做好做大保险业，中国保监会公布了《保险资金运用管理暂行办法（草案）》，并向社会公开征求意见，《草案》从保险资金治理、投资管理、资金托管、风险管理、信息披露等九大方面对保险资金的运用管理做出规定，给保险资金的高效运用提供了法律平台。保险资金投资政策的调整，将会为中国保险业的健康、有序、快速发展增添新的活力。

三、中日韩保险资金运用收益率比较

一国的保险资金运用的收益率是由该国的资本市场、监管体系、运用管理水平等很多方面的因素决定的，所以不能单纯的一概而论。三国之中，韩国经济增长稳定，拥有比较完善的投资管理和监管体系，尽管这几年利率的下降导致保险资金运用收益率有所下降，但是其保险资金运用收益率水平依旧最高。日本作为经济大国，在三国中拥有最完善的金融体系。然而由于经历了十几年的通货紧缩，日本政府为了减少居民储蓄，鼓励投资和消费，实现经济复苏，实行零利息政策，因此日本资本市场的收益率比较低，同时零利息政策堵住了整个保险资金投资收利率的提升。中国这几年保险资金运用收益率较高，主要归因于良好的经济增长与资本市场的稳定发展。

四、对中国保险资金运用的启示

通过分析日本、韩国保险公司资产结构状况，我们可以得到以下几点启示：

第一，日韩两国保险投资方式比较灵活，不同保险公司可根据自身的特点选择投资方式，将营利性大、流动性强和安全性高的不同投资方式进行有效组合。

第二，目前中国股市比较乐观，保险公司普遍呼唤提高股市直接投资比例，但由于证券市场风险较高，韩国保险资金对股市的直接投资近期也只占5%，因此中国保险公司也应当考虑长期的稳定收益，做到防患于未然。

第三，日元汇率的上升造成日本保险公司海外投资损失巨大，因此在人民币升值的趋势下，中国海外投资应首先考虑汇率风险。

第四，日韩两国资金运用的主要渠道比例和变化类似，中国保险资金运用可能会有同样的经历，需要借鉴两国的经验以降低风险和提高收益率。

第五，贷款和房地产是保险投资的主要组成部分，监管部门可适当实行放开限制的政策，投资渠道的放宽可促进资金运用的重组以及更优质的配置。2006年，中国保险业整体运行形势良好，面对复杂多变的市场环境，保险资金运用迎来了资产结构调整，以及投资渠道和比例突破性扩展的历史性机遇。因此在有利的环境下，中国保险业更需要借鉴国外经验，以提高保险资金运用的管理水平。

第三节　未来发展

韩国人寿保险行业的增长前景仍然很有希望。韩国家庭的投资组合不断发生变化，首先是从实物资产到金融资产，然后从现金和存款导向的产品转移到更复杂的投资工具。2002~2010年，个人金融资产的现金和存款比例从54%下降到45%，这一趋势有可能一直会持续。人寿保险行业的增长速度从以前的水平上看将会放缓，未来十年的毛保费仍将增长。

退休是市场上唯一最大的机会。竞争对手的市场份额不仅需要建立正确的产品，而且有效地将销售力量从传统产品推向基于咨询的方式。人口老龄化和健康支出日益增加，也将推动健康和医疗保险的更多使用。与其他发达国家的覆盖率相比，韩国私营医疗保险在2010年占全国医疗卫生总支出的4%。法国的私人医疗保险占国民健康支出的14%，加拿大的医疗保险占13%。

竞争动力也在加剧，10年前的情景与今天的情景完全不同，经过数十年的发展，三大保险公司正在推出新的投资产品，振兴销售队伍。如果股市反弹，那肯定会比以前好多了。同时，本地的保险公司，例如新汉、未来等，正在通过利用其金融控股公司的客户网络来积极扩张。外资企业过去在市场上取得了巨大的成功，但在金融危机之后却失去了发展动力，需要继续创新、振兴经营模式。

最后，对于一些领先的韩国保险公司来说，他们是否能够实现扩大国外的战略，将是一件很有意义的事情。随着国内经济增长放缓，市场上的一些顶级保险公司希望在亚洲其他地区发展壮大。也许部分思路来自韩国电子产品制造商，如三星和LG等国际知名品牌，他们已经能够创造出全球品牌。保险业是否能够取得同样的成功还有待观察。韩国保险公司在亚洲要想取得成功，需要获得当今组织中不存在的大量技能和才能。

韩国保险业监管制度及其启示①

在20世纪50年代，韩国政治经济和社会均不稳定，通货膨胀严重，保险业十分荏弱。60年代韩国经济迅猛发展，保险业也随之进入新的发展纪元，保费增长速度惊人，1965年总保费收入已达1 900万美元。韩国目前人均CDP为95的美元左右，其保险业经历了几十年的持续发展已臻于发达。2015年，韩国人均GDP为2.72万美元，韩国保费收入占GDP11%，位居世界第5。这是世界第二大再保险公司瑞士再保险发布的

① 陈冬梅：《韩国保险业监管制度及其启示》，《中国保险管理干部学院学报》2011.5，第43~45页。

数据，仅次于中国台湾地区、荷兰、南非和英国。11%的比率甚至比发达国家的平均水平高出近3%。2013年，韩国人在保险方面的花销约为人均2 700美元，使得韩国成为世界上第22大保险消费国。瑞士再保险的数据显示，2013年，韩国保险市场价值1 300亿美元，位居世界第8，占到全球保险业的2.5%以上。韩国保险在亚洲地区仅次于日本，占有7.4%的亚洲寿险市场份额。

韩国保险业的异军突起与其独具特色的保险监管制度密不可分。

一、韩国保险法律法规

韩国《保险业务法》于1962年颁布，《保险招揽管制法》和《外国保险公司法》也于同年制定颁布，这三大法令确立了韩国保险业法律体系。之后保险法修订了多次，1977年三大法令统一，制定了单一的保险法。从1997年8月到1998年12月，韩国政府5次修订保险业法，出台了一系列与保险相关的政策法规，其目的都是进一步推进金融改革。韩国保险公司还要遵守对所有商业合同的权利义务进行监管的商业制度（Commmercial Code）以及相关法令、规章、协议、条约等。关于保险监管的法规主要有《保险监管规定》和《保险监管规定实施细则》。《保险监管规定》共11章172条，主要包括保险事业的经营、健全的经营指导，财产运营，保险精算，保险招揽，产品开发标准、检查，保险事业的中止，保险相关团体的监管等内容。《保险监管规定实施细则》共12章356条，主要内容有：保护投保人的委托金、基础材料等、对健全经营的指导、消费者保护、财产运营、保险会计、保险招揽、保险精算人及损害理赔理算人、检查、对保险相关团体等的监管。

二、韩国保险监管机关

过去，韩国保险监管职能由财政经济部（MOFE）和保险监督院（ISB）行使。MOFE负责金融机构的建立、兼并收购等重大事项，并有权力修改相关的法律法规和监管政策。ISB监管寿险和非寿险业。1998年4月1日，韩国保险监管机构改革，其金融监管职能分别由财政经济部（MOFE）、金融监管委员会（FSC）、金融监管院（FSB）行使。

为防止类似1997年金融危机状况的再次发生，提高监管效率，实现不同金融机构间的交叉监管，FSC将各监管部门职能统一，即银行、证券公司、保险公司以及信托基金公司等金融机构都归FSC监管，对金融机构和市场拥有的监管和检察职能。除了检查所有的金融机构外，FSC有权涉足相关业务，如评估金融机构的金融地位、改进金融监管、调整金融机构发布命令、对违反监管的行为实施纪律处罚、监管证券和期货市场等。

三、韩国保险业监管制度要点

（一）关于保险业的市场准入

监管机关对设立保险公司制定了新的"游戏规则"：即依据不同的分类制定相应的准入标准。如银行要建立保险公司资本充足率应当不小于10%；排名前五位的集团要设立保险公司，则要兼并收购2家以上国内的保险公司，并且要在保险市场上维持5%左右的市场份额，如果它们与外资企业建立合资保险公司则不受此限。

（二）关于保险公司的组织形式

保险公司可以采取股份有限公司、相互保险公司或外资保险公司的组织形式，尽管韩国目前并没有相互保险公司。

（三）关于保险分业和兼业经营

生命保险和损害保险业务在韩国不允许混业经营。但下列保险例外：伤害保险、生命保险的再保险；不易区分为生命保险和损害保险的保险中经财政经济部长指定的保险。

（四）关于财务会计制度

财务报告内容和形式由保险业法和相关规章规定，它同时规定衡量资产负债的方法和达到偿付能力指标所需的资产。在韩国保险公司没有强制性的审计要求，《合资公司外部审计法》要求总资产超过70亿韩元的公司每年提供年度财务说明，FSB有权力对其检查。根据保险业法总统法令，保险投资结构受制于保险总资产的一定比例范围内。MOFE对此做出决定并拥有修改的权利。没有MOFE的同意，一家保险公司不能拥有一家韩国公司超过10%的股份。

（五）关于保险保证金和保险保障基金

新设公司需将实收资本的30%存入FSC，作为一种"保护存款"。保险公司必须有符合保证金标准的偿付保证金。

（六）关于外资保险公司准入

对外国保险公司已经取消正式限制，外国分支保险机构的营运资金最低为30亿韩元。亚洲金融危机迫使韩国进行经济和其他改革来回报国际货币基金组织的援助。韩国政府采取一系列措施吸引外国投资者到韩国投资。国内资本市场开放步伐加快，对外国投资者在国内建立金融机构的限制条件放松，从1998年5月起，对兼并重组的限制也取消。对外国保险公司来说，只要在本国有良好的经营业绩，满足一定的规模、偿付能力和资本充足率，就可以进入韩国保险市场。

四、韩国保险业监管的特点

（一）监管体制：以偿付能力监管为基础

二十几年前，韩国为了加入 WTO 和 OECD，开始了改革监管体制的探索。如再保险市场自由化、1998 年开放理赔和精算业务等，这些努力对形成一个更加开放和富有竞争力的保险市场，尤其是非寿险市场环境功不可没。当然，这也同时增大了保险公司的金融风险，从而需要新的监管政策适应保险业自由化的发展的状况，保护消费者以免遭受保险公司偿付能力不足的风险。亚洲金融危机过后，韩国监管机构认识到与监管固定费率和条款相比，对偿付能力和资本金最低标准的监管对保险公司更加重要。因此最近监管机构已经转变为以偿付能力监管为基础的监管体制。

（二）监管方式：严格与松散监管有效结合

过去，韩国政府对保险公司实行严格监管。保险费率、资产管理以及向借款者收取的利息均受到政府的控制与监督。从 1986 年起，韩国开始开放保险市场，计划放宽对费率的控制，但直到 20 世纪 90 年代保险公司才得到确立费率标准的自由。简化市场现有保险产品审批手续的同时，继续禁止外资保险公司在韩国销售个人意外保险。

五、韩国保险业监管制度对我国的启示

（一）监管体制以偿付能力为基础

我国保险监管事实上从 1985 年起步，《中华人民共和国保险法》于 1995 年 10 月 1 日正式施行，是中华人民共和国成立以来的第一部保险大法。1995 年 7 月，中国人民银行设立了专门行使保险监管职能的司局——保险司履行保险监管的职能。1998 年 11 月 18 日，中国保监会正式成立，它直属国务院，依照法律法规统一监督管理保险市场，这标志着我国保险监管工作进入新的历史阶段。除了《中华人民共和国保险法》外，监管的主要依据还有：《保险公司财务制度》、《保险公司会计制度》、《保险管理暂行规定》、《上海外资保险机构暂行管理办法》、《保险代理人管理暂行规定（试行）》、《保险经纪人管理规定（试行）》、《保险公司管理规定》、《外资保险机构驻华代表机构管理办法》等一系列法律法规。基于我国保险市场发展的实际水平，目前监管机构采取市场行为监管与偿付能力监管并重的方法。现场检查和非现场检查是保险监管的主要方式。通过对保险公司实地的检查掌握公司经营状况等第一手资料，以及对保险公司的业务报告进行分析，发现公司经营中存在的问题，预测未来的发展

趋势。

但在客观上来讲，我国保险监管落后于保险业的发展。具体表现在：把主要监管力量放在保险机构的设立上，对保险业务却疏于监管；监管人才缺乏，没有办法主动履行保险监管职能。但被动的监管状态不可能在短时期内改变。我国监管体制为市场行为与偿付能力并重。保险监管更像消防队，主要精力放在整顿市场行为上。监控的重点主要是费率和手续费等问题，对关系到保险公司经营稳定的偿付能力、再保险安排、资产负债配置等重大问题监管力度不够。世界保险业监管表面上有放宽趋势，事实监管措施减少，监管弹性增加，更注重对保险业价值形式的监督管理，用财政资金控制手段，更刻意追求监管的水准。由事事关心到重点突破，抓主要矛盾，以偿付力为监管核心已成共识，韩国正是意识到这点，采取了以偿付能力为基础的监管制度。这种监管制度需要完善的财务报告、会计精算体系、信用级别评估制度等等，通过计算机进行动态分析、设立风险预警系统等，才能引导保险业的健康发展。我国目前的监管多属事实监管，地区间保险发展极不平衡，监管不能适应各地具体情况。因此，针对加入WTO后的新情况，要鼓励、支持中外资保险公司相互学习取长补短；还要借鉴韩国等保险业发达国家监管的成熟经验，摸索、探讨中国入世后保险监管模式转变的方法，推动我国保险业的可持续发展。另外，保险同业公会应在加强行业自律，协助国家保险监管部门实施对保险业的监管等方面发挥积极的作用。

（二）金融监管主体要加强合作和交流

近年来，西方发达国家正在进行一系列的金融改革，其中金融业的混业经营最引人注目。英国在1982年出台的《保险公司法》和1986年颁布的《金融服务法》，取消了对银行、保险、证券相互涉及对方领域的限制，允许它们相互兼并形成经营多种金融业务的企业集团。银行业、证券业、保险业之间的新型关系不仅使它们之间的传统分工界限变得模糊，由原来的平行发展转变为相互渗透和相互融合，借助于现代信息技术，资本流动达到前所未有的速度，而银行、证券、保险间混业经营最大的益处就在于有效地提高了分业经营情况下不可能达到的资本运作效率，最大限度地为消费者提供了所需要的货币保值、投资、理财等一揽子金融服务。当然混业经营也极大刺激了金融产品创新，使金融风险不断放大，给金融监管当局的监管体制和监管水平造成极大压力。现代金融发展雄辩地证明，由分业走向混业是大势所趋，只是时机的选择问题。一个国家的金融业是选择分业还是混业；应当根据自身特定的经济状况进行利弊权衡，这种权衡会随着经济环境的变化而不断调整。目前，在我国金融业开放程度还不高的情况下，我们现行的分业制度应当是比较切合实际的选择。中国加入WTO的若干年后，金融业必然与国际接轨以迎接外资的挑战。

实际上，随着中国金融体制改革的进一步深化，中国已经出现了银行、证券、保险三业互相渗透共同发展的趋势。我国正在经历一个由分业向混业经营转变的酝酿时期。在实行混业经营的国家，银行、证券、保险监管当局对各自领域的监管已相当成熟、有效。我国的金融监管机构是随着金融业的发展而发展的，其成立时间短，监管经验少，特别是还带有计划经济体制的烙印，常常以行政手段代替市场手段干预市场，对市场的风险控制能力较差，因此现阶段还需要依赖分业经营所设置的金融防火墙来帮助切断风险的传递链条。为防范和化解风险，国务院要求银行业、证券业和保险业分业经营、分业管理。但作为保险监管机关，应学习韩国监管机构顺应历史潮流的举动，加强对世界监管动态的研究，对方兴未艾的银行保险积极引导和规范，密切关注世界保险监管趋势。

（三）对外资保险公司进入国内市场掌握主动权

我国保险业初期的开放遵从谨慎开放的原则，基本规定是开业30年以上及资产总额在50亿美元以上的保险公司，进入中国保险市场的主要是全球知名的保险业巨头。1992年，上海成为中国第一个保险开放的试点城市。同年9月，美国国际集团所属的友邦保险公司首先抢滩上海。1995年初，试点城市从上海扩大到广州。为适应保险业对外开放的要求，1994年上海制定了《上海外资保险机构暂行管理办法》。为了配合入世之后的保险形势，《外资保险公司管理条例》重新制定。但"以市场换技术"毕竟只是我们的一厢情愿。只有美国友邦带进了寿险代理人营销制度，引发了营销制度的革命。其他的公司似乎只是激活了市场，增强了同业间的竞争压力。尤其是一些外商独资的保险公司，自我封闭性很强，难以学习到他们先进的经营技术。外资公司涌进了中国保险市场，并没有带来多少我们梦寐以求的技术。上海、广州两地的保险市场开放，中外保险公司并不处在同一起跑线上。外资保险公司只能为外国人和三资企业提供保险服务，而外资人寿保险公司只能做个人缴费的人身保险业务而不能涉及团体业务。中外保险公司所得税率也不同。而且允许外资保险公司享有"两免三减"的优惠政策。交换，如果不平等，处在弱势的一方总是要付出代价的。有识之士不禁大声疾呼：多吸收技术，少牺牲市场。中国要入世，应该好好总结一下初期开放的宝贵经验和教训。韩国保险监管机关既保持开放的姿态，同时利用各种政策维护民族保险业的发展，这无疑为我们做出了很好的榜样。韩国的保险监管制度近年来改革力度颇大，并取得显著效果。作为一衣带水的邻邦，对此应给予特别的关注并不断汲取有益经验。

第七章

中国人寿保险行业

毫无疑问，中国是全球人寿保险行业增长最快的国家，是全球第五大人寿保险市场，亚洲第二大人寿保险市场，仅次于日本。从1982年中国恢复办理寿险业务以来，其寿险业取得了长足发展，1991年中国寿险保费收入为63.2亿元，经过二十多年的发展，2016年寿险业务实现原保险保费收入17 442.22亿元，年均增长速度30.6%。尽管中国寿险业在最近二十年年均增长速度以两位数字增长，但从中我们也发现，在个别年份寿险保费不仅没有增长，反而有倒退的现象。例如，1992年寿险保费收入为96.5亿元，而1993年，反而下降为86亿元；2010年我国寿险保费收入为9 679.5亿元，2011年下降为8 695.6亿元。在未来10年，按照10%的预期增长率计算，中国将超过英国和法国，成为世界上第三大保险市场，到2020年（见图7-1），它将超过日本成为第二大保险市场，仅次于美国。持续增长的原因是：中国长期强劲的经济发展，财富和收入水平增加，良好的人口（特别是新兴的中产阶级）发展趋势，适宜的监管等。尽管如此，但中国市场虽然经历了一个比较严重的经济周期，但其竞争依然激烈，一些结构性问题的迹象表明，可能会影响未来的经济增长。

中国人寿保险市场是相对比较赚钱的行业，其平均股本回报率（ROE）为15%，新业务利润率在18%～30%。增长快速、较高的盈利使其估值也比较有吸引力，这产生了在世界舞台上的规模和市值极具竞争力的强大的公司，同样，也吸引了大量的野心勃勃的外资保险公司。在过去的十年中，最大的跨国保险公司都聚集在中国，然而经过多年的发展，结果或许令人有些失望，有些公司开始质疑他们的策略。对中国来说，未来的竞争格局将如何发展，这应该是未来十年业内比较感兴趣的问题之一。

十大人寿保险市场（10亿美元，2010年汇率）

2005		2010		2020	
日本	451	美国	481	美国	633
美国	448	日本	391	中国	406
法国	159	法国	190	日本	372
英国	155	英国	156	印度	250
意大利	97	中国	143	法国	206
德国	95	意大利	119	美国	195
中国	48	德国	114	巴西	154
中国台湾	47	中国台湾	74	意大利	138
韩国	42	印度	64	德国	133
比利时	33	韩国	61	南非	124

图 7 - 1　中国未来人身保险市场发展预测

资料来源：Binder, Stephan. Life Insurance in Asia: Sustaining Growth in the Next Decade（2012）.

可以肯定的是，中国的圈地运动阶段很快接近尾声，各种类型的保险公司在管理机构、银行保险渠道以及捕捉新兴客户群体的需求方面面临巨大挑战。但同时，就规模增长而言，中国在世界的人寿保险市场上仍然是一处明亮的存在。

第一节　中国寿险行业发展概况

尽管中国经济已经得到了显著增长，但其市场仍处于初级发展阶段，在未来十年，会拥有更多的增长潜力。相对于更成熟的国家，中国人寿保险的深度和密度仍然很低。因为财富水平的增加以及有利的人口趋势，在未来十年，中国经济的超级大国地位是不可否认的。

2010 年，中国人寿保险深度达到 2.5%，相对于更发达的中国台湾地区（15.4%）和中国香港地区（10.1%），是比较低的。人均总保险费每年仅为 102 美元，主要是由于大量农村人口负担不起购买人寿保险。这实际上提供了一个巨大的增长储备：随着收入水平的上升，更多的人将有能力储蓄，人寿保险通常是他们买的第一个金融产品。即使在北京，保险密度是全国最高的 560 美元，仍然低于日本和中国台湾地区五倍，而且其保障范围也严重不足。在北京，人均保额仅略高于 5 000 美元，日本是 64 000 美元，中国香港地区是 36 000 美元。

在中国，这些统计数据意味着什么呢？中国强劲的宏观经济基本面决定了持续强劲的人寿保险需求，2010 年，名义人均国内生产总值是 4 300 美元，2020 年，该数值预计将增长四倍，达到 19 000 美元，值得注意的是，此时，中国一半的人口仍然在收入水平很低的农村地区。2015 年，上海的人均 GDP 已经达到 15 290 美元，仍只是相当于中国香港地区的 57%。在中国，持续的经济增长推动下，迅速增加的财富正在形成一个大众富裕阶层，这一新兴的中产阶级会发展成为推动人寿保险行业迅猛发展的一个主要增长动力，尤其是为这些客户开发的定制产品，可以使用营销渠道有效地满足这些客户的需求。如果达到这样的目标，大量富裕的消费者可以提供大部分的人寿保险保费，到 2025 年，他们可能代表大约 60% 的城市家庭，占有 70% 的城市人寿保险市场，与此同时，还会有 5 500 万家庭将加入新兴中产阶级的行列。城市化将使人们更容易获得金融服务和更好的不同金融产品的使用知识。到 2025 年，中国将包括 889 个城镇，城市人口共 9.45 亿人。由于中国人有预防的本性，中国家庭储蓄率是世界上最高的之一，2010 年，中国储蓄率为 20.5%，美国和英国分别与 3.8% 和 8.4。在过去的几年中，虽然中国的储蓄率居高不下，有更高收入的消费者的投资行为已经慢慢的改变了，越来越从现金和存款转移到人寿保险这样的资产管理中来。

中国尽管拥有中长期增长前景，但在短期内，中国的人寿保险行业在机构和银行保险渠道方面均面临着一些结构性挑战。与 2005～2010 年 5 年的平均增长率 24% 相比，2011 年，中国人寿保险业是过去五年里发展缓慢的一年，2011 年，行业 GWP 比 2010 年高 7%。在机构方面，尤其是在城市中心，设置和保留代理机构越来越成问题，因为相对于高工资通货膨胀，使持续下降的代理收入处境艰难，经济放缓对银行保险的影响更为严重。由于监管政策发生了改变，在牌照、销售过程和薪酬结构等方面颁布了新的银行保险条例。特别是，不再允许保险公司设立银行代理分支机构，因为这会增加银行培训他们的柜员和销售保险产品的客户经理的负担，这会使保险销量大幅下降。在 2011 年，流动性收紧与 75% 的贷存比要求，已经使银行，尤其是股份制银行认识到只有增加存款才能促使其业务的增长。与此同时，相对于失去竞争力的保险产品而言，银行定期存款和其他财富管理产品反而能提供更高的回报。比如，2011 年第四季度，市场上典型的参与型人寿产品的信贷率不到 4%，而三年的银行存款收益率为 5%。因此，在过去几年中，特别是占据重要市场地位的参与型寿险产品的发展有所下降。

许多业内人士认为，这些挑战短期内不会马上消失，这对人寿保险业发展的影响至少会存在一段时间。总保险费的增长在 2012 年仍保持较低的个位数增长，2013 年开始复苏，2014 年，中国寿险原保险保费收入 10 901. 69 亿元，同比增长 15. 67%；以总规模保费计，2014 年，寿险前 10 大公司的门槛已提升至 600 亿元，较 2013 年大幅提升。总保费排名前十的公司分别是：国寿股份（3 563 亿元）、平安人寿（2 522 亿元）、新华保险（1 114 亿元）、太保寿险（1 030 亿元）、泰康人寿（921 亿元）、人保寿险（813 亿元）、华夏人寿（704 亿元）、富德生命人寿（694 亿元）、太平人寿（668 亿元）、安邦人寿（618 亿元）。目前银行系的寿险公司共计 10 家。在这 10 家银行系寿险公司中，2014 年总规模保费超过 100 亿元的保险公司有：建信人寿（177 亿元）、光大永明人寿（313 亿元）、农银人寿（113 亿元）、中邮人寿（219 亿元）、工银安盛人寿（157 亿元）及信诚人寿（110 亿元）。较强的宏观经济环境和资本市场将加速人寿保险市场的复苏，但仍然存在一些结构性挑战，比如在银行保险和机构设置方面，将需要更长的时间来恢复。

2016 年全年人寿保险公司原保险保费收入排名前十公司①（见表 7 - 1 和表 7 - 2）

第一名：中国人寿（2016 年全年原保险保费收入：43 060 677. 17 万元）

中国人寿保险股份有限公司是中国最大的人寿保险公司，总部位于北京，注册资本 282. 65 亿元人民币。作为《财富》世界 500 强和世界品牌 500 强企业——中国人寿保险（集团）公司的核心成员，公司以悠久的历史、雄厚的实力、专业领先的竞争优势及世界知名的品牌赢得了社会最广泛客户的信赖，始终占据国内保险市场领导者的地位，被誉为中国保险业的"中流砥柱"。

第二名：平安人寿（2016 年全年原保险保费收入：27 518 152. 18 万元）

中国平安人寿保险股份有限公司成立于 2002 年，是中国平安保险（集团）股份有限公司旗下的重要成员。从规模保费来衡量，平安人寿是

---

① 资料来源：中国保监局官网.

目前国内第二大寿险公司。

第三名：太平洋人寿（2016 年全年原保险保费收入：13 736 233.45 万元）

中国太平洋人寿保险股份有限公司（以下简称"太平洋寿险"）成立于 2001 年 11 月，是中国太平洋保险（集团）股份有限公司（以下简称"中国太平洋保险"）旗下专业寿险子公司，总部设在上海，2010 年 11 月公司注册资本为 76 亿元。

第四名：安邦人寿（2016 年全年原保险保费收入：11 419 731.88 万元）

安邦人寿保险股份有限公司（以下简称"安邦人寿"）是 2010 年 7 月经中国保险监督管理委员会批准设立的全国性人身险公司，总部设在北京。安邦人寿注册资本金为 307.9 亿元人民币，在全国人身险公司中注册资本金实力名列前茅。安邦人寿主要经营人寿保险、健康保险、意外伤害保险等各类人身保险业务、上述业务的再保险业务以及经中国保险监督管理委员会批准的其他业务。安邦人寿目前已开业的省级分公司共计 19 家，包括北京、上海、广东、深圳、天津、黑龙江、吉林、辽宁、河北、山东、山西、湖南、湖北、浙江、江苏、安徽、四川、河南、江西。

第五名：新华人寿（2016 年全年原保险保费收入：11 255 979.54 万元）

新华人寿保险股份有限公司（以下简称"新华保险"）成立于 1996 年 11 月，总部位于北京市，是一家大型寿险企业，目前拥有新华资产管理股份有限公司、新华家园养老企业管理（北京）有限公司和新华卓越健康投资管理有限公司等子公司。

第六名：和谐健康（2016 年全年原保险保费收入：10 703 132.93 万元）

和谐健康保险股份有限公司（以下简称"和谐健康"）2006 年经中国保险监督管理委员会批准开业，为安邦保险集团旗下重要专业子公司，总部设在成都，公司注册资本金 89 亿人民币，是全国性、专业性健康保险公司之一。目前，公司在北京、上海、江苏、浙江、四川、河北、广东、辽宁、湖北、山东、深圳、安徽、福建、黑龙江等地设立了分公司，为客户提供全面健康保险服务，初步形成了覆盖全国的服务网络。

第七名：人保寿险（2016 年全年原保险保费收入：10 505 358.15 万元）

中国人民人寿保险股份有限公司（以下简称中国人保寿险），是经国务院同意，中国保险监督管理委员会批准，由中国人民保险集团公司（以下简称中国人保）为主发起成立的全国性寿险公司。公司总部设在北京，注册资本 151.33 亿元，公司总资产规模超过 2 500 亿元。主要经营人寿险、健康险、意外险、人身再保险和投资业务。

第八名：生命人寿（2016年全年原保险保费收入：10 217 741.56万元）

生命人寿保险股份有限公司是一家全国性的专业寿险公司，成立于2002年3月4日，总部现位于深圳。股东由深圳市富德金融投资控股有限公司、深圳市华信投资控股有限公司等资金雄厚的企业构成。公司现注册资本117.52亿元，总资产已超2 000亿元，是国内资本实力最强的寿险公司之一。

第九名：太平人寿（2016年全年原保险保费收入：9 436 417.9万元）

太平人寿保险有限公司（以下简称"太平人寿"）拥有85年品牌历史，1929年始创于上海，1956年移师海外专营寿险业务，曾是中国近现代史上实力最强、规模最大、市场份额最多的民族保险企业之一，也是现今中国保险市场上经营时间最长和品牌历史最悠久的中资寿险公司之一。

第十名：泰康人寿（2016年全年原保险保费收入：8 984 073.97万元）

泰康人寿保险股份有限公司成立于1996年8月22日，总部位于北京。经过18年稳健、创新发展，已成长为一家以人寿保险为核心，拥有企业年金、资产管理、养老社区和健康保险等全产业链的全国性大型保险公司，连续10年荣登"中国企业500强"。

表7-1　　　　　2016年寿险公司原保险保费收入前十排名

时间	排名	人寿保险公司	原保险保费收入（万元）
2016年全年	1	中国人寿	43 060 677.17
	2	平安人寿	27 518 152.18
	3	太平洋人寿	13 736 233.45
	4	安邦人寿	11 419 731.88
	5	新华人寿	11 255 979.54
	6	和谐健康	10 703 132.93
	7	人保寿险	10 505 358.15
	8	生命人寿	10 217 741.56
	9	太平人寿	9 436 417.90
	10	泰康人寿	8 984 073.97

资料来源：中国保监局官网.

表 7 - 2　　　　2017 年 1～3 月寿险公司原保险保费收入前十名

时间	排名	人寿保险公司	原保险保费收入（万元）
2017 年 1～3 月	1	中国人寿	24 620 721.85
	2	安邦人寿	18 740 694.10
	3	平安人寿	15 147 383.10
	4	太平洋人寿	7 492 033.94
	5	人保寿险	6 442 638.50
	6	太平人寿	5 728 299.25
	7	泰康人寿	5 435 542.23
	8	生命人寿	4 266 852.02
	9	华夏人寿	4 025 906.00
	10	新华人寿	3 725 054.08

资料来源：中国保监局官网.

从长期来看，中国人寿保险行业的发展仍然是光明的，在未来十年，市场会以 10% 的复合年增长率进行扩大，对全球毛保险费每年贡献约 22%。此外，利润率也会保持良好，新业务利润率在 18%～30%。

推动人寿保险行业增长的基本面仍然完好，更重要的是，该行业的发展得到政府和监管机构的坚定支持。人寿保险行业对中国整体经济的发展做出了重要贡献，比如可以为经济发展提供长期融资，为个人提供保障。如果人们有更好的保障，需要存款并持有流动的资产就会减少，他们将会增加投资，增加消费。市场调查显示，中国的储蓄率在 2005 年是 83%，2010 年降为 66%，高储蓄主要是持有现金和银行存款等个人金融资产。缺乏健康保险，迫使个人持有大量的流动资产，以防他们或他们的家人重病，这种情况很好理解。在第十二个五年计划中，保险是放在适合的产业集群中，进行国内消费的，因此，不同于银行，向私人开放竞争，引进外资，属于公用事业的范畴，需要进行改革。此外，还要寻求能促进长期储蓄和保障的方式或措施，例如，在上海，对飞行员飞行的监管，在深圳，对企业年金税收优惠政策影响的测试等。

认为增长会保持一条直线的观点是不对的，当前的周期性衰退只是其中一个环节。尽管道路是曲折的，但中国人寿保险必将成为世界上最大和增长最快的行业。

人寿保险业市场结构演变过程①

中国的保险市场起步较晚，其发展经历了跌宕起伏的发展过程，到目前为止，全球范围内，中国的保险业务尚需进一步发展。关于中国人寿保险城领域的发展历程，大致可以分为以下四个阶段：

一、半殖民地阶段：19 世纪初至 20 世纪 40 年代

历史上，保险伴随着外国侵略者而产生，其实是以"舶来品"的形式出现的。在 19 世纪初，中国的民族资本主义刚刚得到发展，外国保险公司也将保险业务初步引入中国，使中国现代保险制度逐步建立。在 1805 年，英国人在广州成立全国第一家保险公司，即广州保险会社，随后仁洋保安行，大东方人寿保险公司等陆续产生。中国永年人寿保险公司在 1899 年成立，这标志中国人寿保险业进入一个新阶段。但外资企业在中国成立保险公司，已经拥有足够的资金和政策支持，丰富的经验等优势，导致中国民族保险业在外资保险资金挤压环境中产生，因此没有形成独立的保险市场。

二、闭门恢复阶段：20 世纪 50 年代到 20 世纪 80 年代中期

自 1949 年中华人民共和国成立以来，中国半殖民地保险业结束，中央政府快速发展官僚资本保险公司，1949 年 10 月 20 日，成立中国人民保险公司，自此打开了中华人民共和国保险业务发展的前奏。1958 年，中国人民保险公司停办国内保险业务，保留涉外业务。1980 年，中国人民保险公司恢复国内业务，保险业在改革开放、市场经济体制下发挥风险保障的角色，但中国人民保险公司仍然是独家垄断，直到又经过近七年的恢复工作，到 1986 年，中国的保险业才开始进入竞争发展时期。

三、竞争发展阶段：20 世纪 80 年代中期到 20 世纪末

中国的这个阶段，处于高度集中的计划经济体系向市场经济体系转型期。在计划经济中，保险市场复制了完全垄断的"苏联模式"，但随着中国经济的不断发展，完全垄断模式成为了发展经济的障碍。是否引进竞争机制当时也引起了国内知名学者的热烈讨论，1986 年 7 月 15 日，新疆生产建设兵团农牧业生产保险公司成立，这标志着打破了中国人民保险公司完全垄断的市场结构模式。1988 年平安保险公司、1992 年太平洋保险公

① 蒋才芳：《人寿保险行业市场结构与效率研究》，湖南大学博士学位论文，2014 年，第 50～60 页。

司、1996 新华人寿保险有限公司、泰康人寿保险有限公司相继成立。1992年，美国友邦上海分公司进入中国人寿保险市场，此外，中国共产党第十四次全国代表大会召开，为打破中国保险业高度垄断的市场结构提供了战略框架和政策依据。1996 年 7 月，中国人民保险公司重组为中国人民保险（集团）公司，下设中国财产保险公司、中国人寿保险公司和中国再保险公司，中国保险业开始进入财产保险和人寿保险分业发展阶段，同时我国再保险市场得以建立。1999 年 1 月，中国人民保险（集团）公司进一步重组，中保财险、中保寿险、中保再保险分别更名为中国人民保险公司、中国人寿保险公司和中国再保险公司，太平洋安泰、安联大众、金盛人寿、信诚人寿、中保联康等外资公司先后成立，中国重视对保险市场组织体系建设，保险市场逐渐向多元化转变，保险业对外开放的程度加大，但外资保险市场份额还较小。

四、全面快速发展的时期：21 世纪初

2001 年，中国加入世界贸易组织 WTO，国有保险公司股权改革，太平人寿和太平保险在国内复业，中国出口信用保险公司成立，批准恒康天安、韩国三星、日本三井住友、瑞士苏黎世等 6 家中外合资和 4 家外资保险分公司进入中国保险市场。中国香港地区中保集团全资子公司国内复业，打破了《保险法》对保险公司设立形式的规定，保险业开放力度进一步加大，入世承诺中国保险市场在未来 5 年内全面实现对外开放，中国保险公司面临更大的竞争压力。2004 年 12 月 11 日，按照中国加入 WTO 时的承诺，中国的保险市场将全面开放，外资保险公司在业务地域，产品等方面不再受任何限制，这意味着中国保险市场全面开放，步入新形势下快速发展期，中国人寿保险业将进一步开放扩大市场，深化体制改革，防范经营风险，加强保险监管，加快保险业发展。截至 2011 年底，中国保险公司已达 152 家，其中保险公司 10 家，保险公司 13 011 家保险资产管理公司，其他公司 1 家；中国保险公司 79，外资保险公司 51 家；60 家财险保险公司（39 家中资保险公司，外资保险公司 21 家），62 家人寿保险公司（37 家中国人寿保险公司，外国人寿保险公司 25 家，再保险公司 8 家（3 家再保险公司，5 家外资再保险公司）。省分公司共计 1 619 家，在分公司下属的 68 968 个业务部门。由于垄断局面已经打破，所以保险市场竞争也越来越激烈，此外，随着中国正式加入 WTO，这也标志着中国人寿保险业对外开放进入新阶段，越来越多的人寿保险公司将会进行跨境并购等，大型企业进一步提高中国保险市场的竞争力。从中国保险市

场结构的动态发展来看，中国保险业的市场结构已经发生了大变化，在中国人民保险公司一家独秀开始，发展成为人保、平安、太平洋保险公司三足鼎立的局面，再到后来多家保险公司并存的竞争市场格局，发展到今天，已形成了国有控股公司和股份制保险公司为主体，外资保险公司，民营保险公司等多种形式并存、中外资保险公司同台竞争的市场竞争体系。

中国人寿保险业市场结构特点①

一、市场集中度高

市场集中度（市场集中度）是反映产业组织市场结构的最为重要的一个指标。2011年，中国人寿保险市场前四名人寿保险公司是中国人寿、平安人寿、太平洋人寿保险股份有限公司、泰康人寿保险股份有限公司，CR4为69.49%，HHI为0.1876，这反映了中国人寿保险业市场高度集中，中国人寿、平安人寿保险、太平洋人寿和泰康人寿保险，这四大人寿保险公司几乎占据了所有的市场份额；规模经济效应不明显，特别是大多数中小型人寿保险公司，不利于改善整个人寿保险业的市场竞争实力。

二、人寿保险市场进出壁垒较高

中国人寿保险市场进出壁垒较高，进入门槛较高主要是指行政进入壁垒，也就是中国进入人寿保险市场有各种限制，随着中国加入世贸组织，建立有效的市场竞争机制，实现中国加入世贸组织有关承诺，中国逐渐降低了外资保险公司和私营保险公司进入保险市场的壁垒，中国的人寿保险市场出现退出壁垒也很大，为了避免人寿保险公司由于业务崩溃对社会造成不利影响，通常对经营不善的保险公司给予政策支持，但由于没有完善的退出机制，从而破坏了人寿保险市场公平竞争机制，这不利于资源的优化。根据市场结构分类标准，我国目前人寿保险市场结构形式属于典型的"寡头垄断模式"。

三、人寿保险市场差异化程度较低

中国人寿保险市场同类产品的产品差异化程度低，保险公司之间产品结构、产品特点等方面很类似，提供个性化人寿保险产品少，主要是人寿保险，健康保险和意外险等类别，人寿保险产品的开发大多集中在传统人

---

① 蒋才芳：《人寿保险行业市场结构与效率研究》，湖南大学博士学位论文，2014年，第60~68页。

寿保险产品和分红型保险产品，中国人寿保险产品结构单一，与国外人寿保险业务相比明显缺乏创新竞争力，与此同时，中国人寿保险公司一般借鉴抄袭外资保险行业的产品，而不是自己创新适合中国自己特色的产品，这不利于提高中国保险产品的竞争能力，导致中国人寿保险公司无法明显改善其知名度和竞争力。

四、市场模式由完全垄断模式转向寡头垄断市场模式

中国加入世贸组织后，中国保险业对外开放程度越来越大，众多的外资人寿保险公司进入中国，使中国人寿保险业从完全垄断市场模式转为寡头垄断模式，保险业的竞争程度也越来越大，在中国保险业全面开放的新形势下，中国人寿保险业要坚持采取"引进"与"走出去"相结合的发展战略。2012年，中国有68家中外资人寿保险公司，随着人寿保险公司市场主体日益增加，中国人寿保险市场集中度也在逐步下降，中国人寿保险市场结构也从完全垄断市场模式向寡头垄断市场结构转变。

第二节 中国人寿保险业发展指标

从1982年我国恢复办理寿险业务以来，我国寿险业取得了长足发展，1991年我国寿险保费收入为63.2亿元，经过二十多年的发展，到2012年我国寿险业保费收入达到了8 908亿元，2015年，我国寿险保费收入是13 241.50亿元，年均增长速度30.6%（见图7-2）。尽管我国寿险业在最近二十年年均增长速度以两位数字增长，但从中我们也发现，在个别年份寿险保费不仅没有增长，反而有倒退的现象。例如，1992年寿险保费收入为96.5亿元，而1993年，反而下降为86亿元；2010年我国寿险保费收入为9 679.5亿元，2011年下降为8 695.6亿元，图7-2是我国近20年寿险保费收入情况。

衡量一国寿险发展的指标除了寿险保费收入以外，还有寿险密度和寿险深度。寿险密度是一国在一定时期寿险保费收入与该国同时期人口之间的比值，也即人均寿险保费。我国近二十年寿险密度情况如图7-3所示。寿险深度是一国一定时期寿险保费收入与该国同一时期国内生产总值的比值，衡量的是一国寿险保费收入占该国GDP的比重。我国最近20年寿险深度情况如图7-4所示。

一、寿险保费收入

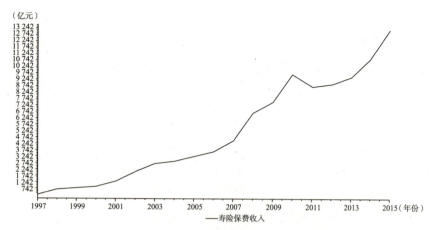

图7-2 我国1997～2015年寿险保费收入情况

资料来源：同花顺 ifind.

二、寿险保险密度

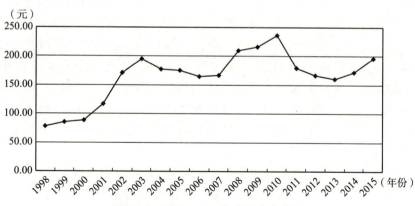

图7-3 1998～2015年我国寿险密度

资料来源：由历年统计年鉴计算整理得出．

三、寿险保险深度

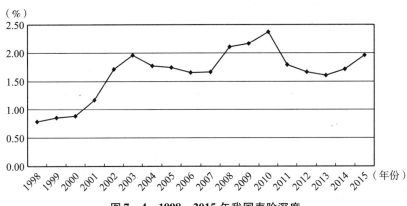

图 7 - 4　1998 ~ 2015 年我国寿险深度
资料来源：由历年统计年鉴计算整理得出.

从我国寿险密度和寿险深度情况也可以看出，绝大部分年份我国寿险业务呈现增长态势，但也有个别年份寿险业务指标不升反降，由此，我们不禁提出疑问，哪些因素会影响到我国寿险业的发展？后面主要是从实证方面对影响我国寿险需求的因素进行分析。

第三节　我国寿险产品结构变迁

自 1982 年恢复寿险业务以来，中国寿险保费收入由 1982 年的 159 万元增长至 2014 年的 12 690. 28 亿元。若以 1999 年为分界线，寿险业发展可以分成两个阶段：第一阶段，1999 年之前，寿险业经历了以传统险为主的高速增长期，年均增长 90%；第二阶段，1999 年之后，寿险业进入以新型保险为主的较快发展时期，年均增长 25. 3%。根据不同时期寿险产品的特点，中国寿险产品结构的演变可以分为两个阶段：第一阶段，传统寿险产品为主（1982 ~ 1999 年）；第二阶段，新型寿险产品为主（1999 年之后），目前呈现出向传统保障回归的趋势。

一、产品结构由"传统保障"向"投资理财"发展

我国的传统寿险产品主要包括：两全保险、定期寿险、终身寿险和年

金保险等，这一阶段寿险产品的主要特点是保证固定利率，无其他额外的不确定收益，死亡、费用和利率风险完全由寿险公司承担，寿险产品的预定利率始终盯住定期存款利率，并随其波动进行调整。然而由于传统寿险定价偏高，导致传统保障型寿险产品的销售基本停滞，以分红险为代表的储蓄型产品开始成为新增保费的主要来源，寿险产品结构也逐渐由储蓄保障为主向储蓄为主转变，2011 年分红险产品的比例上升至 89.4%。

二、传统保障型寿险产品被冷落

1999 年之后由于传统险预定利率实行 2.5% 的上限，使得传统险产品的定价相对于其他寿险产品的定价较高，因而传统险保费的增速持续低于寿险行业保费增速，寿险占比也由 2002 年的 44.2% 下降至 2011 年的 9.6%。2010 年以来由于其他寿险产品的收益率下降以及寿险向保险保障功能回归的趋势增强，传统险产品的保费收入开始呈现上升趋势，保费增速也由 2009 年的 –13.7% 上升至 2010 年的 17.5%。

三、投资理财型寿险产品渐成主流

1999 年，中国寿险行业启动第二轮产品创新，分红险、万能险和投连险等投资理财型保险产品相继问世。2002 年分红险开始热卖，导致分红险保费超过传统险保费，占比达到 51.1%，2003 年之后由于中国股市低迷导致投资收益率不高，导致分红率下降，使得 2004～2007 年分红险保费增速较低，而 2007 年中国股市上涨促进保险资金投资收益率大幅上升，从而提高了分红率，因而 2008 年的分红险保费增幅达到 69.5%，这种高速增长持续到 2010 年，但是由于近两年中国股市震荡低迷，导致保险资金投资收益不佳，分红险的增速有所下降。万能险曾在 2004～2008 年出现过保费增长的高峰，而投连险则在 2007 年由于股市的火爆而热卖，近两年由于投资收益不佳，销售大幅下降，2010 年万能险的保费下降 89.9%、投连险保费下降 90.9%。

四、回归保障成为寿险产品新诉求

2010 年以来，随着银行理财产品的快速发展，由于中国股市的持续低迷导致保险资金投资收益率不断下滑，导致分红险产品的增速大幅下滑。

在现有主流投资理财型产品业务难有大突破的情况下，寿险业回归保险保障业务的趋势加强，近几年传统险保费增速持续攀升，在寿险业转型发展的诉求下，保障型产品得到热卖。

中国人寿保险行业产品类型[①]

按照产品设计类型分类，一般人寿保险产品主要分为普通型、分红型、万能型、投资连结型。其中普通型人寿保险是指保险缴费、保险期限、保险金额、现金价值等都在保险合同订立时有明确规定的额度，在保险期间内一般保持不变动的保险产品；分红型人寿保险一般包括分红寿险、分红养老险、分红两全险。其主要特点是在每一个会计年度结束之后，保险公司会将上一个会计年度本分红险投资国债、存款、基金或者大型基础设施建设的盈利，按一定比例以现金红利或增值红利分配给客户；万能型人寿保险同时具有养老保障和投资功能，客户投保后，扣除初始费用和保障成本，其他部分进入客户的个人账户，这种保险可在保障固定收益的同时获得不确定的额外收益；投资连结型人寿保险就是人寿保险与投资挂钩的保险，属于高风险、高收益的保险，当客户与保险公司签订一份保单开始，客户在以后任何时刻获得的所以收益都与投资基金的投资表现相关联。人寿保险普通型、分红型、万能型、投资连结型产品的设计行为主要包括三个方面：保单条款设计，账户设计，运作方式设计。其中保单条款设计主要涉及保险费的缴纳方式、保单借款条款、保单面值、成本及费用条款以及其他等方面。不同的人寿保险产品保单条款具有一定的差别。保险账户一般包括一般账户和分离账户，账户设计即客户缴纳的保险费用如何进行管理。一般账户由保险人统一操作，并暴露在保险公司债券人的求偿权下，适用于普通型寿险、万能型寿险等；分离账户不受保险公司一般债券人的追索，客户可自由选择投资工具并直接分享投资绩效，适用于投资连结型寿险。

第四节　我国寿险产品发展影响因素

本节选取 1991 ~ 2012 年期间人均寿险保费收入作为被解释变量，表

---

① 蒋才芳：《人寿保险行业市场结构与效率研究》，湖南大学博士学位论文，2014 年，第 23 ~ 24 页。

示人们对寿险的需求。人均可支配收入、通货膨胀率、金融深度、少儿抚养率、老年赡养率、死亡率七个指标为解释变量，作为影响我国寿险需求的主要因素。其中，通货膨胀率、少儿抚养率、老年赡养率和死亡率的数据是从历年中国统计年鉴中直接查到；其他指标根据历年中国统计年鉴计算整理得到，人均寿险保费是用历年寿险保费收入与年末我国人口人数之比得到；由于统计年鉴中只有城镇居民可支配收入和农民纯收入，因此，本部分用城镇人口与农村人口比例加权得到人均可支配收入。

一、指标选取

（一）人均可支配收入

保险是一种非渴求性商品，在人们的可支配收入比较低的时候，首先想到的是解决温饱问题，随着可支配收入的提高，人们会产生更高层次的需求，才会主动想到购买保险这种产品。改革开放后，我国经济不断提高，人们收入不断增加，这在一定程度上也会刺激对寿险产品的需求。

（二）金融替代产品

寿险产品期限一般比较长，少则几年，多则几十年，因此，寿险产品一般还具有储蓄性，是人们理财的一种手段。金融市场上其他产品会对寿险产品构成一种替代关系，本文采用上证综合指数作为其替代产品进行研究。

（三）金融市场发达程度

一般来说，一国金融越发达，说明该国人们投融资渠道越多，经济金融人寿越稳定，人们对未来的预期越好，长期投资会增加，对寿险产品的消费需求也会增加。本文采用金融深度来衡量一国金融市场的发达程度，金融深度为 M2 与 GDP 之比。

（四）通货膨胀

学者基本都认为通货膨胀对寿险产品存在一定程度的影响，只不过观点不一致，大部分学者认为通货膨胀与寿险产品关系不明显或呈负相关关系，少数学者认为二者有正相关关系。一般而言，通货膨胀时期，人们会选择那些流动性较强的金融产品，对于寿险产品这种时期较长，又实行预定利率的金融产品购买则较少；而且通货膨胀时期，人们实际收入下降，人寿必需品支出上升，对寿险这种非渴求性商品的需求也会有所降低。

（五）少儿抚养率

大部分的学者认为抚养率对寿险产品有影响，但对少儿抚养率与寿险产品的需求之间的关系观点并不一致，有学者认为二者存在正相关关系，有的学者认为二者存在负相关关系。这大概是由于，一方面，寿险产品具有保障性功能，在家庭主要经济支柱出现意外时，提供的保险金可以帮助未成年人渡过经济困境；另一方面，尽管现在家庭独生子女较多，父母可以把更多精力放在孩子身上，相比较于寿险产品，为子女购买少儿险的居多。

（六）老年赡养率

一个国家或地区，60 岁人口达到 10% 或 65 岁人口达到 7%，就认为进入了老龄化社会，2000 年，我国 60 岁以上人口占比是 10.2%，表明我国已进入了老龄化社会，2013 年，我国老年人口比例达到 14.8%，由此可见，我国老龄化现象越来越严重。在我国未富先老的情况下，老年赡养率的高低会直接影响到人们购买寿险产品的需求，一般而言，老年赡养率越高，对寿险产品的需求越强烈，反之，则弱一些。

（七）死亡率

死亡率高低意味着死亡风险的大小，因此，死亡率与寿险需求有一定的影响。死亡率是一定时期（通常是 1 年）内，死亡人数与同期总人数之比。一般来说，死亡率越高，说明死亡风险越大，人们越倾向于购买纯保障型的寿险产品，死亡率越低，说明死亡风险越低，也往往意味着人们的预期寿命越长，人们越倾向于购买储蓄型的寿险产品。

二、模型

（一）平稳性检验

对人均寿险保费和人均可支配收入取对数以消除其时间趋势，在进行回归分析之前，对数据进行平稳性检验，只有检验通过，才能使用回归模型。采用 ADF 对各数据序列进行单位根检验，结果见表 7 - 3。

表 7 - 3　　　　　　　　　　数据平稳性检验

变量	ADF 检验	临界值
d ln P	- 5. 237014	- 3. 808546（1%）
dCPI	- 3. 062612	- 3. 020686（5%）
dSI	- 6. 580464	- 3. 831511（1%）
dDI	- 2. 860961	- 2. 650413（10%）
dFI	- 4. 015528	- 3. 808546（1%）
dCH	- 4. 721964	- 3. 808546（1%）
dOD	- 5. 211210	- 3. 808546（1%）
d ln IC	- 2. 829803	- 2. 655194（10%）

从表 7 - 3 中可以看出，lnP、SI、FI、CH、OD 在 1% 的显著性水平上是平稳序列；CPI 在 5% 显著性水平上是平稳序列；DI 和 lnIC 在 10% 的显著性水平上是平稳序列。

（二）协整检验

用最小二乘法估计协整回归方程，对回归结果中的残差进行单位根检验，如果残差序列是平稳的，则表明人均寿险保费与其他影响因素存在协整关系。本书以 lnP 为因变量，以 CPI、SI、DI、FI、CH、OD 和 lnIC 为自变量，作回归分析，对残差 e 进行平稳性检验，结果见表 7 - 4。

表 7 - 4　　　　　　　　　　残差 e 的平稳性检验

ADF 值	1% 临界值	5% 临界值	10% 临界值
- 3. 427713	- 3. 808546	- 3. 020686	- 2. 650413

由表 7 - 4 可见，残差序列 e 的 ADF 值为 - 3. 427713，小于 5% 临界值 - 3. 020686，残差 e 是平稳的。表明因变量和所选取自变量不存在伪回归现象，人均寿险保费与各解释变量存在长期的协整关系。

（三）模型的建立

以 lnP 为因变量，以 CPI、SI、DI、FI、CH、OD 和 lnIC 为自变量，建立 OLS 回归方程，结果见表 7 - 5。

表 7 - 5　　　　　　　　　　模型的回归结果

Variable	Coefficient	Std. Error	t - Statistic	Prob.
C	4. 444275	6. 729166	0. 660450	0. 5205
CPI	- 0. 015962	0. 016478	- 0. 968694	0. 3504
SI	6. 16E - 05	9. 21E - 05	0. 669245	0. 5150
DI	- 0. 708282	0. 731101	- 0. 968788	0. 3503
FI	0. 987301	1. 649810	0. 598433	0. 5598
CH	- 0. 103227	0. 062876	- 1. 641756	0. 1246
OD	0. 082539	0. 432003	0. 191060	0. 8514
LnIC	0. 698129	0. 419628	1. 663685	0. 1201
R-squared	0. 977775	Prob （F-statistic）		0. 000000
Adjusted R-squared	0. 965807	Durbin - Watson stat		1. 716794

由表 7 - 5 可以发现，各自变量的 t 值比较大，这可能是由于存在多重共线性的原因导致的，本书对因变量与各解释变量逐一作回归分析，采用逐步回归法加进其他解释变量，得到最终模型。结果见表 7 - 6。

表 7 - 6　　　　　　　　　　模型的回归结果

Variable	Coefficient	Std. Error	t - Statistic	Prob.
C	9. 041160	4. 528779	1. 996379	0. 0612
DI	- 1. 071229	0. 320439	- 3. 343008	0. 0036
CH	- 0. 157315	0. 037219	- 4. 226738	0. 0005
LnIC	0. 918442	0. 301802	3. 043189	0. 0070
R-squared	0. 973313	Prob （F-statistic）		0. 000000
Adjusted R-squared	0. 968865	Durbin - Watson stat		1. 641739

由表 7 - 6 可见，各解释变量的 P 值均小于 0.05，R^2 为 0.973313，调整后的 R^2 为 0.968865，可决系数比较高，模型拟合效果比较好。此时，模型残差 e 的 ADF 检验值为 - 3.970187，小于 1% 的显著性水平的临界值 - 3.808546，残差 e 是平稳的，表明不存在伪回归现象。lnP 与 DI、CH 和 lnIC 之间存在长期的均衡关系。

$$lnP = 9.041160 - 1.071229 \, DI - 0.157315 \, CH + 0.918442 \, lnIC$$

$$\quad 1.996379 \qquad -3.343008 \qquad -4.226738 \qquad 3.043189$$

$$R^2 = 0.973313 \quad 调整后 \, R^2 = 0.968865 \quad DW = 1.641739$$

（四）结果分析

由回归方程可知，对寿险需求影响最为显著的因素是死亡率、少儿抚养率和人均可支配收入。我国少儿抚养率在 1991 年为 41.80%，到 2012 年已下降为 22.20%，不断下降的少儿抚养率对寿险需求有负的影响作用；死亡率在 1991 年是 6.7‰，2012 年上升到 7.13‰，不断上升的死亡率对寿险保费有负的影响作用；人均可支配收入在 1991 年为 975.84 元，到 2012 年已上升为 16 668.51 元，不断上升的人均可支配收入对寿险保费有正的影响作用。金融深度、老年赡养率、上证综合指数和通货膨胀率对寿险需求也有影响，但影响并不显著。

（五）几点说明

1. 由于我国寿险业务开办的时间比较短，样本数据有限，而且研究方法不同也会导致结论的不同，但还可以起到以管窥豹的作用。影响寿险产品需求的因素比较复杂，本部分的结论只是针对有限的数据得出，并不能完全包括影响寿险产品需求的因素。影响寿险需求的因素除了经济方面的因素外，还有诸如传统文化、教育水平社会及制度因素、文化因素等。

2. 在诸多影响寿险需求的因素中，有些因素影响效果比较显著，促进寿险业务的发展可以着重从这些因素进行。比如，人均可支配收入对寿险业有明显的推动作用，因此，促进经济转型、调整产业结构、提高人们收入水平可在一定程度上刺激寿险业的发展。

中国人寿保险行业区域市场发展状况①

一、发展概况

2001 年之前，人寿保险市场并不开放，但中国人寿保险市场一直处于初步发展阶段，市场竞争格局开始形成。1979 年 11 月 19 日开始恢复停办二十多年的国家内部保险业务业务，中国保险学会成立。1982 年，中国人民保险公司恢复人寿保险业务，并于 1999 年分拆人寿保险业务。1991 年 9 月，中国开始起草中华人民共和国成立以来的第一部保险法。1994 年深圳平安保险［中国平安保险（集团）股份公司的前身］开始涉足人寿保险。1992 年，外资保险公司美国友邦保险有限公司在我国境内开展人寿保险业务。1996 年以后，新华人寿保险股份有限公司及多家人寿保险公司相继成立。1995 年 10 月 1 日，"中华人民共和国保险法"颁布实施，标志着我国保险业开始了法制建设的新时期。1999 年 10 月，中国平安承保投资风险业务。2001 ~ 2004 年，中国以加入世贸组织为出发点，逐步开放保险市场，中国人寿也迎来了新的发展机遇。加入 WTO 后，已有六家外资保险公司被批准进入中国市场，这些保险公司也在中国开展人寿保险业务。保险业开放城市由上海、广州扩大至深圳、大连、佛山等地，并于 2003 年取消法定分保。2004 年以后，保险业取消地域限制，到 2004 年 12 月 11 日，国内保险市场对外资完全放开业务，人寿保险业已进入全面开放期。到 2012 年 12 月，保险公司有 164 家，其中保险集团公司 10 家，中资保险公司 101 家，中外合资保险公司 52 家。截至 2016 年底，年度累计寿险保费收入突破 3 万亿，寿险保费同比增长 38.6%，保险资金运用余额突破 13 万亿，较年初增长 17.35%，保险行业总资产 14.96 万亿，较年初增长 21%。《投资者报》推出"2016 年度寿险先锋榜"，《投资者报》坚持以客观数据为考量基础，排除了人为因素的干扰。最终《投资者报》评选出的 2016 年度寿险先锋榜十强的结果如下：平安寿险、中国人寿、前海人寿、安邦人寿、太平人寿、泰康保险、平安养老、太保人寿、新华保险以及阳光人寿。同时，《投资者报》先锋寿险榜还增设一个奖项——最具成长性保险公司，用来寻找新的未来之星。结果有：弘康人寿、渤海人寿、华夏人寿入选。

---

① 蒋才芳：《人寿保险行业市场结构与效率研究》，湖南大学博士学位论文，2014 年，第 65 ~ 67 页。

二、区域发展市场结构

以下按照东、中、西部人寿保险收入指数分析人寿保险区域市场布局。按照统计年鉴的划分标准，对东、中、西部的范围作如下划分，东部包括北京等16个省（直辖市）；中部包括山西等8个省份；西部包括重庆等12个省（自治区、直辖市），表7-7、表7-8和表7-9以及图7-5、图7-6、图7-7和图7-8是中国东部、中部、西部人寿保险市场布局的有关数值。

表7-7 　　　　　2006~2013年中国西部各省、直辖市、自治区
寿险保费收入一览 　　　　　　　　　　单位：亿元

年份	四川	内蒙古	广西	重庆	云南	贵州	西藏	陕西	甘肃	青海	宁夏	新疆
2006	150.14	44.32	46.01	59.27	48.00	26.70	0.00	78.05	37.07	3.82	10.22	49.63
2007	211.91	53.50	56.21	80.41	50.26	30.93	0.03	101.50	46.36	4.49	12.63	58.84
2008	344.96	79.15	82.50	148.95	91.69	45.43	0.09	159.24	68.82	6.67	18.11	94.72
2009	386.11	92.51	86.33	181.60	92.40	52.47	0.20	181.50	80.34	8.79	22.45	88.53
2010	522.64	106.59	110.08	235.77	117.41	67.70	0.43	228.65	98.98	13.42	29.46	108.60
2011	499.02	98.12	116.71	206.19	106.52	63.20	0.78	221.97	84.16	11.86	26.70	102.86
2012	483.07	109.45	124.25	207.00	116.24	68.35	0.98	223.59	90.84	13.20	28.71	113.68
2013	520.99	121.38	135.42	208.42	131.65	74.90	0.94	246.82	95.78	13.82	32.11	124.40
均值	389.86	88.13	94.69	165.95	94.27	53.71	0.43	180.13	75.29	9.51	22.55	92.66

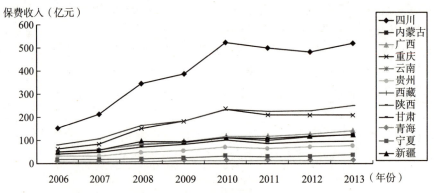

图7-5　2006~2013年中国西部各省、直辖市、自治区
寿险保费收入变化趋势

表 7 - 8　　　　2006 ~ 2013 年中国中部各省寿险保费收入一览　　　　单位：亿元

年份	山西	吉林	黑龙江	安徽	江西	河南	湖北	湖南
2006	94.65	65.03	119.35	112.87	67.63	185.45	105.32	98.48
2007	120.98	78.74	110.82	138.98	76.74	238.63	131.70	135.73
2008	187.12	118.66	190.87	218.47	127.22	411.01	240.71	229.06
2009	205.68	134.29	207.44	251.56	130.08	434.45	278.65	247.77
2010	253.59	165.93	254.49	295.51	169.21	618.34	372.26	305.70
2011	232.87	140.85	212.43	267.53	151.99	637.16	353.28	289.70
2012	234.11	138.23	219.60	257.89	155.24	595.49	357.29	283.56
2013	239.70	150.68	240.47	242.56	177.52	613.40	362.81	286.13
均值	196.09	124.05	194.43	223.17	131.95	466.74	275.25	234.52

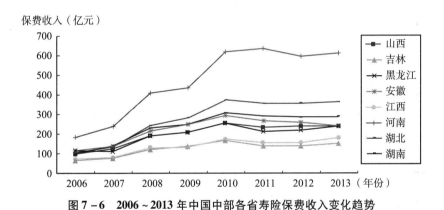

图 7 - 6　2006 ~ 2013 年中国中部各省寿险保费收入变化趋势

表 7 - 9　　　　2006 ~ 2013 年中国东部各省寿险保费收入一览　　　　单位：亿元

年份	辽宁	北京	天津	河北	山东	江苏	上海	浙江	福建	广东	海南
2006	126.80	275.63	67.86	171.15	220.11	337.83	264.92	168.21	90.68	283.73	9.40
2007	149.15	334.39	102.74	228.90	274.26	375.99	317.12	200.64	111.41	387.27	11.54
2008	233.34	390.58	118.70	351.05	389.54	528.19	382.06	288.06	159.81	601.76	17.53
2009	236.99	466.05	92.50	439.26	450.56	619.49	458.40	302.01	175.37	651.98	18.84
2010	306.04	676.49	133.91	513.59	569.50	780.41	630.61	386.58	217.89	840.15	27.25
2011	214.21	505.83	118.62	470.21	549.88	741.09	453.87	371.55	201.78	757.36	28.37

续表

年份	辽宁	北京	天津	河北	山东	江苏	上海	浙江	福建	广东	海南
2012	227.76	554.27	126.98	459.02	572.48	765.87	482.45	401.25	211.45	759.51	30.76
2013	242.73	570.81	148.54	467.24	628.46	809.17	435.89	435.16	257.17	805.11	35.62
均值	217.13	471.76	113.73	387.55	456.85	619.76	428.17	319.18	178.20	635.86	22.41

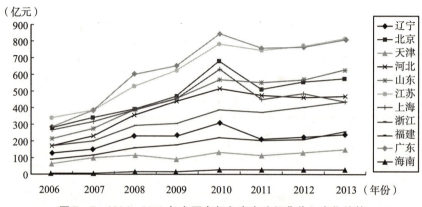

图 7 - 7　2006～2013 年中国东部各省寿险保费收入变化趋势

　　根据图 7 - 8 所示的中国东部、中部和西部人寿保险市场布局，结合 2006～2013 年的区域人寿保险费收入，可以发现在中国各省的人寿保费收入中布局，从高到低分别是：江苏、广东、河南、山东、北京、上海、四川、河北、浙江、湖北、安徽、湖南、辽宁、山西、江西、吉林、福建、广西、内蒙古、云南、新疆、甘肃、贵州、海南、宁夏、青海、西藏。

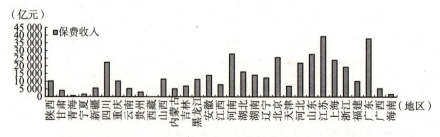

图 7 - 8　2006～2013 年中国中部各省寿险保费收入变化趋势

（一）保费收入，保险深度，保险密度

表 7 - 10 是 2002 ~ 2011 年东、中、西部人寿保险费收入，可以看出，从 2002 ~ 2011 年东部人寿保险最高值 580 616. 30 百万元，最低值 145 891. 00 百万元，平均值 338 544. 00 万元；2002 年至 2011 年，人寿保险中期手续费收入最高值为 247 980. 30 万元，最低为 48 462. 37 万元，价值为 135 127. 20 百万元；2002 ~ 2011 年，西部人寿保险费最高最低价值 33 119. 06 万美元，平均为 92 566. 04 万美元。从 2002 ~ 2011 年东、中部人寿保险费收入趋势图可以看出，东、中部差异明显。同随着时间的推移，东、中、西部地区人寿保险费的收入溢价逐年增加（见图 7 - 9）。

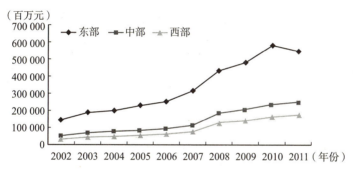

图 7 - 9　2002 ~ 2011 年中国中、东、西部寿险保费收入趋势

表 7 - 10　　　　　2002 ~ 2011 年中国东、中、西部寿险保费收入　　　单位：百万元

年份 ＼ 区域	东部	中部	西部
2002	145 891. 00	48 462. 37	33 119. 06
2003	194 640. 10	67 368. 41	43 071. 33
2004	199 159. 90	75 959. 01	47 190. 80
2005	232 053. 50	81 492. 25	53 977. 55
2006	252 123. 10	93 116. 57	64 899. 83
2007	316 427. 30	112 533. 87	79 874. 08
2008	431 196. 70	184 368. 03	126 716. 72

续表

区域 / 年份	东部	中部	西部
2009	483 775. 30	204 658. 58	142 445. 57
2010	580 616. 30	235 333. 01	160 321. 02
2011	549 556. 6	247 980. 28	174 048. 02

表 7 - 11 是 2002 ~ 2011 年，东、中、西部的人寿保险保险深度，可以看出，从 2002 ~ 2011 年，东部寿险保险深度最大值为 2. 22%，最小值为 1. 21%，平均为 1. 83%；从 2002 ~ 2011 年，中部寿险保险深度最大值为 2. 22%，最小值为 1. 21%，平均为 1. 83%；从 2002 ~ 2011 年，西部寿险保险深度最大值为 2. 22%，最小值为 1. 21%，平均为 1. 83%。图7 - 10 是 2002 ~ 2011 年东、中、西部人寿保险深度趋势图，可以看出，随着时间的推移，东、中、西部地区呈现波动趋势，2002 ~ 2004 年，东部保险深度最大，中部次之，西部最小；2004 ~ 2006 年，中部保险深度最大，西部保险深度次之，东部保险深度最小；2006 ~ 2007 年，中部保险深度最大，东部保险深度次之，西部保险深度最小；2007 ~ 2009 年，中部保险深度最大，西部保险深度次之，中部保险深度最小；2009 ~ 2011 年，中部保险深度最大，东部保险深度次之，西部保险深度最小。

表 7 - 11　　　　　2002 ~ 2011 年中国东、中、西部寿险保险深度　　　　单位：%

区域 / 年份	东部	中部	西部
2002	1. 94	1. 63	1. 65
2003	2. 22	2. 03	1. 88
2004	1. 88	1. 88	1. 71
2005	1. 21	1. 76	1. 62
2006	1. 66	1. 74	1. 65
2007	1. 75	1. 75	1. 68
2008	1. 73	2. 36	2. 18
2009	2. 09	2. 39	2. 11
2010	2. 11	2. 26	1. 98
2011	1. 70	1. 95	1. 75

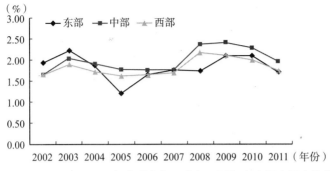

图 7 - 10　2002 ~ 2011 年中国东部、中部、西部寿险保险深度趋势

图 7 - 11 是 2002 ~ 2011 年，东部、中部、西部人寿保险密度，可以看出，从 2002 ~ 2011 年，东部最大密度为 1 022.99 元/人，最低值为 33.08 元/人，平均为 591.32 元/人；2002 ~ 2011 年，最大密度为 570.39 元/人，最低价值 113.70 元/人，平均值为 317.228 元/人；2002 ~ 2011 年中间最大保险密度为 480.28 元/人，最低价值为 90.45 元/人，平均为 253.16 元/人。表 7 - 12 是 2002 ~ 2011 年东部、中部、西部人寿保险密度，可以看出，总体而言，东部保险密度最大，其次是中部、西部最小；随着时间的推移，东、中、部人寿保险的密度呈现逐年上升的态势。

表 7 - 12　　　　2002 ~ 2011 年中国东部、中部、西部寿险保险密度　　　单位：元/人

区域 年份	东部	中部	西部
2002	33.08	113.70	90.45
2003	385.04	157.30	116.84
2004	386.95	177.47	127.14
2005	430.60	190.96	145.96
2006	465.40	220.46	178.54
2007	584.63	265.90	218.76
2008	790.44	438.65	346.95
2009	882.01	478.36	386.89
2010	1 022.99	559.09	439.76
2011	932.05	570.39	480.25

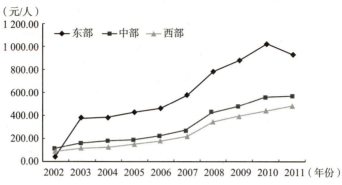

图 7 - 11　2002 ~ 2011 年中国东、中、西部寿险保险密度趋势

(二) 保费增长和增长速度

表 7 - 13 是 2002 ~ 2011 年，东、中、西部人寿保险费增长和增长率，可以看出，2003 ~ 2011 年，东部保费增长最快，为 114 769.4 万元，最低值为 -31 059.67 百万元，平均值 4 089 934 万元；2002 ~ 2011 年中期保费最高升幅为 71 834.16 百万元，最低为 553.32 亿元，平均为 20 758.92 百万元；2002 ~ 2011 年，西部地区保费增长最大 46 842.64 万元，最低值 -1 190.91万元，平均值 13 973.80 万元。2002 ~ 2011 年，东部地区最高增长率为 36.27%，最低 -5.35%，平均值 15.33%；2002 ~ 2011 年，中央保费增幅最大价值为 63.83%，最低为 5.37%，平均为 20.93%；2003 ~ 2011 年西部保费最大增长率为 58.65%，最低为 -3.47%，平均为 18.60%。图 7 - 12 和图 7 - 13 是 2002 ~ 2011 年，东部、中部和西部地区人寿保险费增长率，东部、中部和西部地区人寿保险费增长率西部地区自 2002 年以来的增长速度趋势大致相同。东、中、西部人寿保险费增长和增长率最大出现 2008 年，东部地区 2011 年人寿保险费增长和增长率均呈负数。

表 7 - 13　2002 ~ 2011 年中国东、中、西部寿险保费增长量和增长速度

年份	增长量（百万元）			增长速度（%）		
	东部	中部	西部	东部	中部	西部
2002	5 327.80	8 071.29	- 1 190.91	3.79	19.98	- 3.47
2003	48 749.08	18 906.04	9 952.27	33.41	39.01	30.05

年份	增长量（百万元）			增长速度（%）		
	东部	中部	西部	东部	中部	西部
2004	4 519.82	8 590.60	4 119.47	2.32	12.75	9.56
2005	32 893.62	5 533.24	6 786.75	16.52	7.28	14.38
2006	20 069.57	11 624.32	10 922.28	8.65	14.26	20.23
2007	64 304.20	19 417.30	14 974.25	25.51	20.85	23.07
2008	114 769.40	71 834.16	46 842.64	36.27	63.83	58.65
2009	52 578.63	20 290.55	15 728.85	12.19	11.01	12.41
2010	96 840.96	30 674.43	17 875.45	20.02	14.99	12.55
2011	−31 059.67	12 647.27	13 727.00	−5.35	5.37	8.56

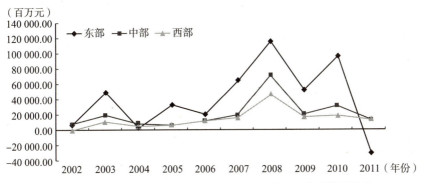

图7－12　2002～2011年中国东、中、西部寿险保费增长量趋势

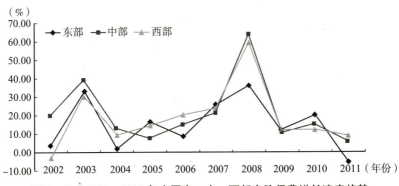

图7－13　2002～2011年中国东、中、西部寿险保费增长速度趋势

（三）区域人寿保险产品结构

图 7 - 14、图 7 - 15、图 7 - 16 是 2002 ~ 2011 年，在东部、中部和西部地区的人寿保险产品结构图，可以看出，普遍人寿保险产品保费收入比例最大值为 44.05%，最低值为 9.18%，平均为 23.70%；分红产品保费收入的最大比例为 82.29%，最低为 43.31% 为 58.23%；投资连接险、万能保险费收入比例为 27.77%，最小值为 0.48%，平均值为 8.65%；意外险保险费收入的最大值为 5.09%，最低值 1.40%，平均 2.63%；健康险保险费收入最大价值为 9.74%，最低为 4.05%，平均为 6.78%。从 2002 ~ 2011 年，从图 7 - 14 可以看出，2002 ~ 2011 年，东部、中部和西部地区的普通人寿保险产品、分红保险产品，投资连接保险，万能险、意外险、健康险保险费收入比例趋势基本一致，分红产品保费收入比例在所有保费收入中处于领先地位。

表 7 - 14　　2002 ~ 2011 年中国东部、中部、西部区域寿险产品结构　　单位：%

年份	区域	普通寿险产品	分红产品	投资连接险、万能险	意外险	健康险
2002	东部	42.37	45.18	4.24	2.99	5.22
	中部	38.71	52.37	0.93	3.93	4.05
	西部	44.25	43.51	1.23	5.09	6.12
2003	东部	29.29	56.67	3.08	2.41	8.55
	中部	30.01	60.78	0.53	2.71	5.97
	西部	38.70	47.75	0.90	3.82	8.83
2004	东部	31.91	54.81	2.32	2.73	8.24
	中部	30.12	61.56	0.48	2.37	5.46
	西部	40.22	44.23	2.07	4.04	9.44
2005	东部	24.83	55.90	8.42	2.47	8.38
	中部	27.22	59.04	4.50	2.48	6.77
	西部	33.44	47.84	6.57	3.71	8.45
2006	东部	24.38	50.00	13.27	2.61	9.74
	中部	26.78	56.98	7.58	2.22	6.44
	西部	31.81	47.50	8.57	3.21	8.92

续表

年份	区域	普通寿险产品	分红产品	投资连接险、万能险	意外险	健康险
2007	东部	18.84	43.31	27.77	2.35	7.73
	中部	24.36	50.66	17.66	1.99	5.33
	西部	24.53	43.76	21.15	2.93	7.62
2008	东部	12.58	49.29	27.52	1.94	8.67
	中部	16.69	55.65	21.58	1.40	4.67
	西部	16.31	52.07	23.26	2.18	6.18
2009	东部	10.88	63.38	17.14	1.96	6.66
	中部	14.62	67.85	11.28	1.50	4.76
	西部	13.88	65.64	11.93	2.43	6.11
2010	东部	9.18	75.15	7.48	2.07	6.13
	中部	11.77	80.69	1.49	1.58	4.47
	西部	12.30	75.69	3.61	2.52	5.88
2011	东部	9.59	79.28	1.16	2.61	7.37
	中部	10.15	82.29	0.84	1.80	4.92
	西部	11.51	78.21	0.97	2.87	6.43

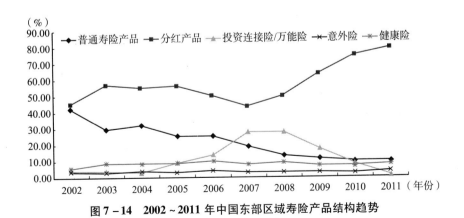

图7－14　2002～2011年中国东部区域寿险产品结构趋势

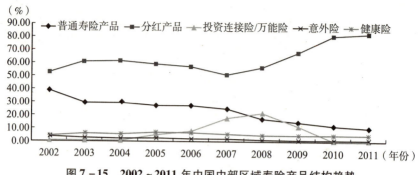

图 7 - 15　2002 ~ 2011 年中国中部区域寿险产品结构趋势

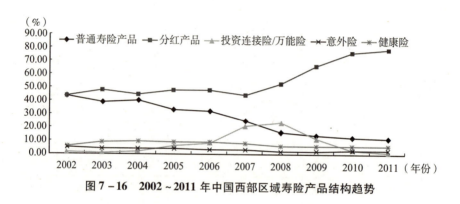

图 7 - 16　2002 ~ 2011 年中国西部区域寿险产品结构趋势

人寿保险市场盈利及集中度分析①

一、人寿保险市场盈利能力分析

（一）承保利润和承保利润率

中国人寿保险业发展快速，但是人寿保险公司的承销利润和承保利润率均为负数，这说明中国人寿保险业人寿保险公司的利润主要依靠投资收益。在承保利润中，2002 ~ 2011 年承保利润的亏损有逐年增大趋势，即便是中国人寿五大保险集团，平安人寿、太保寿险、新华人寿、泰康人寿表现亦是如此。外资保险公司承保利润呈现相同的趋势，相对于中国人寿保险公司，整体来看，承保利润的亏损低于中国人寿保险公司。从承保利润率来看，近十年来，保险公司承保利润率绝对值是呈现增长趋势的，中国

---

① 蒋才芳：《人寿保险行业市场结构与效率研究》，湖南大学博士学位论文，2014 年，第 89 ~ 90 页。

人寿保险股份有限公司人寿保险，太保寿险，新华人寿，泰康人寿的表现尤其明显。外商保险公司承保利润率的波动比中国人寿保险公司强。整体而言，承保损失率高于中国人寿保险公司。

（二）投资收益

投资收益是人寿保险公司将承保的保费，也即人寿保险公司现金流作为投资基金，通过定期存款、购买债券、股票、证券基金、房地产投资和股权投资等形式进行投资，从而获取收益。对保费进行投资获取收益是人寿保险业在人寿保险公司发展中的关键，投资收益可以弥补人寿保险公司主营业务造成的损失，是人寿保险公司发展壮大的根源。在世界上主要发达国家，成熟的人寿保险业，由于薪酬高，支付率高，费用高昂，造成人寿保险公司承担承保损失，所以投资收益已成为人寿保险公司盈利能力的主要渠道。无论是中国还是外国人寿保险公司，在大多数年份，主要人寿保险公司的投资收益呈现增加趋势，由于 2008 年国际金融危机，中国人寿保险行业投资收益比 2007 年要低，但投资收益总体增长的发展趋势并未改变。在中国的人寿保险行业市场上，整体来说，中资的人寿保险公司的投资收益明显高于外商或中外合资人寿保险公司的投资收益。

（三）人寿保险的整体利润率

表 7 - 15 显示了 2001～2013 中国的人寿保险利润率，包括资产利润率和保费利润率。图 7 - 17 反映了 2001～2013 年中国人寿保险业资产利润率和保费利润率的变化情况。从中国人寿保险行业资产利润率和保费利润率的情况来看，中国人寿保险行业这两个指标呈现明显的分阶段特征，无论是资产利润率还是保费利润率在 2001～2004 年利润率有所下降，表明中国自 2001 年以来加入 WTO 到 2004 年底，中国人寿保险业向外界开放。随着外国人寿保险公司继续进入中国市场，中国人寿保险业在 2004年带来了巨大的商机和挑战，资产利润率和保费利润有所下降。然后从 2004～2007 年呈上升趋势，这表明中国人寿保险业已进入快速发展期，中国人寿、中国平安等人寿保险公司在 A 股上涨，表现优异，给中国人寿保险业的发展带来活力。2008 年受到国际金融危机的影响，中国人寿保险行业整体盈利能力开始下滑，资产利润率和溢价利润均高于 2007 年，2009年金融风暴后，国内人寿保险业发展较好，盈利能力较强，利润率回调上升。受保险业深化改革，调整结构，加强监督，防范风险和国内经济增长放缓等因素的影响，中国人寿保险行业自 2009～2012 年的利润率和保费利润率分别从 1.07% 和 5.34% 逐渐下降至 0.32% 和 2.30%。总体而言，

中国人寿保险行业市场表现出来的盈利能力呈现下降趋势，表现出产业组织理论中平均利润率趋于零的市场绩效衡量标准。

表 7 – 15 2001 ~ 2013 年中国寿险业利润率水平 单位：亿元，%

年份	资产总额	保费收入	利润总额	资产利润率	保费利润率
2001	4 611.83	1 725	54.17	1.17	3.14
2002	6 319.68	2 275	47.66	0.75	2.09
2003	9 088.21	2 983	46.28	0.44	1.34
2004	11 985.86	3 198	− 27.26	− 0.23	− 0.85
2005	15 298.69	3 645	− 3.12	− 0.02	− 3.09
2006	19 704.19	4 059	152.29	0.77	3.75
2007	29 003.92	4 947	553.85	1.91	11.20
2008	33 418.43	7 338	61.64	0.18	0.84
2009	40 634.75	8 144	434.57	1.07	5.34
2010	50 481.61	10 501	476.39	0.94	4.54
2011	60 138.10	9 560	374.22	0.62	3.91
2012	73 545.73	10 157.00	233.27	0.32	2.30
2013	82 886.95	11 009.98	507.85	0.61	4.61

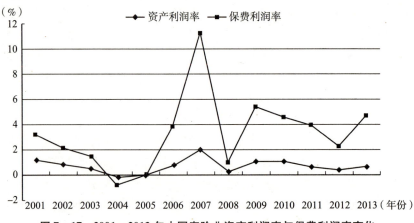

图 7 – 17 2001 ~ 2013 年中国寿险业资产利润率与保费利润率变化

二、人寿保险行业市场集中度情况

（一）中国国内人寿保险行业市场集中度现状

表 7-16 显示了 1996～2011 年中国人寿保险业市场集中度 CR_4 和 HHI 的变化情况，图 7-18 反映了 1996～2011 年中国人寿保险行业市场集中度 CR_4、HHI 变化趋势。通过表 7-16 和相应的线图可以看出，从 1996～2011 年的 16 年，中国人寿保险业的 CR_4 和 HHI 值呈下降趋势，表明中国人寿保险行业市场集中度有一定程度的下降，CR_4 指数从 1996 年的 98.93% 下降到 2011 年的 69.49%，下降了近 30%。HHI 指数从 62.35% 下降至 18.76%，下降近 44 个百分点。从上述数据我们可以看到，中国人寿保险业的竞争程度持续上升，整体竞争力的实力也在不断增强。虽然中国人寿保险业发展很快，但市场集中度仍然很高。根据贝恩对市场结构的划分，我们可以得出结论，中国人寿保险业仍然是高度垄断的市场结构类型，中国人寿保险业，市场结构类型并未发生实质性重大变化。

表 7-16　　1996～2011 年中国寿险业市场集中度 CR_4、HHI 一览

集中度	2011 年	2010 年	2009 年	2008 年	2007 年	2006 年	2005 年	2004 年
CR_4	0.6949	0.5931	0.6905	0.7387	0.7702	0.8599	0.8395	0.8966
HHI	0.1876	0.1441	0.1891	0.2307	0.2429	0.3172	0.3187	0.3677

集中度	2003 年	2002 年	2001 年	2000 年	1999 年	1998 年	1997 年	1996 年
CR_4	0.9291	0.9416	0.9698	0.9719	0.9756	0.9798	0.9781	0.9893
HHI	0.3559	0.3839	0.4153	0.6147	0.6406	0.6572	0.6307	0.6235

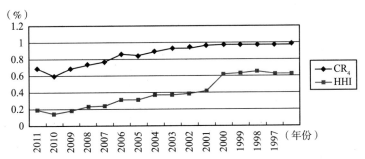

图 7-18　1996～2011 年中国寿险业市场集中度 CR_4、HHI 的变动趋势

表 7 - 17 显示了 2002 ~ 2011 年中、外资人寿保险的保费收入和市场份额的相关情况，图 7 - 19 反映了 2002 ~ 2011 年间，中、外资人寿保险费和市场份额变动情况，根据相应的保费收入和市场份额图，我们可以看到，中、外资人寿保险费收入和市场份额基本趋势是在增加，尽管随着中国进入世界贸易组织和开放度程的增加，但在人寿保险行业的保费收入中，中资保险公司的市场份额都远高于外资保险公司的市场份额，占有绝对的优势。

表 7 - 17　　2002 ~ 2011 年中、外资寿险保费收入及市场份额一览

年份	中资寿险		外资寿险	
	保费收入（亿元）	市场份额（%）	保费收入（亿元）	市场份额（%）
2002	2 234.78	98.24	39.86	1.76
2003	2 955.56	98.16	55.43	1.84
2004	3 109.25	97.36	84.34	2.64
2005	3 320.12	91.09	324.78	8.91
2006	3 818.84	94.08	240.23	5.92
2007	4 550.26	91.99	396.24	8.01
2008	6 976.57	95.08	361.00	4.92
2009	7 717.92	94.77	426.27	5.23
2010	9 909.41	94.37	591.47	5.63
2011	9 139.11	95.60	420.90	4.40

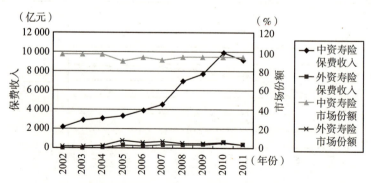

图 7 - 19　2002 ~ 2011 年中、外资寿险保费收入及市场份额

表7-17和图7-18显示了2002~2011年中国主要人寿保险公司的保费收入和人寿保险市场份额,从表中可以看出,十几年来,人寿保险市场结构发生了巨大变化,人寿保险行业市场集中度逐渐下降,市场竞争格局逐渐形成,早先成立的几家大型人寿保险公司的市场份额正在逐渐下降。目前,中国人寿保险市场中,中国人寿、平安人寿、太保寿险、新华人寿占有较大的市场份额,特别是前两家公司,市场份额比较大,但像华泰人寿、长城人寿等所占的市场份额则相对较小,追溯到2002年,我们可以看到中国人寿、平安人寿和太保寿险三大公司的市场份额不断下降,但新华人寿、泰康人寿的市场份额则不断上升。例如,中国人寿的市场份额从2002年的54.22%下降到2011年的约37%,虽然其市场份额有所下降,但仍然拥有绝对的优势。平安保险公司的人寿保险市场份额从2002年的26.09%2011年下降至12.44%。

(二)亚洲主要国家市场集中度比较①

2002年,亚洲主要国家的人寿保险集中度如表7-16所示,从中可以看出,印度尼西亚人寿保险公司数量最多,中国香港地区次之,而印度、越南的前五大人寿保险公司的市场份额达到100%,赫芬达尔指数达到10 000,表明这两个国家的前五大人寿保险公司占有了自己的国家所有的市场份额,处于绝对的垄断地位。中国五大人寿保险公司的市场份额也达到了99.12%,赫芬达尔指数达5 180,亚洲国家居第三位,显示中国寿险行业市场竞争并不激烈,市场垄断形势比较严重。同时,从表7-16中,我们还可以看出,人寿保险公司数量与该国家前五名的人寿保险公司的市场份额、赫芬达尔指数基本呈反相关关系,也即人寿保险公司数量越少,前五大人寿保险公司占有的市场份额越大,赫芬达尔指数也更大,市场竞争度也越低。

表7-18 　　　　　　2002年亚洲主要各国（地区）寿险业集中度

国别（地区）	寿险公司数量	排名前5位寿险公司的市场份额（%）	Herfindahl 指数
中国	12	99.12	5 180
印度	1	100.00	10 000
越南	4	100.00	10 000

① 蒋才芳:《人寿保险行业市场结构与效率研究》,湖南大学博士学位论文,2014年,第89~90页。

续表

国别（地区）	寿险公司数量	排名前 5 位寿险公司的市场份额（%）	Herfindah1 指数
韩国	27	82.13	2 126
日本	45	61.24	1 009
中国台湾	31	78.56	1 771
印度尼西亚	62	66.27	1 317
泰国	25	90.23	2 975
新加坡	14	91.25	2 380
菲律宾	40	76.12	1 615
马来西亚	18	72.67	1 495
中国香港	55	61.56	963

中国与世界主要国家人寿保险行业的比较①

一、对世界上主要国家人寿保险行业市场规模的比较分析

表 7 - 19 显示了 2011 年中国人寿保险业和世界主要国家人寿保险业的保费收入、保险密度和保险深度的比较，表 7 - 20 反映了 2011 年国内外人寿保险公司资产规模、保费收入和利润的比较。从 2011 年中国人寿保险和世界各国人寿保险的保费收入、保险密度和保险深度所做的比较来看，美日两国具有绝对的优势，人均保费瑞士最高，中国台湾地区的保险深度则位居第一，相比之下，中国的人寿保险业与许多发达国家仍然存在很大的差距，我们需要采取"引进来"和"走出去"的政策，积极向国外先进国家的保险公司学习，力争将中国的保险业务做大做强。此外，从2011 年中外主要人寿保险公司的资产规模，保费收入和利润一览表中可以看出，中国人寿保险公司，平安保险公司和太平洋保险公司的这几个指标都不高，与其他国家相比，没有竞争优势，因此，我们需要不断优化人寿保险业的结构，加强人寿保险公司的优势。

①　蒋才芳：《人寿保险行业市场结构与效率研究》，湖南大学博士学位论文，2014 年，第 90 ~ 91 页。

表 7 - 19 　　　　　2011 年中国与世界主要国家寿险业保费收入、
保险密度和保险深度一览

国别 （地区）	保费收入		保险密度		保险深度	
	寿险收入 （百万美元）	排名	人均保费 （美元/人）	排名	寿险深度 （％）	排名
美国	537 570	1	1 716	17	3.6	17
加拿大	52 167	11	1 519	21	3.0	24
英国	210 067	3	3 347	9	8.7	5
德国	113 869	6	1 389	22	3.2	22
法国	174 753	4	2 638	12	6.2	9
意大利	105 089	7	1 696	19	4.7	13
瑞士	35 083	17	4 421	1	5.5	11
荷兰	31 210	19	1 870	17	3.7	16
日本	524 668	2	4 138	2	8.8	4
韩国	79 161	8	1 615	20	7.0	7
中国	134 539	5	99	61	1.8	45
中国台湾	64 133	9	2 757	11	13.9	1
中国香港	24 556	21	3 442	6	10.1	3
印度	60 442	10	49	77	3.4	19
巴西	41 046	15	208	45	1.7	46
墨西哥	10 083	28	193	58	0.9	61

表 7 - 20 　　2011 年中外主要寿险公司资产规模、保费收入、利润一览

单位：百万美元

公司名称	国家	资产规模	保费收入	利润
荷兰国际集团	荷兰	1 653 488.70	150 570.70	6 590.70
安盛	法国	947 869.20	142 711.80	6 012.30
安联保险集团	德国	832 823.00	134 167.50	3 538.70
意大利忠和保险公司	意大利	549 255.10	112 627.60	1 190.40
日本生命保险公司	日本	621 863.30	90 782.50	2 848.40
日本明治安田生命保险公司	日本	361 300.00	77 463.40	2 187.80
美国国际集团	美国	555 773.00	71 730.00	17 798.00

续表

公司名称	国家	资产规模	保费收入	利润
美国大都会人寿	美国	799 625.00	70 641.00	6 981.00
英杰华集团	英国	485 525.80	61 754.30	360.70
英国保诚集团	英国	425 225.20	58 527.00	2 388.80
苏黎世保险集团	瑞士	385 869.00	52 983.00	3 766.00
中国人寿保险（集团）公司	中国	311 031.20	67 274.00	1 048.30
中国平安保险（集团）公司	中国	363 111.60	42 110.30	3 012.40
中国太平洋保险（集团）公司	中国	90 659.70	24 429.00	1 285.80
中国寿险业整体数据	中国	792 063.49	151 746.03	5 847.94

二、国内外人寿保险业经营业绩比较①

（一）中国和世界各大人寿保险行业保费收入，保险密度和保险深度

1. 人寿保险业保费收入比较。保费收入是衡量一个国家人寿保险行业规模和发展水平的一种手段。表 7 - 21 给出了 2001～2011 年中国与世界主要国家人寿保险保费收入情况，图 7 - 20 是 2001～2011 中国与世界主要国家人寿保险业平均保费收入比较直方图，包括美国、拉丁美洲、巴西、欧洲、英国、法国、德国、意大利、瑞士、荷兰和亚洲的日本、韩国、印度等国家。从表和直方图可以看出，自 2001～2011 年，虽然中国的保险业保费收入快速增长，但与发达国家相比仍有较大差距。从这 11 年的保费收入来看，中国人寿保险业的保费收入为 667.6 亿美元，虽然比巴西、瑞士、荷兰、韩国、印度等国家寿险业平均保费收入要高，但低于美国、日本、英国、法国、德国这样的发达国家的年均保费收入，美国排名第一，日本排名第二，英国排名第三，这三个国家的寿险年均保费收入分别为 51 308.127 万元、38 609.54 万元和 23 446.164 万元，是中国人寿保险业平均年保费收入的 7.69 倍、5.78 倍和 3.51 倍。

---

① 蒋才芳：《人寿保险行业市场结构与效率研究》，湖南大学博士学位论文，2014 年，第 147～152 页。

表 7 – 21　　　　2001～2011 年中国与世界主要国家寿险业保费收入比较

单位：百万美元

国家	2001 年	2002 年	2003 年	2004 年	2005 年	2006 年	2007 年	2008 年	2009 年	2010 年	2011 年	均值
英国	443 413	480 452	480 919	494 818	517 074	533 649	579 215	578 211	492 345	506 228	537 570	513 081. 27
巴西	1 822	4 749	6 306	8 199	10 556	13 699	18 533	22 419	24 781	24 762	41 046	16 079. 27
英国	152 717	159 656	154 842	189 591	199 612	311 691	423 743	342 759	217 681	216 719	210 067	234 461. 64
法国	75 146	80 411	105 436	128 813	154 058	177 902	189 626	181 146	194 077	194 077	174 753	101 052. 82
德国	55 631	60 860	76 738	84 535	90 225	94 911	102 084	111 278	111 775	111 996	113 869	92 172. 91
意大利	41 481	52 444	71 694	82 083	91 740	89 576	88 255	82 623	115 290	115 290	105 089	85 051. 36
瑞士	19 661	22 566	24 713	24 067	22 747	23 363	23 923	27 122	26 379	28 809	35 083	25 912. 09
荷兰	21 534	20 842	25 371	31 512	31 914	33 907	36 132	38 899	33 758	25 102	31 210	30 016. 45
日本	356 731	354 553	381 335	386 839	375 958	362 766	297 040	367 112	399 100	440 950	524 668	386 095. 64
中国	15 556	25 054	32 442	35 407	39 592	45 092	58 673	95 831	109 175	142 999	135 439	66 760
韩国	36 392	39 272	41 998	48 680	58 848	72 298	80 439	66 417	63 591	71 131	79 161	59 838. 82
印度	9 418	12 274	13 590	16 919	20 175	37 220	50 185	48 860	57 114	67 810	60 442	35 818. 82

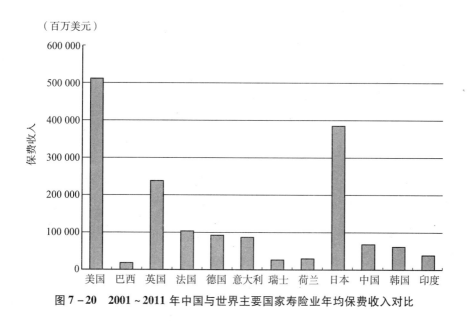

（百万美元）

图 7 – 20　2001～2011 年中国与世界主要国家寿险业年均保费收入对比

2. 保险密度与保险深度的比较。保险密度和保险深度反映了一国保险业在世界保险市场的地位。表 7 - 22 显示了 2001 ~ 2011 年中国和世界主要国家寿险业的保险密度，表 7 - 23 显示了 2001 ~ 2011 年中国和世界主要国家的人寿保险深度。图 7 - 21 显示了 2001 ~ 2011 年中国和世界人寿保险业的年增色保险密度和保险深度。从中可以看出，中国和世界各大人寿保险行业相比，其年均保险密度和保险深度都比较低，在世界人寿保险市场上的位置依然很低。2011 年，中国人寿保险业的保险密度为 99 美元在世界排名第 61 位，中国人寿保险业保险深度 1.8%，居世界第 45 位。从这十一年的保险密度平均值来看，中国与世界主要国家相比，中国人寿保险密度为 50.81 美元，只比印度的 30.15 美元的人寿保险密度高，低于其他国家。寿险密度排名第一的是英国，瑞士排名第二，日本排名第三，英国、瑞士、日本的人寿保险密度分别为 3 612.3 美元、3 371.7 美元和 3 080.97 美元，分别是中国保险密度的 71.09 倍、66.36 倍和 60.64 倍。从这十一年的保险深度的平均值来看，中国和世界主要国家相比，中国平均人寿保险深度为 2.12%，比巴西人寿保险深度高 1.32%，但比美国、英国、法国、德国、意大利、瑞士、荷兰、日本、韩国、印度等国家低，英国的平均人寿保险深度排名第二，日本排名第二，韩国排名第三。英国、日本和韩国的年平均人寿保险深度分别为 10.40%、8.48% 和 7.83%，分别是中国人寿保险深度的 4.91 倍、4 倍和 3.69 倍。

表 7 - 22　　2001 ~ 2011 年中国与世界主要国家寿险业保险密度比较　　单位：美元

国家	2001 年	2002 年	2003 年	2004 年	2005 年	2006 年	2007 年	2008 年	2009 年	2010 年	2011 年	均值
美国	1 602	1 662.6	1 657.5	1 692.5	1 753.5	1 789.5	1 845	1 900.6	1 602.6	1 631.8	1 716	1 563.25
巴西	10.8	27.2	35.8	45.9	56.8	72.5	93.9	115.4	127.9	169.9	208	87.65
英国	2 567.9	2 679.4	2 617.1	2 190.4	3 287.1	5 139.6	5 360.8	5 582.1	3 527.6	3 436.3	3 347	3 612.3
法国	1 268.2	1 349.5	1 767.9	2 150.2	2 474.6	2 922.5	2 857.2	2 791.9	2 979.8	2 937.5	2 638	2 647.01
德国	674.3	736.7	930.4	1 021.3	1 042.1	1 136.1	1 241.5	1 346.5	1 359.7	1 402.2	1 389	1 116.33
意大利	720.8	904.9	1 238.3	1 417.2	1 449.8	1 492.8	1 417.6	1 342.4	1 878.3	1 978.7	1 696	1 412.44
瑞士	2 715.7	3 099.7	3 431.8	3 275.1	3 078.1	3 111.8	3 331.6	3 551.5	3 405.6	3 666.8	4 421	3 371.7
荷兰	1 345.0	1 296.1	1 561.7	1 936.60	1 954.2	2 071.6	2 218.8	2 366.0	2 046.1	1 511.8	1 870	1 834.35
日本	2 806.4	2 783.9	3 002.9	3 044.0	2 956.3	2 829.7	2 848.9	2 869.5	3 138.7	3 472.8	4 138	3 080.97
中国	12.2	19.5	25.1	27.3	30.5	34.1	52.9	71.7	81.1	105.5	99	50.81

续表

国家	2001 年	2002 年	2003 年	2004 年	2005 年	2006 年	2007 年	2008 年	2009 年	2010 年	2011 年	均值
韩国	763.4	821.9	873.6	1 006.8	1 210.6	1 480.0	1 414.0	1 347.7	1 180.6	1 454.3	1 615	1 197.08
印度	9.1	11.7	12.9	15.7	18.3	33.2	37.2	41.2	47.7	55.7	49	30.15

表 7 - 23　　2001～2011 年中国与世界主要国家寿险业保险深度比较　　单位：%

国家	2001 年	2002 年	2003 年	2004 年	2005 年	2006 年	2007 年	2008 年	2009 年	2010 年	2011 年	均值
美国	4.4	4.6	4.4	4.2	4.1	4.0	4.0	4.1	3.5	3.5	3.6	4.04
巴西	0.4	1.1	1.3	1.4	1.3	1.3	1.4	1.4	1.6	1.6	1.7	1.32
英国	10.7	10.2	8.6	8.9	8.9	13.1	13.0	12.8	10.0	9.5	8.7	10.40
法国	5.7	5.6	6.0	6.4	7.0	7.9	7.0	6.2	7.2	7.4	6.2	6.60
德国	3.0	3.1	3.2	3.1	3.0	3.1	3.1	3.0	3.3	3.5	3.2	3.15
意大利	3.8	4.4	4.8	4.9	4.9	4.7	4.1	3.5	5.3	5.8	4.7	4.63
瑞士	8.0	8.4	7.7	6.7	6.2	6.2	6.0	5.5	5.4	5.5	5.5	6.46
荷兰	5.7	5.0	4.9	5.4	5.1	5.1	4.8	4.5	4.2	3.2	3.7	4.69
日本	8.9	8.6	8.6	8.3	8.3	8.3	8.0	7.6	9.9	8.0	8.8	8.48
中国	1.4	2.0	2.3	2.2	1.8	1.7	2.0	2.2	3.4	2.5	1.8	2.12
韩国	8.7	8.2	6.8	6.8	7.3	7.9	8.0	8.0	10.4	7.0	7.0	7.83
印度	2.2	2.6	2.3	2.5	2.5	4.1	4.1	4.0	5.2	4.4	4.4	3.39

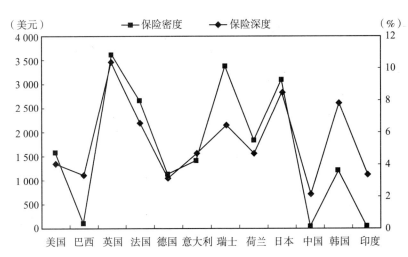

图 7 - 21　2001～2011 年中国与世界主要国家寿险业年均

保险密度和保险深度比较

（二）中国与世界发达国家知名人寿保险公司经营业绩的比较

1. 资产、保险收入、利润的比较。表 7 - 24 显示了 2008 ~ 2013 年中国和世界发达国家知名人寿保险公司资产、保险收入、利润的比较，图 7 - 22 显示了 2008 ~ 2013 年中国和世界各大知名人寿保险公司年度资产与保险收入比较，从中可以看出，中国人寿保险公司、中国平安保险公司、中国太平洋保险公司跻身全球 31 个知名人寿保险公司。在 2008 ~ 2013 年期间，与世界知名的美国国际集团、大都会人寿、保德信金融集团、美国教师退休基金会、日本第一生命保险、日本邮政控股公司、英国保诚集团、安盛、法国国家人寿保险公司、荷兰国际集团、荷兰全球集团、意大利忠利保险公司、苏黎世保险集团等寿险公司相比，中国三大寿险公司的年均资产规模仍然小于发达国家知名人寿保险公司的平均资产规模。2008 ~ 2013 年，中国人寿，中国平安，中国太平洋平均年资产规模分别为 29 406 238 万美元、33 791 120 万美元、791 728 万美元，平均年资产排名第二的是荷兰国际集团，分别为中国平安、中国平安、中国太平洋平均年资产的 5.59 倍、4.86 倍和 16.78 倍。从 2008 ~ 2013 年度年保费收入比较来看，中国人寿、中国平安、中国太平洋年保费收入高于世界知名的美国国际集团、联合健康集团、大都会人寿、保德信金融集团、美国老师退休基金会日本生命保险公司、日本邮政控股公司、英国保诚集团，英杰华集团、英国法通保险公司、安联保险集团、安盛、法国国家人寿保险公司、荷兰国际集团、荷兰全球保险集团、意大利忠利保险公司等寿险公司。中国人寿、中国平安、中国太平洋年均保费收入分别是 4 901 040 万美元、6 758 224 万美元、2 447 932 万美元，排名第一的联合健康集团年均保费收入为 99 574 467 万美元，分别是中国人寿 20.32 倍，中国平安 14.73 倍，中国太平洋 40.68 倍；排在第二的日本邮政控股公司年均保费收入为 53 702 126 万美元，分别是中国人寿、中国平安、中国太平洋的 10.96 倍、7.95 倍和 21.94 倍；排名第三的荷兰国际集团年均保费收入为 27 380 537 万美元，分别是中国人寿、中国平安、中国太平洋的 5.59 倍、4.05 倍和 11.19 倍。

表 7 - 24　　2008 ~ 2013 年中国与世界主要国家寿险业知名寿险公司
年均经营绩效对比一览　　　　　单位：百万美元，%

国家	公司名称	资产	保费收入	利润	资产利润率	保费利润率
美国	美国国际集团	635 352.6	127 070.52	5 431.60	0.85	4.27
	联合健康集团	68 096.50	995 744.67	4 621.00	6.79	4.64

续表

国家	公司名称	资产	保费收入	利润	资产利润率	保费利润率
美国	Wellpoint 公司	53 540.70	63 160.27	2 985.93	5.58	4.73
	大都会人寿	715 600.00	119 266.67	2 571.00	0.36	2.16
	安泰保险	40 350.28	36 271.85	1 664.10	4.12	4.59
	保德信金融集团	588 444.67	98 074.11	1 452.33	0.25	1.48
	美国纽约人寿保险公司	205 855.43	34 309.24	673.57	0.33	1.96
	美国教师退休基金会	420 007.03	70 001.17	628.73	0.15	0.90
	西北互助人寿保险公司	185 262.03	30 877.01	631.77	0.34	2.05
	美国家庭人寿保险公司	110 929.64	22 092.08	2 365.80	2.13	10.71
日本	日本生命保险公司	559 100.85	93 183.48	2 511.68	0.45	2.70
	日本第一生命保险	365 724.97	60 954.16	571.43	0.16	0.94
	日本邮政控股公司	3 222 127.57	537 021.26	5 241.07	0.16	0.98
	日本明治安田生命保险公司	314 219.02	52 369.84	1 958.45	0.62	3.74
	住友生命保险公司	266 016.80	44 336.13	1 234.30	0.46	2.78
英国	英国保诚集团	449 092.78	89 818.56	2 247.78	0.50	2.50
	英杰华集团	520 355.38	86 725.90	133.14	0.03	0.15
	英国法通保险公司	531 793.94	106 358.79	1 292.12	0.24	1.21
	英国标准人寿保险公司	266 699.23	66 674.81	708.50	0.27	1.06
	英国耆卫保险公司	258 314.95	64 578.74	498.78	0.19	0.77
德国	安联保险集团	955 600.52	159 266.75	4 538.25	0.47	2.85
法国	安盛（AXA）	988 241.02	164 706.84	4 550.40	0.46	2.76
	法国国家人寿保险公司	437 217.58	72 869.60	1 276.40	0.29	1.75
荷兰	荷兰国际集团	1 642 832.23	273 805.37	2 835.41	0.17	1.04
	荷兰全球保险集团	458 592.22	91 718.44	1 437.48	0.31	1.57
意大利	意大利忠利保险公司	576 615.85	96 102.64	1 530.05	0.27	1.59
瑞士	苏黎世保险集团	380 451.33	63 408.56	3 560.00	0.94	5.61
韩国	三星人寿保险	137 847.02	27 569.40	933.39	0.68	3.39
中国	中国人寿保险（集团）公司	294 062.38	49 010.40	1 167.00	0.40	2.38
	中国平安保险（集团）股份有限公司	337 911.20	67 582.24	3 071.80	0.91	4.55
	中国太平洋保险（集团）股份有限公司	97 917.28	24 479.32	1 215.20	1.24	4.96

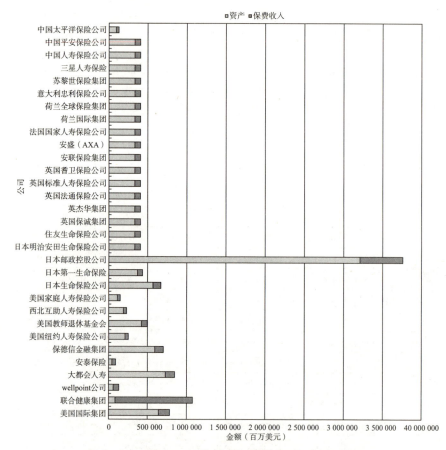

**图7－22　2008～2013年中国与世界主要国家知名寿险
公司年均资产与保费收入对比**

图7－23反映了2008～2013中国和世界各大知名人寿保险公司的平
均利润的比较直方图。从中可以看出，中国平安的年均利润低于美国国际
集团、联合健康集团、日本邮政控股公司、安联保险集团、安盛和苏黎世
保险集团的年均利润，而中国人寿、中国太平洋的年均利润除了比美国纽
约人寿保险公司、美国教师退休基金会、西北互助人寿保险公司、日本第
一生命保险、英杰华集团、英国标准人寿保险公司、英国卫保险公司、三
星人寿保险的年均利润要高外，与其他20家世界知名寿险公司年均利润
相比均要低。2008～2013年中国人寿、中国平安、中国太平洋的年均利润
分别为116 700万美元、307 180万美元和121 520万美元，而排名第一的

美国国际集团年均利润为 543 160 万美元，分别是中国人寿、中国平安、中国太平洋的 4.65 倍、1.77 倍和 4.47 倍。

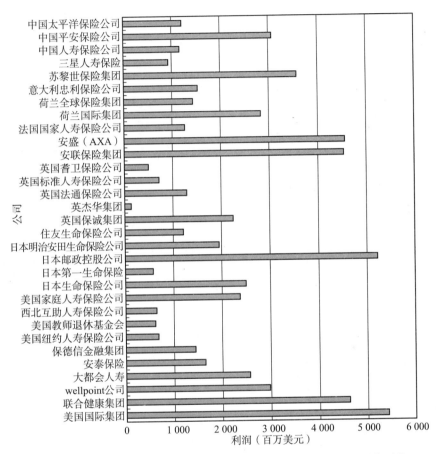

图 7-23 2008~2013 年中国与世界主要国家知名寿险公司年均利润对比

2. 资产利润率与溢价利润率比较。图 7-24 反映了 2008~2013 年，中国和世界主要国家知名人寿保险公司的年平均利润率和保费利润率比较图，从年均资产利润率来看，2008~2013 年，中国太平洋、中国平安的年均资产利润率分别为 1.24%、0.91%，低于联合健康集团的 6.79%，Wellpoint 公司的 5.58%，安泰保险的 4.12%，美国家庭人寿保险公司的 2.13%，中国人寿在 31 个世界知名人寿保险公司平均年利润率中，以 0.40% 的平均年度资产利润率排名第 16 位。排名第一的是联合健康集团，分别是中国人寿、中国平安、中国太平洋的 16.98 倍、7.46 倍和 5.48 倍，年均资产利润率排第二的 Wellpoint 公司分别是中国人寿、中国平安、中国太平洋的 13.95 倍、6.13 倍和 4.5 倍，年均资产利润率排第三的安泰保险分别是中国人寿、中国平安、中国太平洋的 10.3 倍、4.53 倍和 3.32 倍。从年均保费利润率看，2008~2013 年中国太平洋年均保费利润率为 4.96%，低于美国家庭人寿保险公司 10.71%、苏黎世保险集团 5.61% 的年均保费利润率，中国平安的年均保费利润率为 4.55%，低于联合健康集团 4.64%、Wellpoint 公司 4.73%、安泰保险 4.59% 的年均保费利润率，中国人寿的年均保费利润率为 2.38%，在 31 家世界知名寿险公司年均保费利润率中排第 16 位。年均保费利润率排第一的美国家庭人寿保险公司分别是中国人寿、中国平安、中国太平洋的 4.5 倍、2.35 倍和 2.16 倍，年均保费利润率排第二的苏黎世保险集团分别是中国人寿、中国平安、中国太平洋的 2.36 倍、1.23 倍和 1.13 倍。

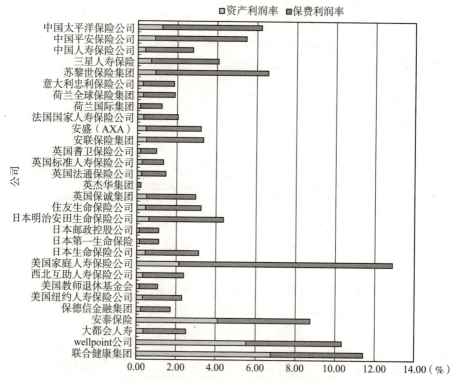

图 7-24　2008~2013 年中国与世界主要国家知名寿险公司
年均资产利润率和保费利润率对比

3. 人寿保险行业资产、利润比较。表 7 - 25 显示了 2008 ~ 2013 年中国和世界主要国家人寿保险业的资产、保费、利润情况，图 7 - 25 反映了 2008 ~ 2013 年中国和世界主要国家人寿保险资产的变化。从 2008 ~ 2013 年的人寿保险业资产比较中可以发现，过去六年来，中国人寿保险行业资产只比韩国的人寿保险资产高，低于英国、德国、法国、荷兰、意大利和瑞士的寿险业资产。与英国相比，只有 2012 年，中国的人寿保险资产高于英国人寿保险业。与美国相比，只有 2013 年，中国的人寿保险业资产高于美国人寿保险行业的资产。2013 年，在美国、日本、英国、德国、法国、荷兰、意大利、瑞士、韩国、中国 10 个国家中，中国寿险业资产为 35 739 843 万美元，排在第 8 位，而排在第一名的荷兰寿险业资产为 98 536 605 万美元，是中国寿险业资产的 2.76 倍，排名第二的德国寿险业资产为 98 034 600 万美元，是中国寿险业资产的 2.74 倍，排名第三的日本寿险业资产为 87 009 138 万美元，是中国寿险业资产的 2.43 倍。

表 7 - 25　　　　　2008 ~ 2013 年中国与世界主要国家寿险业
资产、保费、利润对比一览　　　　　单位：百万美元

国家	2008			2009			2010		
	资产	保费收入	利润	资产	保费收入	利润	资产	保费收入	利润
美国	220 676.58	42 532.61	647.05	283 947.60	46 405.45	181.50	300 322.73	49 403.92	2 865.66
日本	868 635.62	78 344.70	1 772.70	915 615.40	84 061.58	2 163.08	1 028 395.98	87 009.12	2 143.44
英国	509 771.50	35 505.80	1 677.80	384 267.20	59 462.90	778.82	407 902.52	57 574.44	1 193.72
德国	1 328 250.60	142 394.60	3 577.20	838 046.20	125 999.00	5 972.60	838 488.50	127 378.70	6 692.50
法国	655 441.00	59 369.25	1 210.20	724 716.85	120 906.55	3 203.90	705 238.65	110 777.80	2 515.80
荷兰	1 851 011.60	226 577.00	1 851.01	1 049 110.65	113 855.00	643.11	1 056 687.05	106 093.95	3 003.85
意大利	533 674.40	103 103.00	1 260.10	608 134.90	126 012.50	1 819.60	566 786.80	120 233.50	2 254.10
瑞士	327 944.00	32 349.00	3 039.00	368 914.00	70 272.00	3 215.00	375 661.00	67 850.00	3 434.00
韩国	87 957.10	24 419.50	527.76	117 716.30	25 805.00	749.60	133 449.10	28 773.20	1 674.10
中国	188 275.10	54 534.00	473.00	182 390.35	39 696.45	2 578.55	269 514.60	64 634.50	3 505.40

国家	2011			2012			2013		
	资产	保费收入	利润	资产	保费收入	利润	资产	保费收入	利润
美国	307 851.67	50 327.30	4 377.42	328 409.38	54 991.62	2 211.26	342 362.47	54 035.35	2 882.28
日本	1 046 483.90	96 962.44	2 549.91	943 404.76	89 727.24	2 860.42	870 091.38	72 586.76	2 330.76
英国	472 856.70	49 882.47	1 346.08	49 275.58	56 054.78	527.08	428 210.90	53 549.54	1 693.78
德国	832 823.00	134 167.50	3 538.70	915 648.80	130 774.60	6 642.80	980 346.00	134 636.10	7 960.10
法国	682 318.60	97 116.45	3 612.30	734 938.75	105 253.10	3 279.30	773 721.95	111 241.90	3 658.90

续表

国家	2011			2012			2013		
	资产	保费收入	利润	资产	保费收入	利润	资产	保费收入	利润
荷兰	1 051 075.65	97 383.80	3 899.50	1 007 232.05	94 511.55	3 077.85	985 366.05	89 294.45	3 687.35
意大利	549 255.10	112 627.60	1 190.40	582 307.90	113 794.20	113.79	619 536.00	115 224.40	2 542.30
瑞士	385 869.00	52 983.00	3 766.00	409 267.00	70 714.00	3 878.00	415 053.00	72 045.00	4 028.00
韩国	150 352.80	28 013.10	1 278.50	167 256.50	27 253.00	882.90	182 855.60	26 167.40	832.60
中国	254 934.17	44 604.43	1 782.17	312 041.80	51 535.57	746.10	357 398.43	60 276.90	2 226.70

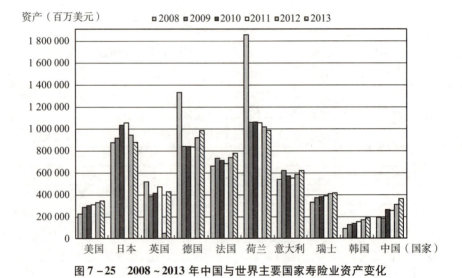

图 7 - 25　2008～2013 年中国与世界主要国家寿险业资产变化

图 7 - 26 反映了 2008～2013 年，中国和世界各大人寿保险行业利润变化图。从中可以看出，在美国、日本、英国、德国、法国、荷兰、意大利、韩国、中国这 10 个国家中，这六年来，中国人寿保险业利润分别排在第 10 位、第 4 位、第 2 位、第 7 位、第 8 位、第 8 位。2013 年，中国人寿保险业利润 222 670 万美元，仅高于英国寿险利润 169 378 万美元和韩国寿险利润 83 260 万美元，而排名第一的德国、排名第二的瑞士、排名第三的荷兰寿险业利润分别为 796 010 万美元、402 800 万美元和 368 735 万美元，分别是中国寿险业利润的 3.57 倍、1.81 倍和 1.66 倍。

利润（百万美元）

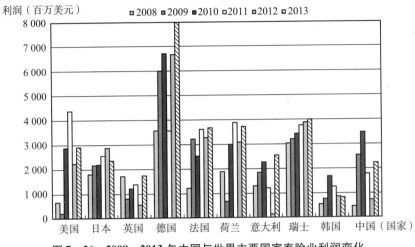

图 7 – 26　2008～2013 年中国与世界主要国家寿险业利润变化

4. 人寿保险行业利润率，溢价利润率比较。表 7 – 26 显示了 2008～2013 年，中国和世界主要国家寿险业利润率的比较，图 7 – 27 反映了2008～2013 年中国和世界主要国家各大人寿保险行业资产利润率变化图。从中可以看出，中国人寿保险行业资产利润率处于不规则波动状态，这六年中，中国人寿保险业资产排名分别为第六位、第一位、第一位、第四位、第八位和第四位，基本处于这 10 个国家的中等位置。而 2013 年，排名前三位的瑞士、美国、德国的资产利润率分别为 0.97%、0.84% 和 0.81%，分别是中国人寿保险业资产利润率 0.62% 的 1.56 倍、1.35 倍和 1.31 倍。

表 7 – 26　　　　　　　2008～2013 年中国与世界主要国家寿险业
利润率对比一览　　　　　　　　　　　单位：%

国家	2008 年		2009 年		2010 年	
	资产利润率	保费利润率	资产利润率	保费利润率	资产利润率	保费利润率
美国	0.29	1.52	0.06	0.39	0.95	5.80
日本	0.20	2.26	0.24	2.57	0.21	2.46
英国	0.33	4.73	0.20	1.31	0.29	2.07
德国	0.27	2.51	0.71	4.74	0.80	5.25
法国	0.18	2.04	0.44	2.65	0.36	2.27
荷兰	0.10	0.82	0.06	0.56	0.28	2.83
意大利	0.24	1.22	0.30	1.44	0.40	1.87

续表

国家	2008 年		2009 年		2010 年	
	资产利润率	保费利润率	资产利润率	保费利润率	资产利润率	保费利润率
瑞士	0.93	9.39	0.87	4.58	0.91	5.06
韩国	0.60	2.16	0.64	2.90	1.25	5.82
中国	0.25	0.87	1.41	6.50	1.30	5.42

国家	2011 年		2012 年		2013 年	
	资产利润率	保费利润率	资产利润率	保费利润率	资产利润率	保费利润率
美国	1.42	8.70	0.67	4.02	0.84	5.33
日本	0.24	2.63	0.30	3.19	0.27	3.21
英国	0.28	2.70	1.07	0.94	0.40	3.16
德国	0.42	2.64	0.73	5.08	0.81	5.91
法国	0.53	3.72	0.45	3.12	0.47	3.29
荷兰	0.37	4.00	0.31	3.26	0.37	4.13
意大利	0.22	1.06	0.02	0.10	0.41	2.21
瑞士	0.98	7.11	0.95	5.48	0.97	5.59
韩国	0.85	4.56	0.53	3.24	0.46	3.18
中国	0.70	4.00	0.24	1.45	0.62	3.69

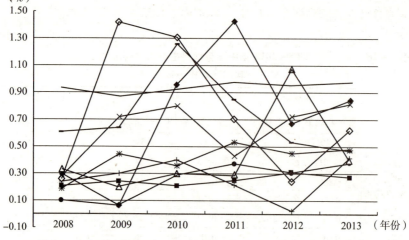

图 7-27 2008~2013 年中国与世界主要国家寿险业资产利润变化

图 7 - 28 显示了 2008 ~ 2013 年中国和世界主要国家人寿保险费率变
化情况。从中可以看出，在美国、日本、英国、德国、法国、荷兰、意大
利、瑞士、韩国、中国这 10 个国家中，中国的人寿保险费率分别排在第 9
位、第 1 位、第 3 位、第 5 位、第 8 位和第 5 位，总体来说，中国在 10 个
国家的人寿保险费率中处于中等位置。而 2013 年，中国人寿保险业保费
利润率为 3.69% ，排在前三位的是德国，瑞士和美国，人寿保险费分别为
5.91% 、5.59% 和 5.33% ，分别是中国人寿保险业保费利润率的 1.60 倍，
1.51 倍和 1.44 倍。

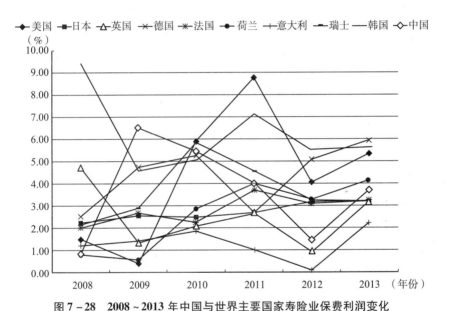

图 7 - 28　2008 ~ 2013 年中国与世界主要国家寿险业保费利润变化

第五节　中国大型寿险公司的崛起

一、发展概况

1949 年，中华人民共和国成立后，中国人寿保险行业是国有的，全国
上下只有一家保险公司，即中国人民保险公司（PICC），这家公司后来剥
离成三家实体：中国人寿、中国人民保险公司、中国再保险公司。

在过去一个世纪，中国保险行业经历了巨大的变化，目前，中国保险市场的繁荣，可以说是中国保险史上第二个鼎盛时期，中国人寿保险公司一直处在中心舞台上。

1949年，中华人民共和国正式成立时，中国已有240家保险公司，包括外资保险公司60家，在中华人民共和国成立后，政府统一所有保险机构，建立了中国人民保险公司（PICC）。原有的一些保险公司离开中国，到国外重建其业务。在随后的三十年中，中国人民保险公司处于保险行业中的垄断地位，中国国内保险业的发展微乎其微。

1980年，邓小平对经济进行改革，这也促使停滞不前的保险行业得以恢复，1982年，中国人民保险公司再次恢复人寿保险业务，1988年，允许建立私营保险公司。同年，平安保险公司成立，随后中国太平洋（集团）成立，这两家新公司在初期通过分支机构和相关机构的发展获得了显著的市场份额，而最初中国人民保险公司作为国有企业是不允许做以上业务的。

1996年，中国人民保险公司又重新组建成一家控股公司，下设有三个子公司：中国人民保险公司、中国人民保险公司财产和中国人民保险公司再保险子公司。两年后，三个子公司分离出来成为独立实体：中国人民保险公司、中国人寿和中国再保险。

2003年，中国人寿在中国香港地区和纽约的证券交易所上市，2011年底，中国人寿保险公司是市值最大的人寿保险公司，其市值达750亿美元；2004年，平安保险在中国香港地区上市，之后在上海上市；2007年，中国太保在上海证券交易所上市，2009年在中国香港地区上市。

从1988年开始，中国开始放松管制，并在国内开放人寿保险市场，引入竞争。首先，只允许两个竞争对手进入人寿保险领域，中国平安保险公司和中国太平洋保险公司（CPIC）。这两家保险公司，连同国有的中国人寿（现在统称为三巨头），在20世纪90年代初主导了整个市场。这三家保险公司遵循完全不同的战略，即便在今天，这三家保险公司也仍然遵循非常不同的战略。之后，监管机构逐渐允许更多的公司进入市场，在2001年，鉴于中国加入世界贸易组织（WTO），外国公司通过合资企业进入。但是有一个特例，那就是AIA，它于1992年进入中国市场，成为第一个也是唯一一个拥有全资执照的外国保险公司。

2016 年，我国保险集团控股公司有 8 家，财产险保险公司有 44 家，人寿险保险公司有 64 家，再保险公司有 6 家。这些保险公司进入寿险市场导致三巨头，特别是中国人寿的市场份额的系统性损失。三巨头毛保费总额的合并份额从 2001 年的 95% 下降到 2010 年的 57%，其中，中国人寿在 2001 年占据了 50% 以上的市场份额，但在 2010 年下降到 32%。市场份额的下降进一步加剧，因为强大的全国销售力量迅速扩张后，三巨头面临着巨大的组织压力以管理他们庞大和快速增长的组织，单从数据来看，中国的新代理人流动率平均约为 50%，而欧洲更成熟的市场则为 10% ~ 20%，截至 2011 年 6 月，三大公司的组织中有超过 140 万代理人。

尽管市场份额显著下降，但值得注意的是，这些组织的增长速度非常快，绝对数量巨大，每年平均增长超过 20%，即使在全球范围内，这些保险公司已经达到了巨大的规模。单是中国人寿，其 2011 年毛保费总额为 470 亿美元，是新加坡和整个东南亚总和的 1.3 倍，按市值计算中国人寿成为世界上第六大寿险公司。中国人寿和平安保险已经是当今世界上最大的两家寿险公司，其市值分别为 770 亿美元和 470 亿美元。中国太平洋保险公司市值 260 亿美元，居前十名。相对于世界其他地区，中国市场的前景乐观，投资者也看好中国保险公司的发展前景。

过去十年，市场的快速增长鼓励了其他国内保险公司进入保险市场的浪潮。早在 2002 年，除了三巨头之外，只有三家国内保险公司，现在，这些国内保险公司已经占据了日益增长的市场份额的一大部分，其总市场份额从 2002 年的 8% 上升到 2010 年的 39%。但不是所有进入保险市场的公司都是成功的，仍然存在有一大批子公司，每家的市场份额不到 1%，但是，也有几家保险公司成长了起来，包括新中国保险（NCI）、泰康人寿、人寿寿险和太平人寿，每家的市场份额为 3% ~ 8%。新中国保险在 2011 年 12 月在中国香港地区和上海证券交易所完成了其 19 亿美元的双重上市，总市值达到了 200 亿美元。

如图 7 - 29 所示，这些保险公司通过依靠银行保险这一渠道积极销售存款替代产品，增加其市场份额。银行网络使他们能够立即扩大规模，获得大量客户群，使他们能够在全国范围内扩大规模，2010 年，银行保险占国内非三大保险公司毛保费的 74%，而三大保险公司则为 40%。

2010年按毛保费划分的销售渠道
%

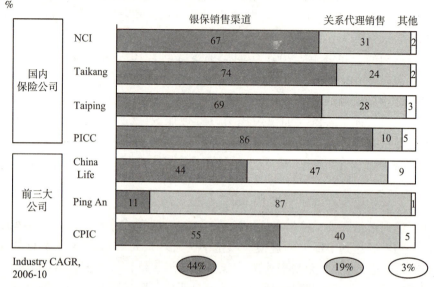

图7-29 2010年按毛保费细分销售渠道：国内保险公司通过银行保险渠道快速增长

资料来源：Binder, Stephan. Life Insurance in Asia: Sustaining Growth in the Next Decade（2012）.

这些新兴的保险公司已经从小型、灵活的企业发展为大规模的企业，但是今天，也同样面临着许多三大保险公司所面临同样的成长痛苦。他们对销售低成本银行保险产品的关注导致对价值创造的重视程度有限，他们的代理网络越来越不合时宜，难以控制，导致低生产率和高代理商流失，他们快速成长的组织往往高度分散，透明度有限，对其控制也有限。所有这些保险公司，包括三大保险公司，已经深入了解他们的管理模式，并开始标准化他们的操作模式，因为他们知道，如果不改变，很难维持过去所享有的同样水平的增长。平安保险在这一领域一直处于领先地位，在21世纪初已集中其人寿保险业务，这使其在过去几年一直保持强劲的增长率。

在过去十年里，中国成长了一批规模巨大的企业，中国人寿和平安保险现在是全球市值最大的两家人寿保险公司，然而，他们的组织管理却不被认为是完全合理的。最近全球金融市场的动荡也对国内这些保险公司的估值造成不利影响，当然对国际公司而言也是如此，但不可否认的是，中国这些大型保险公司与大型跨国公司（MNC）的差距实际上已经在缩小。毫无疑问，长远来看，中国保险公司将从短期周期性下滑中恢复，并保持非常显著的规模。

未来十年，中国这些大型保险公司将拥有足够的规模和影响力，并在亚洲或国际上进行竞争。中国国内人寿保险市场仍在快速增长（并且快于其他大多数国家），中国内部的机会仍然很大，但是目前其组织内部管理国际业务的能力是有限的，保险公司已经将业务扩展到超越人寿保险领域，例如资产管理，更容易一些。举例来说，平安保险经过不断的发展，已经成为一个拥有人寿、非人寿保险、银行、证券和资产管理的真正的金融集团，当然中国其他大规模保险公司也有财力如平安保险一样发展类似的业务。全球化是中国政府的一个重要战略议题，这也是中国许多大型公司的目标。例如，大型国有中资银行已经开始拓展业务，主要侧重于企业银行和贸易融资。但很难预测中国寿险公司何时和如何开始在国际上进行扩张。在全球金融危机之前，中国金融服务公司的国际收购一般表现不佳，政府和监管机构依然会持谨慎态度。但是，中国新兴的大型人寿保险公司似乎不太可能永远在国内开展业务。

二、在中国的外国跨国公司

对于跨国公司而言，中国一直是一个很难令人放弃的市场，中国也为许多国家制定了优越的条件。目前，世界十大寿险公司中有八家在中国开展业务，还有很多诸如 AIA、Allianz、Generali、英国保诚等寿险公司，他们进入中国市场已经十年或更长时间。然而，中国的外资保险公司业务的开展并不容易。在对外国公司进行十多年的市场开放之后，截至 2011 年年底，28 家外资保险公司的合并市场份额为 4.0%，与过去五年平均5.4% 的市场份额基本持平。即使是 AIA 这样唯一一家全资外国公司，在2011 年的市场份额仅为 0.9%。这种情况也反映了金融服务其他业务的发展，例如财产意外保险和银行业，其中外国公司分别持有中国市场不到1% 和 2% 的市场份额。参见图 7－30。

外国保险公司在中国经营犹如建造一望无际的长城，要受许多因素的影响。监管限制是外国公司在中国不成功经常被提到的原因。因为中国本地保险公司尚不具备完全与跨国保险公司竞争的能力，为保护本地公司，政府设立了这些限制，包括对所有权结构、地域扩张、产品批准和投资的限制。还有一些内部因素同样影响这些外资保险公司的发展，包括缺乏明确的长期战略，发展本地化商业模式的能力，以及吸引和留住来自中国大陆的顶尖人才的困难等。

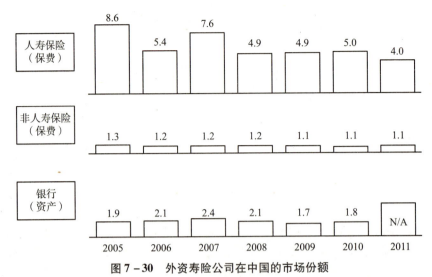

图 7 - 30　外资寿险公司在中国的市场份额

资料来源：Binder，Stephan. Life Insurance in Asia：Sustaining Growth in the Next Decade（2012）.

　　中国首次只批准 5 个城市允许外国保险公司进入市场：上海、广州、大连、深圳和佛山。随后又开了另外 10 个城市：北京、成都、重庆、福州、苏州、厦门、宁波、沈阳、武汉和天津。2004 年，取消了所有地域限制，但监管仍然对跨国公司扩张造成困难。外国保险公司计划进入新省份或城市，必须首先申请中央、省级和市级各级保险监管机构的监管批准。整个申请过程可能需要多年，外国保险公司在某一年份进入的城市数量实际上限制在大约两三个，这一限制多少制约了外国参与者在国家层面快速获得一线增长的能力。

　　目前尚不清楚，如果取消监管障碍，许多合资企业已经进入市场十年，现在有权在 30 个城市经营其业务，他们可以发展数百万潜在客户。然而，他们在这些城市的市场份额通常很小，这表明不仅监管障碍限制了他们业务的增长，许多跨国公司也没有找到一个合适的模式在本地积极竞争，因为他们缺乏市场洞察力和企业管理，这使他们难以与强有力的对手在全球最大的增长市场上进行竞争。

　　除了 AIA 外，外资保险公司仅限于合资企业 50% 的股权或当地公司24.9% 的少数股权。单一外国投资者最多限于 20% 的股份，但中国保险监管委员会（CIRC）有时也给予例外，例如 Fortis（现在的 Aegeas）投资太平人寿，Benelux 企业占 24.9% 的股份。由于存在所有权限制，选择合资伙伴显然是一个关键的问题。许多非金融中国企业，国有或私有企业已经投资于保险行业。这其中，如中国国家电网，已经创建了自己的多数股权，持有本地许可证的保险子公司（英达泰和），但更多地会选择成立合资企业，如中石油和 AVIVA 中粮集团。此外，监管机构允许一些银行进入保险合资企业，如工银和 AXA 之间的合资企业。招商银行、中国银行和北京银行等也是如此。

在对中国保险市场的外国合资企业的研究表明，他们都没有宣布其业务是成功的。在这里，并不探究合资企业出错的原因，而是确定在成功合作伙伴关系中占据突出地位的三个关键因素。第一，开发特定产品或销售渠道。例如，Manulife - Sinochem 专注于中国家庭和退休计划市场，而 CMG - CIGNA 选择关注电话营销，避开了对稀缺、高质量的传统代理的直接竞争。第二，寻找长期致力于人寿保险业务的合作伙伴，提前协调目标，例如在数量和利润之间进行权衡。第三，在伙伴关系开始时，确保划分权力，以避免误解和冲突。在中国寻找合适的合作伙伴已经变得非常困难，许多投资于人寿保险合资企业的本地公司对他们外国同行的投资同样失望，但缺乏退出选择和持续的资本注入的需要。寻找合作伙伴比较困难，双方需要找到合适的匹配。寻找合适的合作伙伴可能会推迟上市时间，但找到不合适的合作伙伴更糟糕。

除了监管障碍，外国公司面临的其他问题还有内部的，但至少在一定程度上是可以解决的。第一，外国保险公司必须制定目标和战略，避免牺牲长期经营的短期绩效。在中国成长的业务是马拉松，而不是冲刺，达到盈利所需的时间往往会超过一名（全球）首席执行官的任期，管理团队必须有勇气进行投资，即使他们在任期内不会看到结果。然而，这不是保持无利润的企业的一个借口，没有明确的价值无法创造永远的道路。第二，外国保险公司往往太急于直接从本国市场移植商业模式。没有完全适应中国特有的国情。例如，至少有两家外资保险公司试图将他们的销售激励机制移植到中国，但低估了本地化系统的困难。第三，最重要的是，许多外国公司在很大程度上没有吸引和留住当地顶尖人才。在麦肯锡与那些为本地竞争对手离开外国合资企业的员工进行的一项调查中发现，离职的主要原因包括：缺乏促进和发展机会，缺乏基于绩效的文化。这是非常典型的在一个城市做得很好，在另一个城市做的则很差，关键的区别在于一名或几名顶级的地方高管。本地化人才是中国企业成功的必要条件，可以说亚洲的许多地方，也存在个人关系和文化亲和力同样重要的情况。

在一些城市，外国保险公司可能拥有更多的机会，存在更长的经营历史，他们的市场份额明显更高，这意味着监管限制不是唯一的阻碍成功的原因（见图 7 - 31）。例如，在上海和北京等城市，外国保险公司在 2010年占毛保费总额的 18%，占总保费的 19%。

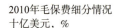
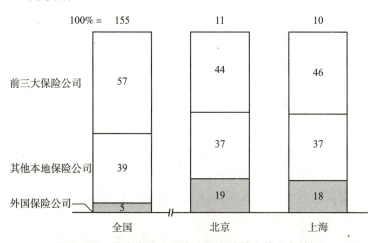

图 7 - 31　外资寿险公司在中国发达城市的业务情况

资料来源：Binder, Stephan. Life Insurance in Asia: Sustaining Growth in the Next Decade (2012).

由于多年来在中国业务经营不佳，有些外国保险公司退出或缩减其在中国的业务。2011 年 1 月，在中国经营 10 年后，纽约人寿将其持有的合资企业 50% 股权转让给 Meiji Yasuda Life 及其合资伙伴海尔集团。同样的，SunLife 选择将其持股比例从 50% 减少到 20%，从而将合资公司转变为国内公司，希望新公司能够经营和扩张。

值得注意的是，更多的外国保险公司仍然致力于在中国发展业务。中国庞大的市场仍然为保险公司带来了前所未有的机遇。例如，广东南部已经出现了与欧洲整个国家（如挪威和波兰）相同的保费，五年后的保费收入将大于今天整个加拿大的保费收入。与此同时，越来越多的外资保险公司发现，要想在中国取得成功，需要经过较长的一段时间，且没有现成的模式可借鉴。他们必须从过去的经营中摸索，并注意如何与当地人以适合其运营和竞争优势的方式竞争。世界上很少有金融市场像中国一样具有挑战性和潜在的吸引力。

三、在中国需要克服的挑战

由于市场份额的划分即将结束，未来十年，本地和外国保险公司需要克服三个关键挑战：

1. 代理机构：改变传统模式。
2. 银行保险：经营关系价值。
3. 解决客户多样化需求。

（一）代理机构：改变传统模式

像许多亚洲市场，代理人在中国人寿保险市场发挥了巨大作用。代理人的数量从 2010 年的 100 万增长到今天的将近 300 万。在这个高速增长期间，其销售能力非常强大，因为这些代理商的本地销售渠道已经能够包含大部分中国大众客户。

尽管银行保险已经得到了发展，但代理人仍然是中国今天的核心销售渠道。2010 年，该销售渠道获得的保费收入占总保费的 42%。更重要的是，代理渠道仍然是中国保险公司最大的价值贡献方式。以 CPIC 为例，其代理渠道在 2011 年贡献了不到 50% 的第一年保费，但超过 80% 的新业务销售模式，其代理机构的保证金是银行保险的四倍。

但中国的中介机构仍然处于非常复杂的情况。该行业陷入了高流失率、低生产率和疲弱的销售管理系统的恶性循环。许多代理机构不遵守相关规定，且活动比率低，生产率极度偏差。通常销售过程是一个简单的产品推动过程，客户群之间几乎没有差异，尤其是在低级别城市，投机猖獗（见图 7 - 32）。

在过去三年中，在工资通货膨胀和更加严峻的销售环境的背景下，这些结构性问题不断加剧。实际情况是，作为人寿保险代理人，在中国的职业生涯已不像以前那样具有吸引力，这是经济快速增长的结果，它带来了一系列更好的工作，特别是在快速发展的城市中心，2007 年，其平均代理收入达到最高峰为 70%，而其他部门的工资年增长率为 12% ~ 15%。

在上海这样的顶级城市，平均代理佣金收入在每年工资通胀率超过 10% 的环境下每年下降 10% ~ 15%。在 2007 年，一个代理人每月平均获得 250 ~ 350 美元，但到 2010 年这个数字是 150 ~ 250 美元。这意味着代理人通常只能获得不到城市平均月收入的一半，新代理人赚得收入甚至难以

行业平均年收入

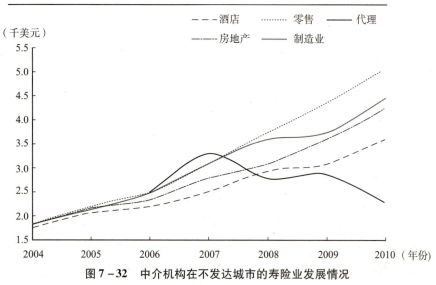

图 7 - 32　中介机构在不发达城市的寿险业发展情况

资料来源：Binder, Stephan. Life Insurance in Asia: Sustaining Growth in the Next Decade (2012).

维持生存。因此，代理招聘和保留原有代理人已成为所有保险公司的最为头痛的事。虽然这种情况目前仅限于较大的城市，但未来会扩展到工资与一线城市快速接近的二线城市。为了保持人数增加，许多保险公司不得不加大代理费用。但是，即使他们知道这只能是一个短期的解决方案，一旦补贴用尽，许多代理人也将离开。纵观整个行业，代理商数量的增长正在放缓，而对于中国人寿和太保的一些大型代理机构，数字在 2010 年有大幅下降。图 7 - 33 显示了 2005 ~ 2011 年中国大型寿险公司关系代理销售的业务数量变化情况。

平安保险是市场上的特例，它已经设法实现其代理基础的增长和每个代理高于大多数竞争对手的溢价。平安是怎么做到的呢？虽然这个问题没有简单的答案，但有两个主要区别值得注意：第一，平安在 21 世纪初期也经历过多年痛苦的变革，在实施变革的最初几年，代理机构的规模减少了 40% 以上，约 20 万代理人，而公司专注于改进代理管理模式和生产力。自 2006 年以来，它的代理能力每年增长约 20%，目前的销售队伍中有近 50 万代理商。平安代理商的平均生产力是其他行业的两倍，并且管理得更加严格，远远超过同行。第二，由于其金融集团结构，平安一直有效地实现了与其他业务部门交叉销售不同产品的模式。例如，平安 51% 的个人汽车保险可以通过交叉销售（主要是寿险代理），还有 2011 年的电话销售。更多样的收入来源是通过吸引人才进入代理渠道所提出的有效价值主张得到的。然而，尽管平安的代理渠道改革比同行早得多，但它面临的问题与其他行业是相同的，未来业务的增长，特别是在城市中心招聘新代理商和接触新的中产阶级客户，仍然是重要的挑战。

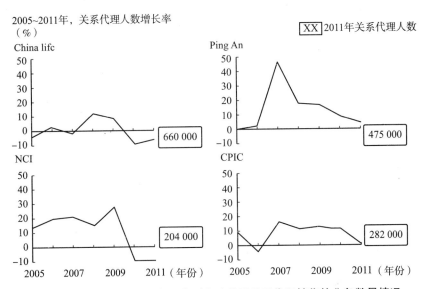

图 7 - 33　2005 ~ 2011 年中国大型寿险公司关系代理销售的业务数量情况

资料来源：Binder, Stephan. Life Insurance in Asia：Sustaining Growth in the Next Decade（2012）.

中国的传统代理渠道预计将在 2 年 ~ 3 年内达到拐点。（图 7 - 34 是 2006 ~ 2010 年中国传统代理机构在发达城市销售量的变化情况）虽然传统的大规模招聘模式在一线城市和二线城市已经不可持续。换句话说，大的和小的保险公司将不能再依靠增加人力作为推动保费增长的手段，并且别无选择，只能通过改造和专业化其现有的代理机构力量获得业绩的增长，通过提高生产力和扩大规模来推动增长。这不会在一夜之间发生，而是将从大型的一线城市开始，那里当前代理模式的压力最严重，经过一段时间，三四级城市也会效仿这些大型城市的做法。鉴于中国经济的快速变化，这一挑战也许比保险公司预期的时间更早。机构转型是市场必须经历的一个阶段。例如，中国香港地区的代理商数量在过去十年中保持平稳，但代理商的利润是通过稳步提高生产力而持续增长的。

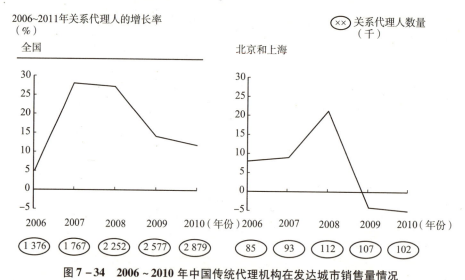

图 7 – 34 2006 ~ 2010 年中国传统代理机构在发达城市销售量情况

资料来源：Binder, Stephan. Life Insurance in Asia: Sustaining Growth in the Next Decade (2012).

（二）银行保险：提取关系价值

在过去十年的大部分时间里，银行保险业的爆炸性增长推动了中国人寿保险市场的增长。银行保险在 2001 年的保费收入占比是 21%，2010 年增长到 53%。2011 年的增长趋势突然扭转，2011 年上半年的数量比一年前减少了 38%，这是因为在 2010 年年底，公布了新的银行保险规定，保险公司必须从根本上调整其运营模式，以符合新的法规，而在这个过渡阶段，会在一定时期内对保险业务有所影响。

21 世纪初，银行保险为新进入市场的保险公司提供了从三大保险公司获取市场份额的方式。第一次，较小的保险公司可以立即采用大型分销网络，面对三大保险公司的历史优势。然而，这种数量扩张却是以牺牲利润为代价的。销售侧重于短期、储蓄导向的产品，利润率极低，而银行在经济上行中获得相对比较高的份额，并在每一个机会面前推动更大的份额，平均佣金水平在 2000 年低于 1%，但是在 2010 年跳升至 5% ~ 6%。

中国目前的银行保险运营模式主要存在三个问题，监管机构相应出台了一系列措施来解决其中许多问题。首先，保险产品主要作为银行客户的存款替代品出售，因此，产品必须非常简单，具有短期的，类似储蓄的性质，并且具有可以容易地与其他银行替代方案相比较的透明定价结构的特点。显然，相对短期的单一溢价产品成为主导，2010 年第一年溢价为 40% ~ 70%，在过去三年里，长期和定期保险产品的表现不错，但大部分销售产品溢价的支付周期仍然在 3 ~ 5 年，例如，新中国人寿在 2011 年 6 月将银行保险的定期保险部分提高到 58%，而 4 ~ 5 年前不到 10%。其次，中国农业银行、中国工商银行、中国银行和中国建设银行这四大银行，在全国超过 60 万的分支机构。这四家银行对绝大多数保险公司都有巨大的议价能力，例如，工商银行和农业银行与超过 25 家保险公司之间有关系。银行通常只专注于增加佣金收入，他们通过鼓励保险公司之间激烈的价格竞争，并每季度审查他们的保险合作伙伴，获取最高的佣金率，并相应地更换合作伙伴。最后，这些大型的中国银行拥有高度分散的治理和运作模式。在总部层面高级别的单独谈判的基础广泛的合作协议不容易执行，交易通常由分支机构协商。中国银行保险市场的另一个独特特征是在佣金激励下的分行，甚至是前台销售情况下发生的广泛实践模式，图 7 - 35 是 2010 年中国银行入股保险公司的情况。

　　2010 年 11 月发布了新的银行保险规定，随后在 2011 年 3 月制定了一套新的监管规定，旨在将该行业推向更长期的合作伙伴关系模式。这些法规还旨在为保险销售和由此产生的任何误导销售由银行承担更多责任。法规的要点包括：

　　（1）禁止保险代理人对银行内部人员进行销售，但他们可以为银行职员提供销售培训和为客户提供售后服务。

　　（2）只有拥有保险销售证书的银行职员才能进行销售。

　　（3）每个分行最多代理 3 家保险公司。

　　（4）银行和保险公司之间最低达成 1 年合作协议。

　　（5）优先支付总行和总行一级（或至少在省一级）的佣金。

　　为了应对这些变化，银行和保险公司需要在多个层面重建其运营模式，包括销售机制，激励和控制机制，这些法规可能会产生深远的影响，因为从长远来看，会将银行保险渠道推向更健康、更可持续的模式。然而，从过去的行业监管变化中可以看出，最终的结果和影响将在很大程度上取决于中国政府的执行力度。

　　近几年，出现的另一个监管变化是对以前银行和保险公司之间交叉持有的限制的解除。这导致了一些银行自有的专属保险公司或合资企业的出现，到 2011 年底，中国十大银行中有 7 家对保险公司进行了直接投资。

中国最大的银行（资产）中国工商银行于 2010 年 10 月购买了 AXA – Min-metals 60% 股权，更名为 ICBC – AXA Life。同样，建设银行在建信人寿（以前称为太平洋—安泰人寿）中拥有 51% 的股份，其他如中国农业银行、交通银行、招商银行、中信银行等，都持有保险公司的股权。

银行名称	存款，2010 RMB trillions	出口数量，2010	保险公司	股权
市场份额超过 60%				
ICBC	11.1	16 227	AXA-Minmctals	60%
ABC	8.9	23 486	Jiahe Life	51%
CCB	9.1	13 415	Pacific Antai Jianxin	51%
BOC	7.5	11 058	—	—
Postal	n.a.	36 000	China Post Life	
BoComm	2.9	2 781	BoComm Life	51%
前九大股份制银行				
CMB	1.9	749	CIGNA-CMC	50%
CITTC	1.7	700	CITIC-Prudential	50%
SPDB	1.6	655	—	—
Minshcng	1.4	509	—	—
Industrial	1.1	577	—	—
Everbright	1.0	606	Sunlife Everbright	50%
Huaxia	0.8	394	—	—
SDB	0.6	304	Ping An	100%
GDB	628.9	544	—	—
三大城市商业银行				
BJB	0.6	190	ING Life	50%
NBB	0.1	105	—	—
NJB	139.7	80	—	—

图 7 – 35　银行入股保险公司情况

资料来源：Binder, Stephan. Life Insurance in Asia: Sustaining Growth in the Next Decade（2012）.

目前，这些银行拥有的保险公司总共不到市场上银行保险总量的 1%。中国建设银行是最大的银行保险分销商，2010 年占银行保险市场总额的 23%，仅从其自有保险公司中分配了 0.01% 的数量。然而，这仅仅只是开始，银行的分散化运作是需要时间来对任何政策变化做出实施反应的。这是被普遍看好的一个发展空间，显而易见，其发展潜力巨大。例如，西班牙和法国的更成熟的市场，在 20 年前的模式开始后，其占有的市场份额占据总银行保险金额的 60% ~75%。在亚洲地区，汇丰银行也显示了该模式的成功。汇丰银行从中国香港地区的基地开始，已将银行保险模式扩展至超过 54 个市场，2010 年，总共为集团贡献了 33 亿美元的利润。最近，汇丰银行已开始将部分保险资产剥离核心业务，但这并不影响其成功的分销模式，任何收购方肯定会继续努力对其做出进一步发展。这需要寿险公司和银行之间更高程度的整合，前者在前线支持和流程改进上投入更多，以获得更高的利润，更有效地利用现代技术构建多渠道产品将是这一模式的一部分。这可能最终为银行和保险公司创造双赢局面，并成为更密切关系的驱动力，有利于银行的专属保险公司。

简言之，银行保险渠道的整体表现和健康发展的关键在于保险公司是否能够找到银行愿意与其合作，从而使保险公司从这个渠道中获得更多的价值。银行拥有客户，银行保险是他们业务的一小部分。一些保险公司发现与大银行合作可能比与小银行合作更为困难。尽管如此，其上升潜力仍是巨大的，并且从世界其他地方的情况来看，确实存在有许多成功的案例。很明显，发生在银行保险渠道的任何变化都将是决定中国保险公司在未来十几年的价值和净资产收益率的关键决定因素。

（三）解决客户多样化需求

财富的增加使中国迅速发展出一批中产阶级，由于经济持续增长，这些中产阶级每年家庭可支配收入在 10 万 ~ 50 万元。这些大量富裕的消费者在 2015 年占城镇家庭的 30% 左右，而这可能对城市人寿保险市场的全球复苏的贡献值超过 30%。然而，这需要保险公司开发出适当的产品和分销渠道，使他们能够更有效地瞄准和服务于这些中产阶层的客户。以上数字突出显示了这项任务的重要性，因为如果寿险公司陷入大规模困境阶段，他们将可能错过一个主要的增长机会，然后将被银行和其他财富管理机构寻得商机。

中国人口规模巨大，这对保险公司来说甚至有些害怕，因为数百个城市被广大的农村地区所包围，在这些农村地区更难开展其业务。在初级阶段，市场增长主要在北京和上海等一线城市中心。目前，增长主要来自二线和三线城市，甚至农村地区的县级市。客户正在发展日益异质的需求，这为发展提供了巨大的机会，但也使保险公司难以适应。

为了抓住中国巨大的市场，适应其多样性，我们可以考虑一下：中国大陆包括 31 个省份，一个跨越 5 200 公里的国家，除了最知名的四个一线城市北京、上海、广州和深圳，中国还有 828 个城市中心，其中 14 个是拥有 500 万以上人口的特大城市，78 个人口介于 150 万至 500 万的中等城市，以及 736 个人口低于 150 万的小城市和城镇。此外，城市化进一步加快。在短短 10 年中，中国将有 184 个人口超过 100 万的城市，而在西欧仅仅只有 35 个。

　　财富的扩张绝不局限于一线城市。到 2025 年，43% 的中国中产阶级将来自中型城市，另有 18% 来自小城镇。同时，居住在今天较大城市的中产阶级将变得越来越富有。预计到 2025 年，中国将有 21% 的家庭属于富裕或高净值群体，还有 75% 将是中产阶级，图 7－36 是中国中产阶级的增长情况。

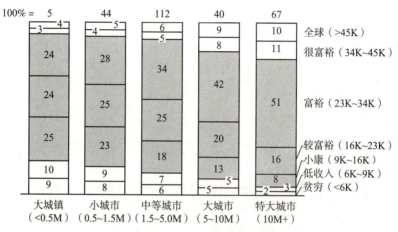

图 7－36　中国中产阶级的增长情况

资料来源：Binder, Stephan. Life Insurance in Asia: Sustaining Growth in the Next Decade（2012）.

　　简言之，将来中国保险行业利润的增长主要有两个来源：（1）从一线城市扩展到二线、三线城市和农村地区；（2）从快速增长的经济和城市中更富裕的部门中获得。前者给保险公司带来了巨大的逻辑挑战，保险公司必须部署成千上万的分散在广阔区域的代理商。即使在今天，由于地理分散，领先的运营商的代理网络也很难管理。根据以往经验，这些市场中的大多数保险公司并不知道（在 10 000 代理边际内）他们目前有多少代理人。例如，在中国，有一家保险公司意外发现其中一个代理人欺骗了公司，声称已经设立了一个办公室，部署了子代理，然而，其办公室竟然是他的卧室，而代理商已经把办公室租金付了。这个例子揭示了管理方面存在的问题，这种情况有可能会转移到农村地区。
　　在城市中心从不同的层面调查消费者时，发现新富裕的中产阶级家庭（例如，小企业主和企业家、白领员工、专业人士）的需求是多样化的，与历史上由传统代理人服务的大规模部门的需求非常不同。例如，中小型企业业主对财富管理和资产保护有着强烈的需求，对价格敏感性较低；而律师和会计师等专业服务工作者的需要更加平衡，例如保障、储蓄和健康，对价格更加敏感；政府员工对代理质量要求更高，保障需求强。保险公司今天面临的主要挑战是充分认识不同客户群体的需求差异，并发展其业务模式、创新产品和渠道功能来解决这些问题。目前保险公司还没有找到成功的模式。

在一线城市中，传统机构在规模和质量方面越来越没有优势，相反，银行保险则受益于现有的银行网络以及客户和关系经理之间的密切互动，尽管如此，银行保险目前仍没有完全的能力销售除了简单的储蓄产品之外的产品。例如，通过获取新富裕阶层的投资需求，独立的金融顾问公司取得了一些成功。随着中产阶级和富裕阶层在未来的金融资产中所占的份额越来越大，保险公司必须认真思考他们的价值主张是什么，以及需要什么产品和销售渠道来抓住这个机会，否则他们将面临被其他金融服务或产品替代的风险。

中国的健康保险：从丑小鸭到白天鹅？

中国拥有 13 亿人口，GDP 增长保持强劲态势，财富水平迅速增长，传统社会保障制度面临衰退，使得中国在健康保障方面成为一个非常有吸引力的市场。然而，在 2010 年，总保费的市场规模只有 100 亿美元。原因在于供应商部门不发达，公共支付系统快速增长。与许多欧洲市场类似，中国的私人医疗保险在很大程度上是对政府计划的补充，而不是像美国一样是主要的提供者。因此，医疗保险费在整体医疗保健支出中所占的比例很小，以 2010 年为例，仅占卫生总支出的约 3.4%。

中国医疗保险体系覆盖了五种类型的保险：

1. 城镇职工基本医疗保险。
2. 城镇居民基本医疗保险。
3. 新型农村合作医疗制度。
4. 政府保险计划。
5. 私人医疗保险。

在五个计划中，前四个是政府为各阶层（即城市职工、城市居民、农村居民和公务员）制订的计划，覆盖中国大部分人口。在过去几年中，政府一直推广保险，到 2011 年年底，前 3 个计划覆盖了大约 95% 的人口。

然而，保险的定位只能满足基本医疗需求，而且不覆盖被认为非必需的药物或治疗比较昂贵的情况。

这让私人医疗保险有机会提供附加产品来填补这种覆盖差距。在2001~2010年期间，中国的卫生总费用年复合增长率为17%，达到了2 940亿美元，预计到2015年将达到6 000亿美元左右。值得注意的是，中国私人医疗保险市场在2001~2010年间，平均每年增长27%。预计未来将继续超过总卫生支出的增长，2015年，私人医疗保险价值达370亿美元。

中国私人医疗保险市场的增长势头强劲，主要的增长动力是：提供的服务深度存在巨大差距，需要更好的医疗服务，以及对全球覆盖的需求。在基本医疗保险下存在重大覆盖差距，如免赔额，共付额和治疗，例如，在北京，基本医疗保险政策有266美元的免赔额和50%的共付额。付款上限低于3 000美元。同时，富裕的个人越来越多地寻求超越基本服务的产品。中国公共服务系统中仍然存在严重的患者不满现象，主要原因是等待时间长。根据中国卫生部2009年的一项医疗服务调查显示，44%的城市和41%的农村门诊患者对门诊服务不满意，对住院服务的不满情绪甚至更高。最后，在中国将会出现一个高端客户群。在中国工作的外国人、高级管理人员、富裕人士和出境人员正在寻求全球覆盖的产品。虽然这种高端产品已经出现在中国私人医疗保险市场上，但可用性仍然有限，意识相对较低，产品不能完全针对中国的需求。

市场上保险公司的竞争越来越激烈。除了保险公司，还有另外4个与中国私人医疗保险市场动态相关的方面：中国工会联合会为其成员提供相互保险；第三方管理公司提供产品开发和理赔管理；健康管理公司提供附加服务，如健康检查和评估；最后，保险经纪人是健康保险市场的有力中介。然而，中国私人医疗保险市场仍然以寿险公司为主，他们在2010年占有91%的市场份额。其中，平安和中国人寿居前两位，2010年的市场份额达51%。

私人健康保险公司也面临供应商部门不发达的现象。在当前供应商系统下，存在缺乏标准化的治疗方案和定价，与医院的议价能力低，过度处方和欺诈的情况。由于缺乏有效的初级保健系统，保险公司在中国难以实施有效管理和病例管理。虽然有一些引入标准治疗方案的尝试，甚至在许多三级医院这种最高质量的医疗机构中，因为医生不愿改变和对某些治疗方法有不同的意见，所以不愿实施。保险公司在谈判费用计划方面也没有什么议价能力，因为中国的供应者系统主要由公立医院主导，没有什么动机与相对较小的私人医疗保险公司合作。同时，对药物的依赖和设备销售的资金导致公立医院通常过度处方。2010 年，医院平均收入的 42% 来自设备和药物销售，补偿了医疗服务，只有 9% 的医院收入来自政府补贴。结果，医生试图推动更大的药物和设备销售。例如，中国阑尾切除术的住院时间平均为 7 天，比美国长三倍以上。

然而，一些市场主导的领先医院对与保险公司进行合作比较感兴趣。他们对私人医疗保险市场上医生带来的贵宾患者特别感兴趣。例如，深圳龙头医院为中国人民保险和平安客户提供优惠服务，包括挂号优先和专用指导。同样，上海大学附属复旦医院集团在 2006 年与中国人保签署了一项联盟协议。由富裕患者对更高服务水平的需求和医院需要产生额外收入的推动，公立医院的重要患者病房数量稳步增长（每个医院贵宾病床数量可增加到总床位的 15%）。一线城市的贵宾病床人数从 2001 年的约 1.4 万人增加到 2005 年的近 18 000 人，2010 年进一步增加到约 2.3 万人。

此外，政府正在试行医疗保障制度改革，将医院私有化，并将药房与医院分开。为了使患者负担得起医疗服务，政府已经在 2000 年从几个城市开始试行一项将药房与公立医院分开的计划。南京被认为是医院药学改革的成功例子。它已经设法从大多数三级医院和 50% 的二级医院的药店剥离到制药公司。

对于私人医疗保险公司来说，对一些产品进行细分比其他产品更有吸引力。目前中国私人医疗保险市场有四种类型的医疗保险：医疗费用，残疾收入，长期护理，以及针对所谓的重大疾病的保险。重大疾病产品和医疗费用产品比较容易销售。针对海外的产品中，高级管理人员和高净值个人的高端产品也提供全球覆盖，并且具有与海外产品相似的产品特性，在过去五年中越来越受欢迎。但是，这个层面仍然很小。集团部门，特别是跨国公司，是高度竞争性的。大多数保险公司已经进入这个市场，因为它是获取市场份额的最快的方式，但产品提供是高度未分化的，这导致价格战。集团业务的盈利能力有所差异，健康保险产品通常与其他人寿保险产品捆绑为一个完整的保险包提供给客户，因此，大多数保险公司只计算保险包的整体损失率，而不分别计算健康保险产品的损失率。零售部门，特别是在大众市场，仍然相对欠发达，大多数保险产品只提供住院治疗，通常只有固定效益类型的产品。

中国的医疗保险市场是一个非常有发展潜力的市场。尽管有挑战，但未来的回报是真实且非常可观的。

第六节　未来：不确定性的增长

中国拥有长期增长潜力，这是不可否认的。过去十年提供了良好的基本面，推动了市场的增长：低保险渗透率、收入增加、财富水平、总体经济增长和适当的人口概况，在未来 10 年，也许不如过去有那样高的经济增长率，但这些特征将基本保持不变。竞争格局将继续由一个特定的 5 家或者 6 家国内大型保险公司主导，其次是一大批国内外保险公司争夺这一巨大增长的蛋糕份额。以日本或美国为例：这些市场实际上是许多市场的集合，具有许多不同的客户和产品细分，其中保险公司选择性地在与其自身能力相匹配的市场里进行竞争。随着中国在未来十年中日渐强大，可以预见的是，市场也将朝着这个方向发展。

很明显，保险公司业绩容易增长的时期结束了。未来增长的道路将是波动的，竞争成本将继续上升。虽然目前放缓的市场会持续一段时间，但可以肯定的是，绝不会是未来几年中唯一的下降周期。今天行业面临的代理和银行保险的挑战是结构性的，甚至市场领先者都需要重组其业务模式并自我重塑。未来十年的领先者将是那些能够有效地转变其代理机构力量并建立一个能够提高渠道经济性的银行保险合作伙伴模式的保险公司。此外，保险公司需要找到一种模式来获得快速增长和日益富裕的中产阶级客户所带来的巨大机遇。这可能包括开发更适合其投资和保障需求的产品，并在渠道中建立适当的能力以进行销售。与此同时，保险公司需要大力投资，提高他们的风险管理和投资管理能力，以应对市场的波动，并准备开放中国的资本市场，而且保险公司必须精简和集中化运营，以迎接另一个快速增长的十年。

在未来十年，中国将进一步发展成为世界上规模最大、发展最快、利润最大的人寿保险市场之一。中国保险公司在国内的主导地位必将继续，但将这种优势带到国际市场上仍将是一个重大挑战。

如何促进我国寿险业的发展①

中国的人寿保险市场是从垄断市场向寡头垄断市场转变的过程，未来

---

① 蒋才芳：《人寿保险行业市场结构与效率研究》，湖南大学博士学位论文，2014 年，第 178～180 页。

市场结构的优化和市场竞争环境的改善也是一个渐进的过程，必须建立一套有效的操作规则和制度设计。

一、市场竞争规范水平

1. 继续规范市场竞争。规范人寿保险公司的竞争行为，打破价格战等恶性竞争行为，特别是鼓励中小人寿保险公司提高市场份额；有效刺激市场活力，特别是鼓励中小人寿保险公司通过产品创新和提升管理水平抓住市场份额，完善有效竞争，实现规模经济和竞争活力。

2. 加强人寿保险业诚信体系。由于竞争不规范，许多保险业务员对客户的承诺比较随意，导致整个行业的不诚实现象，这成为市场发展的重要障碍。为此应该建立诚信经营理念，加强整体教育体系的完整性，特别是对基层工作人员进行教学教育，规范人寿保险营销行为，严禁虚假宣传，加强行业执法力度，对不诚实的行为给予严惩。

3. 完善市场监管机制。政府应该改变监督的重点，注重人寿保险市场竞争的风险，特别是人寿保险公司偿付能力的风险，创新监管模式，发挥市场在资源配置中的核心作用，为人寿保险公司进行创新活动提供更多空间。

二、优化市场结构

1. 培育更多的市场竞争，引进综合竞争机制。降低人寿保险行业市场集中度，推动形成有效竞争的局面。继续引进各种新兴市场参与者，引进不同类型保险公司，如专业保险公司和区域保险公司，进入人寿保险领域。继续吸引外资进入中国人寿保险领域，特别吸引那些国际资本雄厚，管理实践和先进技术的人寿保险公司加入中国人寿保险公司。吸引民间资本进入人寿保险领域，建立多元化产权结构。

2. 优化市场结构。除了扩大市场竞争力的数量外，还要注意质量的竞争，支持保险公司建立自身的优势和特点，提升人寿保险公司的竞争力。通过兼并收购等，创造条件培育中国人寿保险集团，促进中国人寿保险企业做大做强；同时，鼓励高效率、拥有丰富管理经验、资产质量高的大公司进入人寿保险业，丰富市场参与者，推动人寿保险公司经营和多元化经营，提升中国人寿保险业经营水平与经营效率。

3. 完善市场退出机制。实行人寿保险公司市场退出约束机制，促进人寿保险公司规范运作，形成一个公平的竞争环境。淘汰那些经营业绩不佳的寿险公司，维护公平的竞争秩序。建立科学的人寿保险基金制度，授权专业管理公司规范经营，承担对相关公司的监督。

三、商业模式转型水平

1. 改变经营理念，注重运营效率，提高服务质量。在人寿保险公司不断扩大业务规模的基础上，重点关注对业务效率和质量提升的业务评估，特别注意退出率、经营成本比例、代理人周转率等问题。同时要重视服务质量和业务质量的改进，特别是避免价格战，从价格竞争转到提高服务质量和产品创新等非价格竞争模式转变的道路上，实现人寿保险公司业务差异化，打造企业独特的核心竞争率。

2. 创新人寿保险产品，提升竞争力。提高人寿保险从业人员的素质，扩大保险保障风险的功能，从客户需求出发，细化客户市场；建立健全、开放、充分竞争的市场环境，根据客户需求开发寿险产品，以更好地解决人寿保险市场价格战引起的非良性竞争环境；解决客户服务需求，从客户服务到企业文化建设，以客户需求为发展原则，建立专业的客户服务团队。

3. 提高人寿保险费收入。投资收益也是寿险公司的重要收入来源，提高人寿保险业的盈利能力，改变行业商业模式。人寿保险公司要扩大投资渠道不仅限于低收益，安全的银行存款和债券投资，在保证偿付能力，发展合理比例的资本投资的基础上，扩大股权投资收益比例，提高资金使用效率。同时，推动建立职业人寿保险资金使用制度，大企业可以成立专业的保险基金管理部门，甚至分支机构；中小人寿保险公司可由专业人员委托经营，提高资金投资效益。

4. 推进人寿保险公司业务流程再造和信息化技术。人寿保险公司以金融创新为核心，打造多元化的业务流程，其设计不应局限于租金范围，应着重于创造客户价值。大数据时代的到来，人寿保险公司需要更加重视用信息技术系统工程理念构建业务，管理信息系统，充分重视各种信息和数据，完善公司的内部控制和市场决策机制，提升公司的综合竞争力。

四、提升运营效率水平

1. 注意提高自身业务水平。中国人寿保险公司不仅需要提高经营业绩，还需要注重扩大业务规模和市场份额，注重保费增长和人力发展模式，应该走提高商业模式内涵的质量和效率，提升产品设计能力，加强市场研发，挖掘客户需求，加强内部控制，合理配置资源，提高管理水平。

2. 平衡业务发展与效率之间的关系。中国人寿保险公司将扩大市场业务和提高效率相结合，大型人寿保险公司如中国人寿等，其市场份额已经达到一定程度，难以突破，其重点应放在市场份额维护，客户家庭资源整合，提高管理水平，提升企业品质上。小型人寿保险公司适度扩大业务，但同时考虑到管理水平的提高。对于成立时间较短的小型人寿保险公司和部分外国人寿保险公司，其业务发展是重点，需要结合公司的实际情况，适度发展。

3. 注意提高公司效率的规模。目前，规模经济还是实现人寿保险公司业绩的重要的方式，上市、并购和分组是提高规模效率的重要途径。有条件的人寿保险公司积极推行重组、兼并收购等多种渠道来获得上市优惠条件。在我国，兼并和收购人寿保险业还没有扩大，对于中小型人寿保险公司来说，并购是大型人寿保险集团形成、降低运营风险、提升行业竞争力的重要途径。必须指出的是，战略投资者正在实现规模经济，必须注意发挥外国机构投资者和私人资本的作用，除了对外部投资者注意提高资本充足率以外，还要提高公司内部的治理结构，增强行业竞争水平。

第八章

亚洲人寿保险行业

　　全球人寿保险行业在过去几年中面临前所未有的变化，特别是全球金融危机之后，经济增长乏力，造成了资本市场的巨大动荡，从而使资产平衡的空间大大降低。世界各地的人寿保险公司一直处在极低的利率，高度波动的资本市场，大量的新规定，以及完全改变的风险框架中。

　　虽然亚洲在这种环境中表现相当好，但并不能免受全球动荡的冲击。亚洲的经济增长也在放缓，但相对于西方市场而言，亚洲的根本增长动力依然强劲。特别是亚洲新兴中产阶级的出现，拥有足够的收入和财富水平来购买储蓄和保险产品，将成为推动人寿保险行业发展的主要力量。据预测，从 2010 ~ 2020 年的十年间，亚洲将以全额保费为基础，贡献全球保费增长的一半以上。然而，在亚洲所有不同的市场中，人寿保险公司将面临更具挑战性的环境来获得这些增长机会。除了低利率和资本市场波动的宏观经济挑战外，行业也面临一些结构性挑战，在这种背景下，人寿保险公司必须改变观念，从强劲的增长焦点转向主要以更有价值的方式获得顶级和高级排名，这是行业的一个新趋向，保险公司将不得不重新审视其分销模式，探索新技术和创新的潜在机会，改革其投资管理职能，以应对来自更加波动的市场环境中的挑战，并调整其产品组合以适应特定客户群体。

　　未来，亚洲人寿保险业的发展前景依然不错，但是竞争将会加剧，更多的保险公司因为没有迅速适应行业的新现实将被迫退出市场。

第一节　亚洲寿险业的新兴发展

　　20 世纪 60 年代，在中国香港地区市场上新加入一家保险公司也许并不明显，那时只有少数跨国公司积极参与，保险代理人向客户解释保险产品，但是很多人对这些代理人持怀疑态度。梁锦松曾是中国香港地区的美国国际保险公司（AIA）的一名资讯科技分析师，他说，"AIA本质上是由当地人管理，除了来自美国的几个外籍人士，大多数管理团队由中国香港地区的高管组成"。多年来，随着人寿保险成为大多数中产阶级人士购买的首批金融产品，保险行业蓬勃发展。多年来，许多跨国保险公司率先进入亚洲，包括安联、安盛、宏利、英国保诚和ING。

从全球人寿保险的角度来看，亚洲的机遇首先在中国香港和新加坡等地区和国家发展，其后在中国台湾地区和韩国等市场迅速发展，最终在中国和印度这样的大市场中获得巨大发展。

过去几年来，全球金融服务业经历了波折发展的时期，寿险业也不例外。全球保险公司受到经济低迷增长、低利率、股价下跌、资本波动性高、产品爆发（尤其是可变年金）以及日益严峻的监管等因素的影响而受到打击。令人意外的是，在全球人寿保险公司发展普遍不是很好的情况下，亚洲的人寿保险公司表现反而相当好。对于大部分的亚洲市场，2008年全球金融危机的第一年，与2007年相比增长了11%，与西欧相比，西欧的利润下降了4%，而亚洲市场的总保费继续增长。过去几年来，亚洲经济增长率在整个金融危机期间持续超过西方市场。亚洲保险公司在危机中的韧性可归因于其主要的国内业务，这些基本面包括强劲的经济增长，高储蓄率降低，以及强大的中产阶级的持续出现。

因此，亚洲在全球寿险业中的作用日益突出。预计，亚洲未来10年全球保费增长将超过一半，盈利能力应高于西方（见图8-1）。较高增长预期和较高利润率的组合使亚洲保险公司，特别是中国保险公司的市场估值水平较高。截至2011年底，世界十大人寿保险公司中，有四名来自亚洲。这与10年前的情景形成鲜明对比，那时全球十大公司均来自欧洲和美国。

一、一个新的发展范式

亚洲人寿保险业虽然有强劲增长的历史，但也面临着一系列的挑战。目前，该行业正在进入一个新的发展范式，在此期间，保险公司将面临一系列与过去十年相比非常不同的情景。相对于西方增长率仍然会下降的情况，股东和监管机构将对保险公司会施加更大的压力，从而产生价值，而

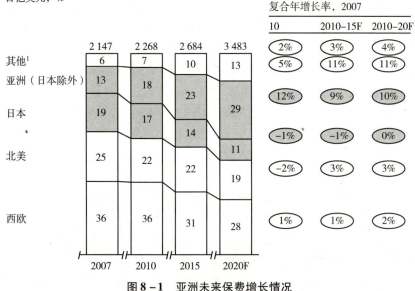

2007~2020年世界总人寿保险费
百亿美元，%

图8-1 亚洲未来保费增长情况

资料来源：Binder, Stephan. Life Insurance in Asia: Sustaining Growth in the Next Decade（2012）.

不仅仅是顶尖的增长。此外，竞争格局也会改变，跨国保险公司面对更强大的本地保险公司的竞争。捆绑销售的大规模招募模式，一直是亚洲的主要增长引擎，这种快速增长模式即将结束（除了印度尼西亚和越南等市场之外）。快速增长的银行保险渠道是否持续下去最终取决于银行获得的大部分价值。尽管新的替代渠道规模仍然很小，但也已出现，并且将需要有与以往截然不同的技能来管理。同时，技术发展的步伐正在亚洲产生新一代数字用户，从传统销售转向在线销售渠道，用于收集信息和进行采购。最后，随着财富水平的提高和亚洲消费者的日益复杂化，在产品和服务方面日益产生分歧，具体的需求也存在差异化，从而为亚洲寿险业创造了许多不同的发展领域。

亚洲人寿保险市场未来几年将呈现以下五大发展趋势：

1. 亚洲是人寿保险新兴大国。

2. 跨国保险公司与当地保险公司之间产生日益激烈的竞争。

3. 人寿保险行业变化会引起分配问题。

4. 推动保险创新。

5. 不断变化的产品组合，满足亚洲消费者的新需求。

这些是大多数亚洲市场中存在的重要主题，对于了解这个行业至关重要。值得注意的是，亚洲人寿保险市场不是同质的。在一个从欧洲和非洲边界向印度洋和太平洋海域扫荡的地区，每个市场在经济发展水平，市场渗透程度和管理各方面的规定方面不同，更不用说更明显的文化和社会价值观的差异。亚洲人寿保险行业的领军者也将永远是那些能够理解这些复杂差异、并相应地制定策略的保险公司。

二、亚洲是新兴的保险强国

"没有增长，亚洲就没有意义了。"曾经，有名分析师询问一位在亚洲的高级保险执行官时，该执行官如是说，增长无疑是亚洲人寿保险市场的重要标志。亚洲，不包括日本，2010 年，其保费收入占全球人寿保险费收入的 17%，占 2002 年以来全球经济增长的 45%。预计未来十年，亚洲将进一步成为全球保险行业增长引擎的角色，该地区预计年均增长率为 6%，而北美和西欧预计将增长 2% ~3%。亚洲的增长不是统一的，市场预计，中国和印度两国的增长占亚洲增长的 75%，但印度尼西亚和越南也将从较低的基数快速增长，韩国、中国台湾地区、中国香港地区和新加坡这样的成熟市场，随着市场 GDP 的增长，可能会以较慢而健康的速度增长。日本在过去二十年里几乎没有任何增长，未来发生变化的可能性也不大。

此外，大多数亚洲市场（印度除外）的盈利能力优于许多成熟的西方国家。例如，2010 年，亚洲的人寿储备回报率平均为 0.6%，而西欧则为 0.4%，预计未来十年，两地区差距基本保持不变，到 2020 年亚洲的储备回报率为 0.7%，西欧为 0.5%，增长和盈利能力的结合，使得亚洲成为过去十年来众多全球人寿保险公司的首选目的地。见图 8－2。

三、坚实的经济基础支撑亚洲人寿保险行业增长

亚洲人寿保险行业持续强劲的增长是由该地区强劲的宏观经济基本面支撑的，其中包括人口老龄化过程中人口不断增长的财富水平，高储蓄率和中产阶级的兴起。

联合国人口数据库显示，预计亚洲国家人口总数将从 2010 年的 33 亿

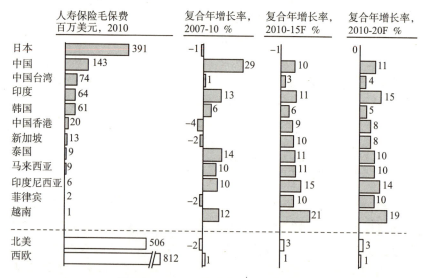

图 8 - 2 亚洲人寿保险市场增长快速

资料来源：Binder, Stephan. Life Insurance in Asia: Sustaining Growth in the Next Decade (2012).

增长到 2020 年的 36 亿人，这意味着再增加 3 亿潜在客户。在同样的情况下，美国人口将仅增长 3 000 万人，西欧将会增加 1 200 万人。这意味着亚洲将会是美国人口总量增长的七倍以上，而欧洲的整体情况也是基本如此，绝对的亚洲增长人口数将与整个美国人口相匹配。这种增长分布是不均匀的。印度、马来西亚和菲律宾的人口将增长 13% ~ 18%；中国大陆、中国台湾地区、韩国等北亚国家将增长 3% ~ 6%，而日本的人口将逐渐下降。

同样的情况下，其中一些国家，如韩国、日本和中国，将会出现像西方世界那样的人口老龄化趋势。人口老龄化不再是西方特有的现象。65 岁以上人口的比例预计将从 2010 年到时 2020 年大幅增加。因此，支持每个退休人员的成年人人数将减少，从而大大改变了年龄金字塔形状。以韩国为例，这个数字将从 2010 年的 4.5 下降到 2015 年的 3.9，到 2020 年将下降到 3.4。这种现象将推动医疗保险、年金和养老保险以及相关退休产品的需求。

众所周知，亚洲的经济增长远高于世界其他地区。值得注意的是这个趋势的重要性。除日本以外的亚洲国家，预计实际国内生产总值增长率在 2010 ~ 2020 年间每年增长 4% ~ 9%。相比之下，预计美国经济同期增长不到 3%。总的来说，2002 年，12 个亚洲国家的 GDP 占全球实际 GDP 增长的43%，2010年为45%，而2010~2020年，预计增长率为42%。如图8-3所示，即便按照相当温和的情况预计亚洲市场的增长，其增长速度几乎翻一番。

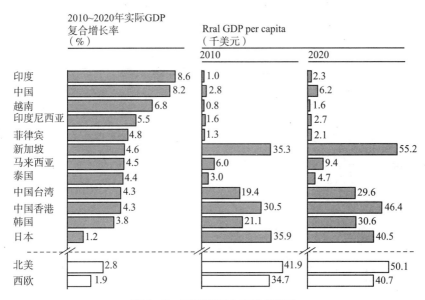

图8-3　亚洲经济未来增长强劲

资料来源：Binder, Stephan. Life Insurance in Asia：Sustaining Growth in the Next Decade（2012）.

随着GDP水平的快速增长，人们的个人金融资产也将按比例增长。例如，中国和印度的个人金融资产在2002年和2010年之间年均增长了22%，而美国则增长了5%，英国则增长了7%。个人金融资产（PFA）的增加自然会推动人寿保险产品的增长。此外，人们对投资和个人财务状况的态度的不断变化正在加速这一数字增长。传统上，亚洲人更容易将其个人金融资产以存款或现金的方式持有。2002年，中国消费者将个人金融资产的84%用于现金或银行存款，而印度消费者则是74%，泰国消费者为72%。目前，银行存款的储蓄已经大大转向投资，在2002~2010年间，这些亚洲国家的消费者毫无例外地将现金转移到投资产品中。到2010年底，中国只占66%的PFA现金，印度人占54%，泰国占52%。投资渠道有更多的增长空间，比如在美国这样的成熟市场，现金持有量占PFA的百分比只有14%。

随着亚洲人从储蓄转向投资行为的改变，将有更多的资金用于共同基金和股票投资以及人寿保险。亚洲消费者会选择将这笔现金投资于人寿保险而不是其他投资产品吗？在人寿保险所有权很低的市场中，答案是肯定的。在中国、印度、印度尼西亚和其他东南亚等市场，人寿保险的市场深度仍然低于5%（见图8-4）。对于这些市场上的许多客户，人寿保险通常是他们购买的第一个金融产品。

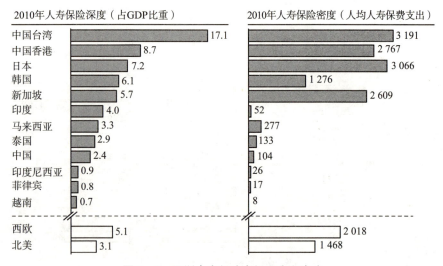

图 8-4　亚洲人寿保险市场深度和密度

资料来源：Binder，Stephan. Life Insurance in Asia: Sustaining Growth in the Next Decade（2012）.

　　在中国台湾地区和中国香港地区等人寿保险高市场深度的市场中，人寿保险面临来其他类型金融产品的更多竞争。即便如此，随着保险和投资水平的提高，中期来看，这一数据仍将持续增长。2010年中国香港地区和韩国人均死亡人数为3时的保险密度分别为48 800美元和24 000美元，美国同一时期该数字为69 000美元。与此同时，投资产品有可能看到亚洲消费者的进一步需求，2010年，中国和印度的家庭储蓄率为21%和24%，英国为3.8%，美国为8.4%。在任何给定的经济发展水平下，这些显著更高的储蓄率将会转化为更高水平的个人金融资产（PFA）（见图8-5）。由于存在这种高程度的个人储蓄水平，未来，很难想象在今天观察到的亚洲的市场的保险密度有可能有一天会超过西方市场。

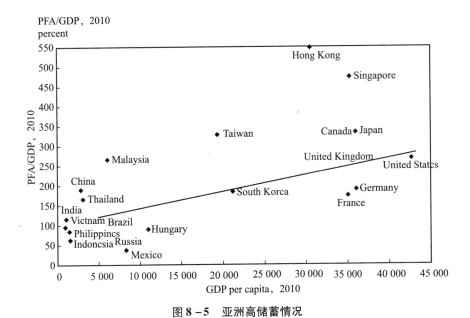

图 8 - 5 亚洲高储蓄情况

资料来源：Binder，Stephan. Life Insurance in Asia：Sustaining Growth in the Next Decade（2012）.

随着亚洲国家变得更加富裕，人寿保险客户的社会经济状况也在迅速变化。从以下数据可以发现：2010 年，全球有 12 个国家，每年有 1.6 亿个家庭赚取 10 万多美元。到 2015 年，该数字有 4.1 亿多。这意味着亚洲这五年内大约会产生 2.5 亿个新中产阶级家庭。相比之下，2015 年，总共有 1.2 亿美国家庭拥有同等收入水平。

亚洲大部分新兴市场，如中国、印度、印度尼西亚等地的中产阶级正在快速发展。例如，在中国，1985 年，99% 的城市家庭被认为是贫穷的，但今天只有 24% 的城市家庭属于穷人行列。目前，有 69% 的城镇家庭被视为中产阶级，到 2025 年，这个数字预计将增长到 74%。这意味着中国再增加 1.4 亿中产阶级家庭！同样的，在印度，2010 年，中产阶级只占人口的 13%，到 2025 年预计将超过 38%。

值得注意的是，亚洲的中产阶级并不意味着与发达国家相同的绝对财富水平。比如，一个收入在 9 000 美元和 34 000 美元之间的家庭被认为是中国的中产阶级。而联合国世界卫生组织确定了一个四人家庭 2010 年贫困指导原则，为 22 350 美元。也就是说，在美国，大部分符合"中产阶级"定义的家庭，都会被认为是穷人。然而，在考虑购买力平价的情况下，中国的家庭收入为 34 000 美元，将以与美国家庭 142 800 美元相同的生活方式拥有同样的消费水平。对于这些亚洲消费者来说，这种财富增长意味着他们将首次有资金为基本必需品以外的物品进行支出，并且成为首批进行储蓄和购买保险保障的群体。

持续的城市化是推动这一新兴中产阶级成立的关键因素。在中国，据麦肯锡全球研究所估计，到2025年，将有超过210个城市拥有超过一百万的居民，而2010年大约只有150个。因此，中国城市人口将在15年内增长2.9亿多，与今天的美国人口大致相同。到2025年，估计有2/3的中国公民，近10亿人，都会在城市生活。即使保守的估计，2010年至2025年，城市实际收入将会增长三倍之多，从4 500美元增长约为13 700美元。

在过去10年的大部分时间里，亚洲市场不仅都经历了快速增长，而且与许多成熟的西方同行相比，其盈利能力也很高。2005～2010年亚洲市场的人寿储备和新业务利润回报率有较高的盈利能力，这种高盈利能力在很大程度上受到亚洲保险公司通过自身渠道更好地控制分销成本的能力推动的，对于普通消费者而言，由于许多产品的不透明性，使得定价比较困难，从而价格因素对消费者来说更具有吸引力。

在高增长期间，亚洲大多数保险公司的业务和运营模式旨在支持强劲的增长。保险公司通常将新业务保费增长这样的主要业绩指标提供给投资者，而在某些情况下，保险公司则以市场溢价这一指标作为衡量标准。投资者同时也获得了具有较高估值倍数的强劲增长的公司的回报。例如，中国大型保险公司在2007年高峰期间的新业务倍数大约是20倍。因此，有一些主要的国内保险公司，追求抢占的模式，不惜牺牲盈利能力来追赶顶尖的增长。在中国银保业务快速增长的情况下，中国银行业保持快速增长，当地许多较小的地方企业非常渴望增长，于是把所有的上涨资金交给了银行，并用稀薄的利润来创业。

虽然亚洲将继续保持增长的轨迹，但这种抢占模式显然已经不复存在。在接下来的十年中，人寿保险行业应该更加重视价值创造，主要有三个原因。第一，更多的保险公司在公开市场上市，这将对保险公司的盈利能力进行更多的公众监督。第二，现有股东的压力将越来越大，其中一些国内保险公司的整体盈利能力低下。对于因国内损失而面临重大收入压力的跨国公司也是如此。例如，一些欧洲保险公司近年来退出中国台湾地区的情况大多是由于偿付能力监管和内在的固有风险引起的。第三，监管压力仍在加剧，使得行业从纯增长模式转变为可持续盈利能力增长模式。这在印度最为明显，近期大规模重组销售力量和对传统产品的重视都受到新规制的影响。

第二节　跨国保险公司与当地保险公司之间的激烈竞争

跨国保险公司在亚洲并不新鲜。在过去 50 年的大部分时间里，来自全球各地的保险公司一直汇聚在亚洲市场寻求增长。对于许多这些早期跨国公司来说，他们通过利用放松管制趋势及其在产品和渠道管理方面的卓越能力，大大增加了他们的市场份额。然而，2008 年，全球金融危机为这些跨国公司带来了新的挑战。许多跨国公司在国内遇到重大困扰，同时也面临着强大的当地竞争对手，他们趁机利用这一机会来重新审视自己。同时，许多亚洲当地保险公司在公开市场上市，并且已经获得了足够的规模和资金，尽管他们大多数仍然缺乏主动参与国际市场业务的意愿或技能，但却已开始在本国市场之外进行竞争。

跨国保险公司与当地保险公司的竞争真正进入了一个新的时代。一方面，亚洲成为国内老牌企业和外国企业之间进行竞争的市场；另一方面，来自亚洲和西方的跨国公司则通过多重标准进行竞争。从目前来看，在亚洲可能确实会出现一系列真正的跨国公司（包括西方和亚洲）。

一、亚洲跨国公司：适者生存

跨国保险公司最著名的例子之一是 AIA。其在亚洲的历史可以追溯到 1919 年，当时 AIA 集团的创始人可米勒斯在上海成立了保险代理机构进入市场。该公司于 1931 年进入中国香港地区和新加坡，1938 年，进入泰国，而在未来的 70 年左右，还会继续扩大。如今，在亚洲地区共扩大到 15 个市场，随着与美国国际集团（AIG）的分离，AIA 集团随后在 2010 年在中国香港地区上市，AIA 成为亚洲第一个也是唯一一家真正的泛亚洲保险公司。

AIA：亚洲的先驱者

凭借其在亚洲悠久的历史和较广的市场份额，AIA 一直是该地区历史最悠久的跨国保险公司。

美国国际保险公司（AIA）是美国国际集团（AIG）的创始公司，于1919年在中国上海成立。在20世纪中叶，其他外国保险公司早已向亚洲投资，AIG是第一个进入亚洲的公司。该公司自1946年以来一直在东京开展业务，是1973年第一家在日本高度封闭的日本市场上销售人寿保险的外国公司。在1950年之前，该公司在泰国、马来西亚和菲律宾销售保险产品。在20世纪60年代，又在中国香港地区创造人寿保险业。在1992年，中国经过四十多年保险业务的中断，该公司又成为第一家进入中国的外国保险公司。

除了早期的优势，AIG的成功主要归功于在亚洲建立和维护长期而复杂的关系。三十多年来，前主席莫里斯·罗伯特（Hank）格林伯格通过与亚洲领导人合作，从事中国香港地区行政长官国际顾问委员会的工作，为中国加入世贸组织提供咨询意见。例如在中国，AIG是第一个也是唯一一个获得外商独资人寿许可证（其他外国公司不得不接受将限制所有权限制在50%以上）的公司。1975～1992年，汉克·格林伯格（Hank Greenberg）对中国进行了数十次访问，与中国高级官员建立长期的人际关系。整个20世纪90年代，美国国际集团在多个层面展示了对中国的承诺。比如，帮助起草1995年通过的中国第一部保险法；帮助中国人民银行在纽约设立分公司；积极游说美国国会，让中国加入WTO；甚至从巴黎购买历史悠久的中国古董，并将其捐赠给中国。

2010年10月29日，AIA在中国香港地区上市成为首个上市的纯泛亚人寿保险公司，这是标志性事件。它也是世界上规模最大的保险公司，也是全球最大的保险公司之一（按市场份额）。截至2011年底，其市值为370亿美元。对于许多国家来说，AIA的上市重新激活了亚洲的人寿保险行业，因为它创造了行业的基准，并引起了分析师、买方投资者和媒体的新兴关注。

截至2011年底，按亚洲市值计算的十大非亚洲人寿保险公司中，10家都在亚洲地区设立分公司，其中有7家在至少6个以上地区正在开展业务。

二、亚洲跨国人寿保险公司发展的三个历史时期

第一个时期（20世纪80～90年代）

在这个时期，监管机构进入市场，保险公司发展自己的分销渠道和

品牌建设。这些公司通过创造就业，投资房地产和技能转让（例如精算风险管理），大力投资当地经济，在当地建立该行业。事实上，如我们今天所知道的那样，AIA 经常被认为创造了很多关联的机构模式。因此，外国保险公司成为财务实力、产品和服务优势能力的代名词。再加上国内老牌企业相对短浅的眼光，这些跨国公司在许多这些市场中取得了快速增长。例如，在泰国，AIA 迅速上涨至市场上的第一名，超过 50% 的市场份额，成为政府长期债务的最大持有人。在中国香港地区和新加坡，AIA、Prudential 和 Manulife 很快成为家喻户晓的跨国公司。

第二个时期（20 世纪 90 年代末～21 世纪 00 年代末）

这个时期，亚洲各地的保险公司都在强劲的增长，无论是保险公司家数还是各个市场的渗透程度。保险市场的几个变化促进了外国保险公司的增长：放松管制，有利的进入市场的经济条件和外国保险公司的优越能力，这些有利因素使得他们在进入市场后能快速增长。在这些因素中，放松管制是最为关键的。在某些市场中，放松管制带来了前所未有的发展，在其他情况下，放松管制可以让之前实际上由当地的老牌公司垄断的情况下，让外国投资者利用新的渠道或市场空间，进入技术开放的市场。表8.1 显示了亚洲市场的监管开放时间表。

表 8-1 亚洲开放市场的监管情况

国家（地区）	允许外国公司进入的年份	允许银保销售的年份	允许投资连接险的年份
中国	1992	2000	1999
印度	2000	2003	2000
日本	1954	2001	1986
韩国	1986	2003	2002
中国香港地区	1897	1990	不限制
新加坡	1931	2001	1992
印度尼西亚	1975	1999	1998
泰国	1938	不限制	2005
马来西亚	1924	1993	1997
菲律宾	1895	不限制	2002
越南	1999	—	2007

资料来源：Binder, Stephan. Life Insurance in Asia: Sustaining Growth in the Next Decade (2012).

印度是允许外国公司进入市场的最后一个国家。印度人寿保险公司（LIC）是一个 40 多年来的单一政府实体，2000 年，政府放松了对保险行业的管制。自从放松管制以来，约有 20 家私人保险公司进入市场，其中大部分与跨国公司（如安联、英国保诚和标准人寿）合资投资。值得注意的是，与中国相比，尽管印度放松管制的时间很晚，但一旦放松管制，外资合资企业在全国各地扩张的障碍就很小。而在中国的外国保险公司，在扩大新地区时，需要根据具体情况申请监管机构批准。这对中国的外国保险公司的增长来说仍然是一大障碍。

在这个时期，允许跨国公司利用其优势的知识和经验，投资相关产品，银行保险渠道也增加了他们的市场份额。此外，许多跨国公司带来了销售人员管理的新技能，并且能够招聘到销售更复杂产品的优质代理商。外国企业在韩国的增长是跨国保险公司带来创新的一个很好的例子。自 1986 年以来，韩国允许外国保险公司在韩国经营，直到 2002 年引入投资连结产品，并在第二年推出了银行保险，国内老牌"三星人寿""韩国人寿"和"Kyobo Life"的业务才有所进展。这些跨国公司也通过从传统的兼职家庭——妻子代理模式转移到雇用年轻、男性、大学教育的代理人致力于全职工作，从而彻底改变了代理渠道。因此，韩国的外国保险公司能够将其第一年溢价的市场份额从 2001 年的 9% 提高到 2006 年 23%。

第三时代（2008 年至今）

2008 年金融危机时期的特点是跨国公司在本国市场面临困难，近三年来，外资企业增长趋势有所逆转，跨国公司毛保费总额比例从 2007 年的 23% 下降到 2010 年的 20% 左右。市场份额在市场上有很大的不同，取决于国外竞争对手的成熟度和开放程度。例如，尽管跨国公司在中国存在时间也比较长，但中国从未被跨国公司彻底渗透。外国企业在中国的市场份额从未超过 9%，现在徘徊在 5% 左右。与此同时，在印度，外国保险公司一直被限制的少数股权 26% 以内。相比之下，在 20 世纪初期，跨国公司在日本、韩国和中国台湾地区的成熟市场取得了更大的进步，金融危机后的市场份额大幅下滑。在日本，外资企业的毛保费比例从 2007 年的 26% 下降到 2010 年的 16%，而在中国台湾地区，同期全年下降 39%，达 24%。在东南亚，例如在泰国，跨国公司作为一个集团已经占有其领先地位，几家领先的跨国公司也已经向当地的股东提供股票。2010 年，AIA 在毛保费和一年保费中所占的份额分别为 31% 和 20%，而 20 世纪 80～90 年代，AIA 的毛保费总额超过 50%。

跨国公司面临的挑战可归因于四个主要原因：

1. 对外国保险公司的监管限制。
2. 投资连结产品销售下滑。
3. 跨国公司品牌价值下跌。
4. 本国市场的问题。

第一，外国保险公司在中国和印度这两个亚洲最大的增长市场中，仍然面临严重的监管障碍——阻止他们与本地保险公司在竞争环境中竞争。外国保险公司必须组建合资企业，以两种方式进行经营活动，中国的最高股权持有量为50%，印度的少数股权为26%。在印度，尽管多年来一直在有持续增加持股水平达到49%的讨论，但是具体时间仍然不清楚。在中国，严格限制地域扩张，国外合资企业必须以省、市为单位申请扩建（每次可能需要两三年），产品批准和投资的其他障碍也面向外国企业，这为外国保险公司的市场增长带来了发展瓶颈。尽管外资保险公司的数量在此期间为28%，比以往有所上升，但其份额却从2005年的9%下降至2011年的不到5%，因此，外国保险公司在中国还需要继续发展。

第二，过去几年，股票市场低迷和波动性导致投资连接产品销售大幅下滑。尽管产品组合的转变影响了整个人寿保险行业，但外国企业受到的影响最大，因为在20世纪20年代，他们对投资相关产品的依赖性增加。在韩国，2006年可变产品占外国投资者保费总收入的26%，而本地企业的保费收入则为15%。在日本，可变年金是一些外国保险公司主要的投资组合；例如，哈特福德的总保费收入在2005年达到顶峰时的86%，占ING的50%。随后可变年金产品的崩溃使这些保险公司撤回或暂停在日本的新业务。

第三，金融危机使消费者对跨国金融服务品牌有很大的看法。虽然全球金融机构在危机之前与安全和财务实力相关，但一些业界巨头（如花旗和AIG）面临的问题削弱了消费者以前的信任。消费者越来越多地转向更大的地方机构，特别是与政府有密切联系的旗舰金融机构作为避风港。麦肯锡在2011年对12个市场的"个人金融服务调查"中发现，喜欢与当地金融机构交易的受访者比例在全区平均为81%，与四年前相比，增长了一倍。例如，在韩国，三星人寿市场份额下降十多年后，在2008～2009年间，三星人寿在第一年溢价中所占比例从22%上升至28%。

第四，许多跨国公司在国内的业务面临严重问题，比如低利率、股权价值下降和严格的法规等。2008年以后，一些跨国公司缩减了亚洲增长计划，并将管理权力拉回总部，其他保险公司别无选择，只能一起撤出。例如，ING 于 2008 年首先退出中国台湾地区市场，随后也在全面剥离亚洲业务。随着跨国公司的增长势头放缓，当地的保险公司一直在忙于通过新的渠道和产品改进其业务模式，进一步发展以前具有竞争优势的外资企业的业务。

在未来十年，跨国保险公司不能再依靠这些早期进入者的优势在亚洲进行竞争。在东南亚这样的地区，本地保险公司将不断创新产品和渠道来获得发展。除此之外，许多保险公司还需要从根本上改变他们的竞争商业模式。例如，在中国，一些保险公司可能会进入利基市场。通过利用其优越的技术技能，而不是使用相同的产品和分销模式进行竞争。

一些跨国保险公司将选择放弃泛亚洲的雄心壮志，将资源和资本集中在几个核心市场。其他保险公司则希望通过无机增长进一步加强和巩固自身立场。同时，一些跨国公司会发现有机增长过于痛苦和缓慢，倾向于采取更为被动的态度，并向当地保险公司投资少数股权。一些行业观察家指出汇丰对中国平安的投资就是这种投资的一个例子（尽管人们普遍认为这已成为纯粹的金融投资）。

三、亚洲保险公司即将出现

回溯到 2000 年，跨国保险公司以市值为标准的排名中，没有一家亚洲保险公司进入前 20 名。大多数亚洲保险公司都是地方公司，盯着所有权，几乎不知道或无法放眼全球投资。

在过去十年中，这样的情景发生了巨大变化。现在有很多本地的亚洲现任保险公司现在都来到全球舞台上。2003 年中国人寿是第一批，2004 年平安，2007 年是中国太平洋；随后，2010 年是日韩人寿、韩国人寿和三星人寿。其他快速增长的中国保险公司也在近期关注资本市场，2011 年新中国人寿上市，另外，泰康人寿发展潜力巨大。日本邮政和 LIC，分别在 2010 年产生了 840 亿美元和 450 亿美元的人寿保险费。虽然没有确定时间表，但是这些巨大的当地保险公司的上市一定会使亚洲保险投资达到一个新的水平。此外，2010 年 AIA 的 IPO 对促进亚洲保险行业的投资者兴趣起了推动作用，在销售方面增加了保险专业研究分析师的数量。

截至 2011 年底，世界前十名人寿保险公司中有 4 家来自亚洲。中国人寿和中国平安在全球的排名靠前，市值分别为 770 亿美元和 470 亿美元

（见图 8 - 6）。虽然这些中国保险公司的估值并不能抵御危机的影响，但自从上市以来，他们的资本额增长了六倍。展望未来，毫无疑问，在未来十年内，国内市场预计将以每年 10% 的速度增长，其规模将继续保持非常大的水平。由于国内市场增长较少，所以日本和韩国上市公司的资本规模要小于中国企业，因此投资者对这些公司的兴趣比较低。

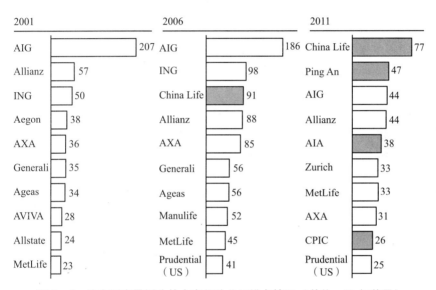

2001		2006		2011	
AIG	207	AIG	186	China Life	77
Allianz	57	ING	98	Ping An	47
ING	50	China Life	91	AIG	44
Aegon	38	Allianz	88	Allianz	44
AXA	36	AXA	85	AIA	38
Generali	35	Generali	56	Zurich	33
Ageas	34	Ageas	56	MetLife	33
AVIVA	28	Manulife	52	AXA	31
Allstate	24	MetLife	45	CPIC	26
MetLife	23	Prudential（US）	41	Prudential（US）	25

图 8 - 6　按市场容量划分的人寿保险公司排名情况（单位：10 亿美元）

资料来源：Binder, Stephan. Life Insurance in Asia: Sustaining Growth in the Next Decade（2012）.

由于这些保险公司的主要业务仍然在国内，因此，尚不能确定，这些亚洲巨人是否有扩大到本国市场以外的野心和技能，最终创造泛亚企业。

中国的保险公司至今没有做出重大的国际举措。这是为什么呢？如果国内市场以两位数的速度增长，那么进入西方的市场或其他成熟的增长较快的亚洲市场不是不可能。中国的保险公司主要专注于加强在国内的核心业务，或横向扩展到其他金融服务。例如，中国平安已经扩大到资产管理和银行业务，2010 年，收购深圳发展银行的多数股权，进一步加强银行业务。在短短的国际扩张中，获得 Fortis 的小额股份导致金融危机爆发时大幅注销，并成为中国保险公司进入国际扩张充满危险的教训。

另外，韩国的保险公司，由于国内增长率较低，所以有必要扩大国际业务，因此采取了一些小型举措。在印度、泰国、越南以及中国台湾地区的投资，第一人寿是更积极的投资者之一。日本人寿以 6.8 亿美元收购了印度 Reliance 26% 的股份。东洋海事已经建立了亚洲的普通保险业务组合，包括一些人寿业务。与此同时，韩国和中国台湾地区则专注于在中国和越南寻找机会。来自韩国的三星人寿、中国台湾地区的 Fubon 和 Shin Kong 都在中国拥有合资企业，而其他保险公司也开始在市场上开展业务。

国际投资对这些国内保险公司的成功是否有意义还不太明确。虽然在某些行业，例如消费电子和汽车行业，甚至在诸如消费者和未来的金融服务领域都有例外，但全球化问题却相当广泛。日本企业的业务收入、资产和日本以外的股权所占的比例，远远超过海外同行业。在保险业，更广泛的金融服务方面，外国公司有时候会面临更严格的所有权和扩张条例。因此，最终，国际业务对许多大型国内保险公司而言往往是一个错误。

鉴于整体规模、制造业和技术实力，许多日韩企业应该是全球领导者，但事实却并非如此，这是为什么呢？国际扩张对许多这些公司构成了巨大的挑战，这些企业通常是单一文化的。例如，高级管理人员可能从来没有进行过国际业务，甚至在公司和业务部门以外工作，所以只是在管理国内业务，他们往往不能准备好在快速变化的国际市场上经营全球企业。产品开发和营销功能脱离了他们正在尝试服务的消费者数千英里的国内市场。当他们并购公司时，考虑到文化和语言障碍，他们倾向于与他们所获得的公司进行最小化的整合，从而忽略了削减成本，分享最佳实践和人才发展的机会。

虽然中国可以在国内市场发展业务，但如果希望继续成长，全球化可能是许多公司的唯一途径。毫无疑问，西方国家的任何交易都将推动这些亚洲保险公司的发展，但资本和资源本身不会使国际保险公司面临上述挑战。一个潜在的方法是仅对具有强大管理能力的公司进行投资，而不需要太多的干预。其他公司可能选择有机地发展业务，但是增长目标会很低。可以明确的是：建立一个真正的全球或地区的保险公司将要求高管们以新的和陌生的方式思考营销和战略。单纯地将商业模式从本国市场复制到国际舞台肯定是行不通的。

第三节　人寿保险业销售模式的改变

长期以来，亚洲的人寿保险销售情况主要由经销商模式所主导。这些销售队伍在快速增长的市场中非常有效，因为当地的代理网络可以渗透到社会各个层面和地理位置。虽然捆绑销售已经并将继续成为亚洲的重要渠道，但银保业务从放松管制以来，一直占据着所有市场的快速份额。2002～2010 年，银保业务占新增业务收入绝对增长的 68%。这为行业带来了巨大的利润压力，因为银行在大多数市场上占据了银行保险的大部分利润空间。这为亚洲人寿保险公司提出了三个基本问题：

1. 机构：这代表一个时期的结束吗？
2. 银行保险：保险公司怎样才能产生价值而不仅只是业务的增长？
3. 替代渠道：这可以成为新的增长引擎吗？

下面逐个探讨每个问题。

一、机构：一个时代的结束？

亚洲保险公司在历史上建立了大量依赖关系销售的大型代理销售部门。这些代理商通常以多层次的营销或金字塔销售模式进行管理。金字塔的底部是刚刚进入销售队伍的新代理商。这些代理人招募其他人加入销售队伍并达到一些明确的标准（通常是最低招聘人数以及一定程度的个人销售），他们被提升到一个新的水平。在这个层次上，他们的薪酬将取决于他们的招聘代理人（通常称为覆盖佣金）的销售额以及他们自己的销售额。这些金字塔可以长达数层，金字塔顶部的代理经理管理着高达数百名代理商的销售人员。

鉴于这些销售队伍之间的联系和关系密切，这些金字塔机构中的每一个都拥有高度依赖代理经理的理念和独特的魅力特征。例如，在中国的一家大型保险公司中，最大的机构之一有 800 多名代理商，在自己的位置上占有几层楼，有自己的内部规则，甚至拥有自己的司机。

这种传统模式的成功取决于招募大量受过较少教育但非常积极的销售人员的能力，新招募的人员通常会将第一份保单出售给家人或朋友，但此后他们将面临一个需要确定如何维持销售生涯的时期。在第一年，通常平均至少有 50% 的这些新代理人会离开公司。在培训和招聘成本控制以及高度可变的薪酬（经过一段时间后，代理商大部分只能支付佣金）方面，该模式可以非常成功。

尽管银行保险渠道上涨快速，但是在亚洲新兴市场和发达市场，并购机构仍然是非常重要的渠道。在印度尼西亚和越南等新兴市场，许多客户是保险产品的首次购买者，销售主要着力于消费者教育和关系建设方面。同时，由于许多客户在较成熟的市场上会有相对较小的波动，所以需要大量的销售人员来获取市场份额，另外，重点在于深化现有客户对于长期储蓄和保险产品的交叉销售。在这方面，关系销售应该比银行更有利于出售这些复杂产品所需付出的时间和精力。目前，代理机构在亚洲大部分市场的毛保费份额都在30%~70%，这通常是保险公司最大的利润贡献者和价值的核心驱动力所在。

不过，亚洲的经销渠道处于转型状态，如图8-7所示。保险公司，特别是新兴市场中积极增长代理人数的保险公司，现在正面临着维持高增长、高流失模式的重大挑战。这个操作模式背后有几个关键假设，包括大量潜在的新代理商可以最少的固定薪酬和担保，也加入有关机构；易于销售的产品；销售风险低；前期佣金较高；人寿保险是吸引客户长期储蓄的产品等。

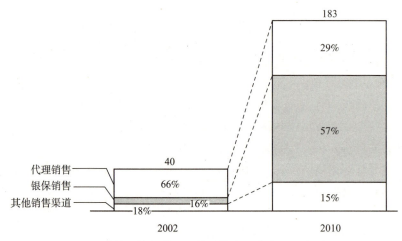

图8-7　亚洲的经销渠道处于转型状态（单位：10亿美元，%）

资料来源：Binder, Stephan. Life Insurance in Asia: Sustaining Growth in the Next Decade（2012）.

过去几年来，在中国和印度，这种模式受到很大的压力，需要注意的是，每个市场面临的挑战其实是截然不同的。

在中国，主要的问题是招聘和高代理流失，特别是在较发达的城市地区。发达城市的代理收入根本跟不上高速的通货膨胀，导致陷入营业额高、招聘人员素质下降、生产力下降的恶性循环。例如，在过去通货膨胀较高时期，上海的代理收入在工资通胀率超过 10% 的情况下，每年下降 10% ~ 15%。尽管全国代理商数量持续增长，但中国一线城市的数量在过去几年实际上已经下降了约 5%（见图 8 - 8）。此外，中国传统机构模式的设计重点是大众市场客户，不适合系统地访问在城市中心快速增长的中产阶级消费群体。在这组富裕的消费者中，有许多不同的细分市场——专业人士、白领、小企业主等，这些群体与大众群体之间有非常不同的需求。这些更富裕的阶层是零售金融服务的重点客户，同时也吸引了银行、新兴经纪人和财富管理部门的独立财务顾问。如果人寿保险公司无法调整自己的模式来争取这些客户，那么他们将面临失去中国最大的零售业巨头的风险，并将被挤压到中低档城市。

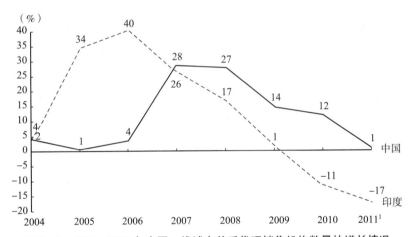

图 8 - 8　2004 ~ 2011 年中国一线城市关系代理销售机构数量的增长情况

资料来源：Binder, Stephan. Life Insurance in Asia: Sustaining Growth in the Next Decade (2012).

在印度，2010 年的监管政策从根本上改变了行业的佣金和成本结构，使得这种快速增长的模式不再是盈利或可持续的。因此，保险公司被迫改变他们的产品组合，并广泛地重组机构力量，以便使费用水平合理化，并专注于提高生产力。2011 年 6 月底，印度的行业代理人数比 2009 年底下降了 17%，其领先的私人机构 ICICI - Prudential 仅在 2010 年就将其机构数量降低了 27%。

此外，金融危机之后，政策法规和消费者偏好的转变也加剧了对这些传统代理渠道转型的需求。亚洲的监管机构正在实施更严格的要求，例如最低销售经验、更广泛的培训计划和更彻底的客户风险评估等。消费者也越来越复杂，要求获得更专业的咨询。麦肯锡在 2011 年的专有研究显示，有 48% ~ 54% 的受访者在管理其投资方面需要更多的咨询和协助（见图 8 – 9）。

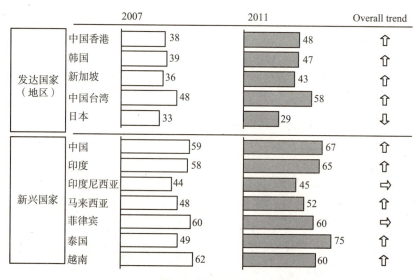

图 8 – 9　亚洲消费者需要更多的金融咨询

资料来源：Binder, Stephan. Life Insurance in Asia: Sustaining Growth in the Next Decade（2012）.

　　低技能、大规模招聘代理模式的时代将在未来十年中不可避免地终结，亚洲的保险公司将被迫改变这些传统的代理机构。代理模式的成熟与转型对亚洲而言也不是新鲜事物——在中国台湾地区、韩国和中国香港地区这样更为成熟的市场中，这种趋势已经开始有所显现，如图 8 – 10 所示。在中国台湾地区，代理商从 2002 年的 250 000 人次下降至 2010 年的 168 000 人次，其中 93% 是减少兼职人员的数量。同时，代理商的生产力从每个代理商每年的 27 000 美元增加到 71 000 美元，增加了两倍多。在韩国，2010 年底的总代理人数比十年前减少了 30%。在韩国，三星人寿、韩国人寿、京波人寿等三家公司的下降幅度甚至更大，在同一时期平均降幅达 43%。在中国香港地区，过去十年的大部分时间里，代理机构数量平稳在 29 000 多名代理商水平上，并且在过去四年中才开始缓慢增长。对于像中国这样的市场，这一转型将会逐步发生，首先从一线城市开始，然后进入二、三线城市。

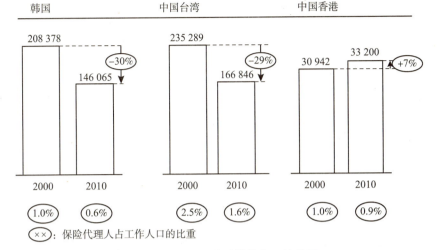

图 8 - 10 市场上传统销售代理的数量

资料来源：Binder，Stephan. Life Insurance in Asia：Sustaining Growth in the Next Decade（2012）.

在诸如印度尼西亚和越南这样的新兴市场中，大众市场模式仍有增长空间。这些市场中，成年人口中的代理人渗透率为 0.2%～0.4%，而中国台湾地区则为 1.6%，中国香港地区为 1%。越南和印度尼西亚的人寿代理人数在过去四年分别以每年 16% 和 20% 的速度增长。英国保诚在印度尼西亚的成功主要归功于其代理实力；2010 年，APE 公司的代理商数量已经增长了 30% 以上，该渠道在占到了 APE 公司的 90% 以上。代理转型没有捷径使许多代理商生存下去，而且过渡一定会有损失。领导这些销售人员的许多高管会尽可能地抵制新的销售方式，因为该销售模式是他们所知道的唯一的模式。在这个过渡时期，能够更快适应的公司将能够分享市场增长，而那些遗留问题的公司将会看到他们的竞争力和市场份额逐渐在恶化。

二、银行保险模式

银行保险已成为所有亚洲市场的主要销售渠道，因为监管机构开辟了这一渠道，让银行参与销售人寿保险。对于大多数市场来说，这是近期的一个现象。中国大陆和中国台湾地区于 2000 年开放银行保险业务，2001 年日本、新加坡，2003 年印度及韩国陆续开放此销售渠道。该渠道在过去十年取得了非凡的增长，已成为销售人寿保险产品的一个主要渠道。截至 2010 年底，亚太地区银行保险业务的新业务保费份额为 35%～70%。

过去十年，银保的成功可归因于供需双方强劲的需求。在供给方面，银行正在寻找通过增加收入来实现盈利流动多元化的新途径；保险公司，特别是那些缺乏大型现有代理机构的保险公司，也需要新的分销渠道，帮助他们快速扩大规模。亚洲银行分行的广大网点使银行保险成为增加业务的特别方便的渠道，例如，台北是最为分散的地区之一，每 10 000 人有 3.2 个银行分行，而每 10 000 名伦敦人则有 2 家银行分行，每 10 000 名悉尼居民有 0.3 家银行分行。在需求方面，消费者自然接受银行作为购买保险的可信渠道，因为长期以来与银行或其关系经理的联系最多。大多数通过银行保险销售的产品都被设计为可以通过银行柜台轻松销售的存款替代品。最初几年，随着银行放松管制及利率的下降，银行客户寻求更大的存款余额回报，这些产品变得相当受欢迎。

对于保险公司来说，银行保险一直是同时存在机遇和威胁的。一方面，通过与银行合作，保险公司可以将业务扩展到以前尚未开发的客户，从而实现快速增长的目的。但另一方面，银保对保险公司的盈利能力构成重大威胁。银行已经认识到他们对保险公司的优越议价能力，因此要求银行保险销售收入的份额要大得多。在许多银行分销竞争激烈的市场，如中国，银保产品的新业务利润几乎可以忽略不计。

今天在亚洲，保险公司的成功（或失败）存在不同程度的差异，这主要归因于银行和保险公司采用的银行保险模式。在高层次上，有两种广泛的合作模式：（1）非融合模式；（2）综合模式。这是两个极端，实际操作模式经常在二者之间。

第一种模式下，银行和保险公司之间的融合有限。保险公司是纯粹的产品供应商，而银行则是纯粹的经销商。银行不参与产品开发，保险公司对银行职员的销售流程或销售激励没有影响，无法访问银行客户数据库。银行通常签署分销协议——有时与几家保险公司签订协议。这种模式通常导致保险公司有非常差的经济状况，因为银行的主要目标是鼓励保险公司之间进行竞争，作为最高付款人来最大化佣金收入。这是中国的默认模式，大型国有银行各有 20 多家保险合伙人，通常只会承诺短期协议。

与更为一体化的模式相比，综合模式在银行和保险公司的整个过程中高度协调：产品专为银行客户开发；保险和银行产品的营销同样重要；销售在所有客户接触点进行优化；并整合客户数据管理。经验表明，综合模式允许保险公司从关系中提取更多的价值，实际上对于银行和保险公司来说，长期看，由于更加强调价值创造，实际上可以提高生产力。鉴于双方所要求的投资和承诺水平，该模式通常需要某种形式的约束力或法律协议，可以采取长期合同、战略联盟、合资企业或股权（跨）所有权的形式。这是许多保险公司在成熟的欧洲市场上所采取的模式，亚洲地区正在出现一些成功案例。

亚洲战略联盟中最著名的例子就是英国保诚和渣打银行。他们的第一个分销协议在1998～2008年期间延续了10年，随后延续至2016年。该协议在英国渣打银行亚洲八大市场的某一数量的分支机构中授予了英国保诚保险公司的独家经销权。这种结构允许更长的时间来调整经济空间，但它可能会对保险公司带来显著的前期成本。合作的另一种形式将是合资企业，这在跨国保险公司和当地银行之间经常出现，外国人利用该银行现有的分销渠道在当地市场上发展。亚洲的成功案例包括印度尼西亚的 AXA Mandiri 金融服务，KB Life（ING 和 Kookmin Bank 之间的合资企业）以及韩国的 Hana – HSBC 等。在有外资所有权限制的市场中，例如在印度，银行保险公司的合资企业也很普遍，但这些实体通常会采取更广泛的渠道战略，超越银行保险。最后一个模式是银行内的一家专属保险公司，汇丰人寿是典型例子。保险业务是汇丰集团的重要利润贡献者，2011年产生38亿美元的利润。然而，值得注意的是，虽然所有权理论上应该能够实现最紧密的一体化方式，但还有许多其他复杂的问题需要处理、监管、许可、会计处理等。

最近，市场上的几个变化正在为银行保险渠道带来新的挑战。首先，在许多市场上观察到的流动性较为紧张的环境中，银行越来越多地拥有自己的存款，因此不太愿意出售作为存款替代品的任何产品。鉴于这些产品过去形成了大量的银行保险，保险公司如果希望继续使用这一渠道，就必须提出新产品销售方案；其次，亚洲推出了几项新的银行保险条例，目的在于提高对于银行的客户保障责任和将行业推向更可持续发展的模式，中国在2010年底出现了一系列全面的变革，包括许可证、销售流程、合作和报酬模式等方面，同时在中国台湾地区对出售保险产品的银行顾问提供了更高的资格标准。虽然这些规定可能对整体市场长期有利，但他们将要求保险公司和银行从根本上改变其经营模式中的许多要素。至少在短期内，在过渡期间也会对数量产生负面影响。例如，在中国，在银监会规定实施后的六个月，银保业务下降了30%。

亚洲银保业务的未来是什么？毫无疑问，银保将保持在大多数亚洲市场的重要渠道的地位。在全球范围内，尤其是在欧洲，银行保险已经成为主要销售渠道的市场很多。例如，尽管欧洲金融业曾经出现过市场动荡，但在 2011 年，法国、西班牙和葡萄牙的银保渠道所销售保费总额占总保费的比例在 60% ~80%。值得注意的是，导致过去亚洲地区惊人增长的潜在驱动力仍然存在，这些驱动因素包括：银行需要产生更多的费用收入；他们对客户的访问能力；有吸引力的富裕群体；品牌和价值主张对这些细分市场的吸引力，加上小型保险公司构建大规模销售的困难等。

由于银行保险渠道将继续成为亚洲销售保险产品的主要力量，关键问题是保险公司是否能够从渠道中获取更多的价值，或者主要作为产品供应商。鉴于经济回报偏低，亚洲各地的保险公司对这一渠道的兴趣越来越低。大多数人正在努力优化现有的银行保险模式，但具体做起来则比较困难。银行在大多数情况下与保险公司的看法截然不同，银行是否愿意改变现有的游戏规则，这一点尚不清楚。他们拥有客户关系，总是会有一些积极的保险公司使用银行渠道进行增长。但是，银行保险的模式似乎正在发生变化，这可能是寿险公司长期的积极发展导致的。存款替代产品的销售下滑可能会为保险公司提供一个窗口，以将其投资组合从这些低利润产品重新平衡中得到高利润。此外，一些市场的新规则将迫使银行如果想继续销售保险产品（并从中获得收入），就需要提升顾问的销售技能和能力。这可能是人寿保险公司长期发展的机会，为银行建立更加强有力的支持体系，获得利润率较高的产品，银行应该能够更好地承受这个负担。

亚洲银行保险渠道的最终状态远未确定。但明显的是，银行保险得以留存下来，更紧密的合作和更大的创造价值的潜力是巨大的。在接下来的十年中，银行保险的获胜者将是保险公司，他们能够为银行制定强有力的、以服务为导向的主张，反过来又会增加银行更为一体化合作社的意愿。

三、第三方经销商和直销渠道的增长

至少未来五年，捆绑销售和银保业务会是亚洲区域的主要销售渠道，许多替代渠道也在不断发展，并且快速增长。亚洲的替代渠道包括第三方经销商［独立代理商、经纪人和独立财务顾问（IFA）］以及直接销售渠道（主要是通过今天的电话营销，但也包括越来越多的在线销售）。

亚洲第三方销售渠道的渗透在很大程度上取决于整体寿险市场的成熟度。在韩国这样的成熟市场中，2010 年初始，尽管正常保费增长率是 16%，但通过代理渠道销售的保费占保费总额的 7%，在过去五年中，年增长率为 8%。在中国香港地区和新加坡，经纪人和独立财务顾问渠道则越来越多，高净值和富裕的客户寻找专门的解决方案，占当今市场的15%～20%。同时，日本的第三方销售渠道历史较为悠久，包括独立机构、企业机构和税务顾问等广泛的经销商。虽然无法获得日本的准确数字，但该渠道份额估计约占总保费收入的10%左右。

在新兴市场，尽管第三方经销商的基数很小，但其增长速度远远快于市场。在中国，该渠道在过去几年迅速增长，2007～2010年，毛保费增长64%，印度的独立财务顾问渠道同期强劲增长，超过60%。

尽管第三方销售渠道拥有如此强劲的增长，但在这些新兴市场中，其整体市场份额仍然很小。这个销售渠道的份额在印度是1.6%，在中国和东南亚的份额不到1%。发展这一渠道有三大挑战。首先，销售渠道非常分散，经纪人的素质非常混乱。在中国，有超过2 000个独立机构，其中许多管理不善，存在很多问题。在韩国，虽然大型机构（超过100名代理商）已经出现——他们的数量已从2005年的44个增加到2010年的200个，但许多机构仍然是次要的。第二，代理渠道销售的产品之间的产品差异有限，因此客户从他们所知道的产品中得到转移的建议很少。第三，这些市场中的法规和税法并没有积极推动这种销售形式，而这是推动英国和荷兰该销售渠道增长的关键，目前，英国和荷兰的这种销售渠道所占份额为60%～70%。

在同样的情况下，第三方销售渠道进一步增长的潜力显然是存在的。关系销售面临的挑战以及银保销售的竞争力对规模较小的保险公司使用替代渠道销售保险产品来扩大规模来说，很具有吸引力；譬如中国，独立机构平均占外国保险公司的9%，而七家最大的本地保险公司则为0.6%。此外，大多数传统的代理机构在新兴市场中都不能满足高净值和富裕阶层的需求，从而为独立代理商打开窗口，发挥了更大的作用。然而，如上所述，仍有许多结构性挑战需要克服，第三方销售渠道是否能够占领这一空间还有待观察。

直接渠道像第三方经销商一样，直接渠道在一些领域取得了成功，但尚未成为亚洲销售业务的重要组成部分。今天在亚洲直接分销的最常见形式是电话营销，在中国、韩国和印度尼西亚取得了令人鼓舞的成果。例如，CIGNA通过使用合资伙伴、招商银行等几家本地银行的信用卡数据库的外向电话销售模式，在中国建立了一个小而有利可图的人寿保险业务。该业务于2003年开始在广东开展，今天已扩展至9个省份，2005～2010年间，毛保费增长了30倍以上。该模式的成功可归功于合作伙伴之间的密切合作，使CIGNA拥有有效的数据挖掘，并使用银行的客户数据库进行目标来细分市场。同时，CIGNA 在韩国的子公司 LINA 也率先推出了该市场的对外呼叫中心分销业务，其中直接渠道销售的毛保费在 2006 年至 2010 年间翻了一番。

在亚洲其他地方，也出现了其他形式的直接销售方式。特别是在日本的保险公司，一直是开发直接零售商店、购物保险、家庭电视购物、互联网和移动促销与面对面磋商等创新直销渠道的创新者。其中，最有意思的发展之一就是出现了在线保险公司，即 Lifenet 和 Nextia（AXA 在日本的子公司）。Lifenet 和 Nextia 经历了快速增长，从 2008～2010 年，总保费增长了 10 倍以上。Lifenet 的模式建立在提供基于四个生命阶段（毕业，婚姻，儿童和家庭购买）的定义明确的产品类型上，加上通过搜索引擎、社交网络工作人员和在线博客的强大的在线营销。另外，经销的大部分资金都转移给客户，例如，通过 Lifenet，索尼人寿可以获得价格约 75% 的 10 年定期期限人寿保险产品的利润。

尽管许多直接销售渠道仍处于实践阶段，但有可能直接的、特别是在线的销售方式，在亚洲，可能会成为比西方市场更为重要的一个力量。结果可能采取更大的直接在线销售的形式，但最重要的是导致多渠道销售的快速增长。第一，日本、韩国一直是消费电子等技术密集型产业创新的领军者，这些国家再次成为多渠道销售人寿保险产品的领军者。第二，直接（呼叫中心和在线）渠道可以在新的银行保险模式中发挥重要作用。第三，随着智能设备的快速渗透，以及目前通过许多离线渠道获得的不一致的咨询和客户服务，亚洲消费者对在线渠道的兴趣也越来越浓。

第四节　推动保险创新

保险公司推动创新是今天亚洲人寿保险的主题之一。保险行业和更广泛的金融服务一般在推动创新和应对新技术方面往往缓慢。然而，亚洲正处于数字革命的开始时期，无论是在消费行为的转变还是智能设备以及其他技术发展的迅速增长方面。例如，在亚洲，2010～2015 年，超过 10 亿人在线上购买产品，其中大多数来自中国和印度的新兴市场。在亚洲使用的智能手机数量已经比美国高达三倍，而且由于今天的渗透率仍然很低，此数字还会进一步增长。在未来十年，这些趋势为亚洲的保险公司创造了巨大的机会进行创新，并将创造突破性的销售模式。

一、亚洲消费者在线模式

如图8-11所示，亚洲的互联网用户数量有望爆炸式增长。在2010～2015年期间，亚洲增加了10亿互联网用户，从2010年的9.05亿增长到2015年的19亿。根据互联网用户数量划分，世界前五大国家中有3个在亚洲：中国居全球名单榜首，拥有4.85亿用户，其次是日本和印度分别排在第三位和第四位，分别为9900万用户和8100万用户。但是中国、印度、印度尼西亚和越南等许多新兴市场的渗透率水平仍将继续保持增长，预计未来五年，中国将再增加3亿用户，比美国现在拥有的用户数量还多。

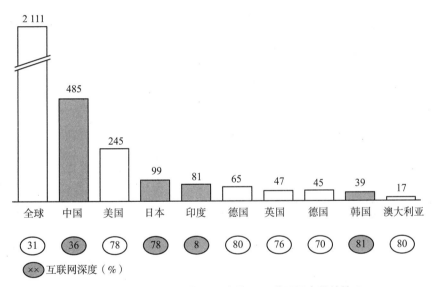

图8-11 2010年亚洲每百万人使用互联网用户数的情况

资料来源：Binder, Stephan. Life Insurance in Asia: Sustaining Growth in the Next Decade（2012）.

数字消费者的数量不仅在增长，而且每个人在线上花费的时间也在不断增加。值得注意的一个现象是，亚洲互联网用户在休闲娱乐方面花费的时间比在工作方面花费的时间多。例如，马来西亚用户每周花费超过1个小时阅读和撰写电子邮件，相比之下，美国平均5小时。互联网已成为许多人生活中不可或缺的一部分。在对中国消费者在线行为的调查中，70%的受访者表示"不用互联网简直无法生活"。

多渠道销售模式在亚洲迅速崛起。亚洲消费者越来越多地在网络上进行选择，从渠道的研究到如何购物等方面，都会在渠道之间进行选择。这种多渠道趋势的影响在所有行业中得以体现，最明显的是零售和消费品行业，但在金融服务方面也越来越多。

例如，中国的网络购物市场在 2010～2015 年间以每年 40% 的速度增长。在这种罕见的情况下，中国以超过 3 300 亿美元的收入，超过美国，成为世界第大的市场，由于新兴互联网用户的数量和今天的低渗透率，电子商务的发展潜力是巨大的。有研究显示，在七个消费类别中，平均在线支出份额仅为 4%，甚至在个人护理、食品和饮料等几个类别中甚至低于 0.5%。同样的调查还发现，互联网，特别是用户对社交网络的选择，已经成为推动消费电子产品购买的一个更重要的接触点，而不是店内展示和朋友及家人的推荐。金融服务中也出现了类似的例子。在零售方面，亚洲消费者正在从传统的分支机构和手机渠道转移到在线和手机银行业务图8－12是 2007 年和 2011 年亚洲发达国家和新兴国家消费者每月使用互联网的次数，2011 年的调查显示，自 1998 年以来，实体分支相关交易数量首次下降，而移动互联网和互联网交易的数量则比第一次增长了 35%～40%，在汽车保险方面，直接渠道正在韩国和中国崛起，而在中国，这个增长速度比以往在英国或欧洲市场要快得多。

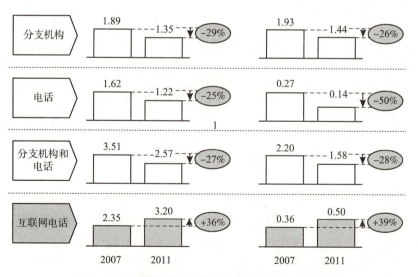

图8－12 亚洲消费者从传统的分支机构和手机渠道
转移到在线和手机银行业务情况

资料来源：Binder，Stephan. Life Insurance in Asia：Sustaining Growth in the Next Decade （2012）.

二、技术快速发展

亚洲技术的快速发展和应用一直是消费者行为大转变的主要推动力。最明显的是智能手机和其他移动设备在消费者日常生活中的激增。2005 ~ 2010 年，全球智能手机销售额每年增长超过 46%，预计未来仍会强劲增长。这一未来增长的大部分将来自亚洲，特别是来自中国和印度的新兴市场，手机价格的下降和连接速度的改善将显著促进这一发展趋势。在中国和印度，销售额增长预计分别为 35% 和 41%，而西欧为 21%，美国为 24%。2010 ~ 2015 年，共有 7 亿部智能手机被使用，相当于全球新型智能手机绝对增长的 42%。随着智能手机的快速增长，移动应用的数量也以惊人的速度增长：每天平台上共发布 1 480 个应用，其中 745 个是苹果设备，540 个用于基于 Android 的设备。

其他几个新兴技术趋势也扰乱了整个行业的业务模式，其中最重要的两个是社交媒体上升到业务领域和云计算的兴起。与电视相比，Facebook 花了 13 年时间，Facebook 的社交媒体的力量最好地说明了 Facebook 的需求，不到两年时间就达到了 5 000 万人。截至 2011 年底，Facebook 在其网络中拥有超过 8 亿的活跃用户，它是世界第三大"国家"，人口是美国的 2.5 倍。公司越来越多地利用这些网络来开发、销售和支持他们的产品和服务。金融服务的一个例子是 Intuit，它为财务和税收回报产品提供消费者支持，更有经验的客户向需要帮助的人提供咨询。同时，云计算（一个基于互联网的计算基础设施）正在消费者和企业中出现发展势头。软件（SaaS）可以使机构从客户关系管理中获得服务，其年增长率为 17%。

三、保险公司创新机会

对于人寿保险，面对面的销售无疑将成为销售模式的关键部分。这在亚洲新兴市场尤其如此，许多消费者是首次通过个人互动对产品予以了解的买家。然而，消费者行为的转变和技术的快速发展为发展中国家的新兴市场的保险公司创造了巨大的机会来吸引更多客户，并更好地了解他们的偏好。虽然更激进的模式仍处于发展的早期阶段，但已经有一些西欧的成功案例和亚洲的新例子出现。推动人寿保险创新的三个主要机遇包括：（1）最大限度地提高多渠道互动的价值；（2）采用大数据来开发满足量身定制的需求；（3）通过自动化转变在线和后台的流程。

第一，围绕多渠道销售使用的创新包括在每个接触点（例如为索赔应用程序设计的 iPhone 应用程序）中，可以补充传统渠道、在线和移动访问，为多个渠道的消费者提供一致的客户体验（例如，互联网和呼叫中心之间的时间转移），利用社交网络进行销售，并提供直接的在线分配。在亚洲，日本在多渠道销售方面一直处于领先地位。其领先的独立机构 Advance Create 已经推出了在线聚合器和 iPhone 应用程序，用于促进人寿保险的使用并挖掘潜在客户，同时在高集中地点建立商店网络。如日本的 Lifenet 和 Nextia 就是专门从事纯网上销售的两家企业。

第二，公共和专有资源、网络社区和智能设备的数据量为企业在研究、产品测试和营销中使用和管理这个大数据创造了无与伦比的机会。Capital One 已经成为其信用卡客户分段方法的早期领军者之一，并将产品定制为个人风险开发。该公司每年平均运行 6.5 万次测试，拥有超过 100 000 个客户群和产品组合。信用卡和人寿保险业务的性质是非常不同的，大多数人寿保险公司在很大范围内组织和管理他们的客户数据和 IT 系统，这是毋庸置疑的，因为许多人寿保险公司认为他们的销售重点主要是客户，需要对真正的终端客户有非常基本的了解。亚洲今天的人寿保险行业中，复杂的细分产品和服务产品仍然是罕见的。

第三，新技术通过手持移动设备实现了前端的实时销售管理和实现。例如，eBao Tech 软件能够在智能手机上定义产品，并在没有额外的编程工作的情况下生成报价单。在传统高度劳动和纸张密集型的后台业务中，许多更为成熟的人寿保险公司已经开始实施无纸化工作流系统和端到端处理，以减少时间和成本，同时提高服务水平。

在接下来的十年中，采用技术和创新可能不再是保险公司的选择，而是竞争的基础。那些能够迅速利用这些不连续性的公司可以创造比同行更显著的优势。

四、改变产品组合是亚洲消费者的新需求

随着人寿保险产品的日益渗透以及亚洲日益增长的财富水平，人寿保险产品自然而然地得到了发展。按照预期，产品发展趋势会根据市场的成熟度和股票市场的周期而有所不同。十年前，大多数保险公司正在销售基本保险和储蓄产品，2002～2007 年，快速的财富积累和蓬勃发展的股票市

场导致对投资相关产品（也称为投资连接产品）的大量需求。但是，金融危机之后，这种需求再次下滑，消费者又重新转向传统产品。然而，尽管产品组合发生了变化，但亚洲的保险覆盖率仍然远低于西方市场，显示出高增长潜力。另外，在日本和韩国等人口老龄化的市场中，传统的保险产品不能满足大部分消费者的需求，年金和医疗保险也会有更多的增长机会。

经验表明，在这些发展前提下，富有竞争力的保险公司可以从国内大型企业中获取股份，并为市场领军者提供进一步巩固其竞争力的机会。例如，投资相关产品的增长是跨国公司在 20 世纪初期在韩国取得成功的主要动力。与此同时，当前，英国保诚国际在印度尼西亚排名第一，在投资相关产品领域占有近40%的份额。产品和消费者需求的多样性将会使保险公司获得新机会，但也会给管理带来新的风险。因此，保险公司需要通过提升其价值能力，从更高的产品开发和市场营销水平提升到进一步的培训、分销业务上。

五、投资连接产品：管理的周期性

20 世纪 90 年代后期和 21 世纪初期，大多数亚洲国家放松了对投资相关产品的管制。加上银保业务的兴起，投资连接产品成为金融危机爆发前几年亚洲人寿保险市场增长的最大动力。可以从以下数字得到说明：2001年，投资连接产品在亚洲的销售额只有 120 亿美元左右，相对于其他产品的销售来说是微不足道的。然而，到 2007 年，该数字激增至 1 000 亿美元，占亚洲总保费绝对增长的65%以上。

投资相关产品的迅速崛起可归因于三个因素。第一，相关的投资政策是理财产品普遍上涨的一部分原因，因为亚洲客户已经开始从储户转向投资者。第二，2002～2007 年亚洲股市的热潮进一步加速。第三，在泰国、日本等一些市场，人寿保险产品的投资者有一定的税收优惠，给予产品超越传统资产管理产品独特的卖点。

在早期阶段，跨国公司积极开展投资相关产品的需求，并占据了许多市场。这主要是因为他们比当地的保险公司更了解这些产品，而当地的保险公司因为放松管制才被允许从事这项业务。外国跨国保险公司的优势不仅限于产品设计，而且也扩展到销售部门销售这些产品的能力。由于这些产品的新颖性，他们需要更多地了解客户的风险和收益。对于在数十年来建立销售队伍的许多本地保险公司来说，他们的代理人往往年龄较大，教育程度较低，因此面临着转型时了解新产品的困难。相比之下，外国保险公司的代理人往往受到更多的教育，可以更容易地进行培训，并且经常被客户认为更可靠和更专业。因此，许多跨国保险公司在此期间主要关注与投资相关的产品。

投资相关产品的简要指南

投资相关产品使我们的寿险公司进入财富管理市场。它们实际上是一支结合生命保障功能的共同基金。这使人寿保险公司成为共同基金的经纪人和合同保证部分的承销商。尽管有些人寿保险公司可能不同意这一描述，但本质上它反映了与投资相关的市场现实。

客户购买投资相关保单后，保险公司对佣金、准备金和营业成本进行了调整，剩余投资部分被分配到特殊账户或投资组合中，与其他资产管理产品一样进行管理。人寿保险公司可以作为一个纯粹的安排人，也就是说，他们把收集的资金外包给第三方共同基金，或者通过资产管理部门来管理资产。

与投资相关的产品为寿险公司和保单持有人提供了传统人寿保险的有效替代方案。对于人寿保险公司来说，这意味着他们可以在资产管理业务中担任中介，而不必考虑投资风险。结果是一个费用稳定的业务，风险资本的部署较少。

早在 20 世纪 90 年代初，人们在亚洲谈论人寿保险产品时，就是关于保障型人寿保险（例如，定期人寿保险、终生人寿保险）、年金、养老金等类似的传统人寿保险产品。参与产品（即为投保人提供代表投资收益的份额）是罕见的，与投资相关的产品是闻所未闻的。客户需要兼具保障和储蓄功能的产品，而寿险保险公司正好满足需求。

90 年代后期，人寿保险公司意识到财富管理市场的蓬勃发展已经成熟。与共同基金相比，投资连接产品具有独特的特色。

两种产品在投资回报和收费结构上有所不同：

第一，增加了保险包装—行业对保险投资产品的描述为不是纯粹的投资产品。

第二，佣金和成本结构不同，使投资相关的保险产品对某些类型的投资者（通常是投资期较长的投资者）更有吸引力。

随着客户转移到传统的储蓄和养老型产品，全球股票市场下滑后，与投资相关的产品的销售遭遇了前所未有的困难。在亚洲，2007 年个人总保费的投资相关份额达到顶峰，现在大约是危机前高峰的一半。在中国，这一比例从近 30% 下降到 15% 左右。同样，这个数字在中国香港地区也从 51% 下跌到 34%，而新加坡则从 44% 下跌到 19%。

金融危机爆发后，亚洲监管机构加大对投资相关产品设计和销售实践的监督力度，为保险公司出售这些产品提出了更大的挑战。长期以来，一直以短期投资连接产品为主的印度，引进了亚洲历史上最全面的监管变化。这些新规定对产品设计施加了严格的限制，包括锁定期限，覆盖面等级以及退保和费用等。同时，在中国，投资连接产品的销售现在仅限于银行的财富管理中心，以尽量减少误销的可能。

历史经验表明，保险公司和银行的过度行为可能对整个人寿保险市场产生重大负面影响。日本首例发生的一系列的错误销售事件已经使日本的消费者远离这些产品。在 20 世纪 80 年代后期，保险代理人将投资相关的产品推向无人知晓的客户，而不完全披露此类产品的风险。此外，代理商与银行联盟，允许客户使用大量贷款购买这些产品，从而进一步增加了客户的风险。当日本股市在 20 世纪 90 年代初崩盘时，许多人看到储蓄消失。从 1994 年左右开始，客户对保险公司和银行提起诉讼，称对可变保险风险的充分解释不足。对寿险公司声誉的影响是显著的。该投资连接产品的销售后来停滞了十多年，最近中国香港地区的小型债券危机以及随后的银行大规模惩罚性赔款，不断提醒消费者所有潜在的危险。

未来十年亚洲投资相关产品的情况如何？有人可能会说，保险公司已经有了很多周期，处理与投资相关的产品销售的起伏只是经营的一部分。股市再次回升时，客户需求将回升。这在亚洲尤其如此，储蓄率仍然很高，财富水平在经济增长强劲的情况下继续增长。此外，该产品本身对保险公司具有吸引力，因为通过将投资风险转嫁给投保人，风险较低。在长期资产短缺的大多数亚洲市场中，资产负债不匹配往往带来巨大风险。因此，与投资挂钩的产品，可以通过不用承担保证金的余额来减轻保险公司已经很大的负担。

但是，由于资产负债表较强的人寿保险公司的独特优势，无法为与投资挂钩的产品承担责任。人寿保险公司应与其他资产管理人员提供长期担保和平稳回报的能力以及减少对大量流动资产需求的保障有所区别。但是，在投资相关市场中，这种优势也没有得到利用，人寿保险公司与共同基金公司及其经销商（主要是零售银行）直接展开竞争。尽管与投资挂钩的产品可能保留下来，但保险公司应将通过开发能够满足亚洲消费者安全和流动性基本需求的产品以及投资需求，而使消费者得到更好的服务。

第五节　保险产品：缩小保障差距

回归基本职能，人寿保险应为社会和经济总体实现双重目的：为个人创造财务保障和长期储蓄工具，通过将个人储蓄引入长期投资渠道，促进经济整体发展。在前者方面，亚洲人寿保险市场还有很长的路要走。尽管过去十年来，亚洲的人寿保险深度大幅度上升，但保障水平仍然远低于美国和西欧。在保险深度较低的新兴市场，如印度和印度尼西亚，保护覆盖率比较低。因此，保障差距被定义为维持一个人的家属现有人寿水平所需的收入和其死后可用的储蓄和人寿保险总和之间的差额。瑞士再保险公司的一项研究估计，2010 年 12 个亚洲市场的总保障差距为 41 万亿美元，高于 2000 年的 16 万亿美元。应该注意的是，世界上几乎每一个市场实际上都存在保障差距，因此，这不是亚洲的具体问题。然而，亚洲保障差距的驱动因素在这里是独一无二的。首先，在亚洲消费者的心目中，现金和银行存款是普遍容易被接受的，这导致这些地区有较高储蓄率。其次，许多关系代理人被培训时，保险产品是作为储蓄或投资产品的，银行只是把保险作为短期存款的替代品出售。这样做的结果是，保险公司开发并推出了保险产品，实际上其保障成分很少。

保险漏洞不是新鲜事物，而保险产品也不能追溯到人寿保险的诞生。因此，问题不在于产品本身，而是保险公司是否有提升渠道的能力，提高亚洲消费者的意识。结果不会在一夜之间出现，但保险产品肯定是未来十年保险公司研究的重点。

一、年金和相关退休产品的增长

年金是保护个人免受长寿风险的唯一产品——可以避免长寿风险，同时也是一种财务手段。虽然有多种形式的年金，但只要投保人活着，这些产品就能获得稳定的收入。

日本是一个长期以来年金普及的国家，因为人口老龄化，有许多养老金领取者。年金是过去20年来一直在增长的一个部分，而其余的市场往往停滞不前。自1990年以来，个人年金保费收入每年平均增长5%，而总体市场呈现零增长。2010年末，个人市场年金占毛保费总额的18%。这个份额在2000年前是个惊人的增长，2006年又高达33%。在此期间的增长主要是由可变年金的驱动引起，这款产品不仅可以避免长寿风险，也给股市带来了上涨空间。然而，股票指数急剧下滑导致这些产品的崩溃，因为保险公司正在努力管理快速上涨的担保成本和套期保值成本，而客户发现保障的范围不如他们想象的全面。展望未来，年金作为产品类别应该仍然是日本市场的主要部分，但是可能会采取不同的形式，并实现较低的增长，犹如过去几年逐渐采用固定年金一样。

韩国退休人口大量增长，也有稳步增长的一个市场。由于养老金福利相对于不断提高的人寿水平而下降，人们对公共养老保险制度的整体稳定性感到担忧，这进一步推动了保险公司年金业务的增长。年金业务从2002年的73亿美元增长到2010年的146亿美元，占当年市场的20%。在中国台湾地区，过去十年的大部分时间里，年金保费比例保持在6%~8%。值得注意的是，近年来统计数据显示出快速上涨的趋势，但这些都是通过银行渠道销售的短期固定存款替代品，而不是初级意义上的年金。

在亚洲其他地区，年金产品仍然是市场的一小部分。例如，在新加坡和印度尼西亚，2010年占总保费的1%左右。这种低水平业务的原因主要有三个：第一，从人口统计学方面来看，亚洲（包括印度和印度尼西亚）有一群年轻人口，而且人口总数仍在增长，因此对这种产品的需求很少。在中国，人口实际上是老龄化的，但财富仍然是在一个年龄较小的年龄组，还没有考虑退休之后的事。第二，在大多数亚洲文化习俗中，老一辈传统上依赖于银行储蓄、房地产利润、子女和退休后收入，从而减少对提供稳定的退休资金来源的产品需求。此外，即使是有财富的人也会宁可将其交给子女或进行一些短期的投资，而不是在暮光中消耗他们积累的财富。第三，从保险公司的角度来说，因为缺乏长期资产，所以，在一些亚洲市场设计长期年金产品是很困难的。

在接下来的十年中，随着老龄化现象的加剧，长期年金的需求应会逐渐增加，财富水平的提高，家庭结构的转移，使养老金领取者不能完全依靠子女的收入。有一点值得注意的是，没有足够的税收优惠，产品不可能大规模地脱颖而出，在几个老化、成熟的市场中保持增长。

二、健康保险：保险公司发挥更大的作用

在亚洲的大多数市场，政府主要负责为公民提供医疗保健和私人保险，为消费者提供国家补贴。因此，今天亚洲的私人健康保险仍然是相对较小的市场。它占亚洲市场总健康费用支出不到10%的比例，在新加坡的1.6%的较小比重到马来西亚的8%范围之间。从保险费的角度来看，健康市场总体规模约占人寿保险市场的5%～10%，而日本、韩国成熟市场则达到20%～30%。人寿保险公司是大多数市场上最大的健康和医疗保险供应商。

然而，亚洲的公共医疗保健系统在管理成本上升方面日益面临挑战，这可能会为私人保险公司发挥更大的作用提供更多的机会。大多数亚洲国家的政府传统上采取了对私人健康保险自由放任的方式，但目前的财政环境和新中产阶级日益增长的需求可能会促使亚洲国家更多地鼓励使用私人保险，以减轻一些公共部门的财政负担。由于越来越多地使用复杂但昂贵的医疗技术，老年人口不断增加，慢性疾病患者人数增加，推动了亚洲医疗保健成本的提高。虽然其中许多与世界其他地区的情况类似，但在亚洲有一个因素可能会产生更大的影响：那就是中产阶级的迅速崛起。中国和其他新兴市场的许多患者也许是第一次将收入用于医疗保健方面。虽然他们过去可能忽视了轻微的疾病，但现在更有可能立即寻求治疗，或更频繁地进行咨询，从而提高利用率。此外，即使新技术比传统方法更昂贵，患者现在也可以使用最新的诊断和治疗方法。

保险公司面临的机会当然会因市场而有所差异。在发达国家，如日本和新加坡，较富有的个人可能会购买保险作为提高服务质量或提高服务水平的手段，例如复杂的新诊断和治疗方法，因为公共计划通常只提供非常基本的覆盖水平。相比之下，在印度尼西亚和越南这样的发展中国家，保险公司可以提供低成本保单，减少自费支出，从而消除一些经济上的障碍。

然而，还要注意的是，即使需求存在，产品在增长和盈利能力方面仍然面临着相当大的挑战。第一，在亚洲大部分地区，公共制度将继续主导，主要是由于提供医疗保健是政府的核心责任的强烈社会信仰。第二，不健全的医疗保健基础设施对保险公司开发产品和管理风险的能力构成重大挑战，例如由于缺乏标准化的治疗方案，严重的超额认购（特别是抗生素）和广泛的欺诈行为。第三，亚洲消费者渴望寻求比认为必要的更多的

治疗方法的长期习惯。例如，在中国台湾地区，本地公民每支付一笔保险费用为 1.40 美元，而具有类似计划的外籍人士为 40 美分。在日本，患者每年就医约 14 次，是其他发达国家的 3 倍。

大多数亚洲市场的健康和医疗保险仍然不足，例如向高收入阶层提供海外覆盖的人寿保险公司仍然存在许多问题。在更成熟的市场，如日本，健康保险已经成为市场的重要推动力，也使得像 Alico 和 AFLAC 这样的跨国公司通过专门的产品市场获得了很大的市场份额。

亚洲健康保险概况

在亚洲，政府负有提供健康保健的主要责任。许多政府为了应对日益增长的医疗费用，开始进行改革以减少支出。这些改革工作因经济发展、政治制度、社会价值观和医疗保健等因素的不同而各不相同。但是，各国政府应考虑私营医疗保险在减轻财政负担和解决其他问题上发挥的重大作用，如一些国家普遍对医疗保险覆盖面以及对优质服务的需求日益增加。

中产阶级推动私人健康保险发展

在世界范围内，在发展中国家和发达国家，卫生保健支出几十年来一直在增长，增长速度比 GDP 的增长速度高出 2%。这种情况之所以发生，部分原因是全球收入水平在上升，促进医疗保健利用率提高。在亚洲，收入的增长和中产阶级的增长比在世界其他地区有更大的影响。中国和其他新兴市场的许多患者第一次有消耗性收入用于医疗保健。他们现在更有可能立即寻求治疗，或更频繁地就医，从而增加对医疗系统的利用。此外，即使新技术比传统方法更昂贵，患者也可能希望获得最新的诊断和治疗方法。

亚洲保险模式

亚洲的私人医疗保险占卫生总支出的比例不到 10%，从新加坡的 1.6% 到澳大利亚的 8.3%。但在其他方面却有显著差异，其中包括卫生总支出和人均国内生产总值。从这两个变量来看，亚洲国家可以从宏观经济方面分为三大类：

发达国家：澳大利亚、日本、新西兰、新加坡和韩国。这个队列中的所有国家都提供近乎普遍的公共卫生保健。卫生保健支出高达国内生产总值的 7.4%，但仍低于经合组织 2009 年 9.5% 的平均水平。

新兴市场：中国、马来西亚和泰国。与发达国家一样，这些国家在公共卫生计划方面已经实现了近乎全面的覆盖。然而，新兴市场的消费者面临较大的负担，即支出约占总卫生支出的33%。卫生保健支出比发达国家低（占国内生产总值的4.6%），患者可能无法获得复杂的治疗。

发展中国家：柬埔寨、印度尼西亚、老挝、菲律宾和越南。对于这些国家来说，获得医疗保健仍然是个问题，许多人因为各种原因没有被医疗保健系统所覆盖。例如，菲律宾、印度尼西亚、老挝和越南为工人提供公共保险，雇主和雇员都有强制性付款（一些政府可能会作出额外的付款）。但是，这些国家的许多人，从出租车司机到街头小贩，都没有正式的雇主。这部分人口往往缺乏支付保费的能力，政府很难强制收取。

目前，大多数亚洲国家是国家设有医疗保健系统，但允许患者购买私人保险作为补充。这种模式预计不会显著变化，主要是因为社会信仰。即使在最自由市场的国家，政治家和一般人也重视公共付款人在确保为所有公民提供某种程度的财政保障方面的作用。如同在美国一样，私营部门对医疗保健负主要责任的制度将会谨慎实施，除非要承担与公共保险相同的广泛和强制性的覆盖面。鉴于这些信念，亚洲各国政府可能会继续提供或希望获得普遍的公共渠道，而私人保险主要用作补充，允许患者接受更广泛或更频繁的服务或其他类型的服务（例如，更好的医院室）。

亚洲私人保险的未来

虽然私人保险在未来几年内在亚洲将会更为普遍，但由于基础设施问题，其能够提供全面产品，真正满足中产阶级和富裕消费者的需求将受到限制。他们将逐渐建立起能够更好地管理数据的供应商网络，允许更可靠的治疗成本，帮助管理广泛的欺诈。目前，消费者对产品的需求已经超过了今天市场上典型的固定支付产品。在中国，对消费者的研究表明，个人在现金和短期银行存款中拥有如此高水平的个人金融资产的最重要原因是担心没有充分保障的医疗保健风险。如果妥善处理，这可能对整体经济产生非常积极的影响，将其中一些短期储蓄转化为更有成效的投资和消费。

随着时间的推移，亚洲的私人医疗保险可能会在管理型护理方面发展更多，但这可能会以非常缓慢的速度发展。由于缺乏可用于购买的现有设施，私人也难以收购亚洲的医院，特别是在发展中国家或新兴国家，因为大部分都是由公共部门所有。新建医院是唯一的选择，但是是耗时的，需要大量投资。另一个复杂因素是，新兴市场或发展中国家的私人可能首先需要对参与者的教育和培训进行重大投资，因为可能没有足够的合格人员提供服务。

虽然亚洲私营医疗保健业的增长有一个令人兴奋的发展，但政府和付款人应谨慎行事。美国最近的经验显示，改革医疗体系的任何努力都可能遭到不信任和暴力的反对。为了避免这些问题，所有的改革都应该支持一个国家长期以来的社会价值观、政治目标和医疗保健等的优先事项。

第六节　前方的路

一、亚洲人寿保险新范式

如果过去十年人寿保险在亚洲是寻求增长和扩张的机会，那么未来十年将会是一个新的范式：销售转型和追求价值的持续增长阶段。

金融危机后，亚洲人寿保险的背景急剧变化。在亚洲，代理商的数量不再增长；最大的增长渠道是银行保险，虽然数量规模上有提高，但提供的内在价值不一定总是增长的；监管机构正在推动更多的客户保险；投资回报波动较大，平均是走低的；投资者也在质疑行业创造的价值。整个地区的人寿保险公司将不得不从根本上改变他们的许多做法来应对这个新的变化了的环境。

亚洲仍然是全球保险市场的增长动力，当然也受到一些压力。虽然长期增长的问题仍然存在（预计亚洲的保费增长占全球保费增长的比例将超过50%），中国和印度，这两个标志性市场的增长率高达75%，当然，目前这两个市场面临短期增长压力。

二、未来人寿保险公司七大优先事项

为了在未来十年获得成功，保险公司将需要进行一系列的调整，其中一些是革命性的，也有一些更类似于一系列的演变。那些不准备解决他们业务根本问题的保险公司，长期来看，这个风险很大，这绝不是危言耸听。

人寿保险公司的七大优先事项是：

1. 价值管理。
2. 确保可持续发展的代理模式。
3. 在银行保险中寻求价值。
4. 挖掘新兴的中产阶级。

5. 创新和新技术。

6. 改革投资管理。

7. 并购机会。

(一) 价值管理

纵观全球人寿保险行业的根本问题：人寿保险公司如何赚钱？虽然亚洲仍然呈现出了与西方市场非常不同的增长情景，亚洲的人寿保险公司是否创造价值？怎么样？例如，过去几年的大部分时间，保费增长来自银行保险产品，通常作为存款替代产品出售，保险金额很小。许多业内人士也普遍承认，他们以银行保险业务作为市场份额，而不是利润。在许多市场——中国和印度都会考虑到建设代理网络。在其他市场上，投资型产品的高位失误表明精算师的盈利能力假设已经完全脱离了一些标准。

一场沉默的革命正在发生。亚洲保险公司将需要面对新的现实。一些保险公司会发现，他们当前很大一部分业务创造的价值很小，它所依靠的渠道破坏了更多的价值，而不是创造价值。在这个新制度下，管理层将需要采取新的方式来衡量公司战略的成功，从顶线增长转向底线边际和新业务，以价值为导向标准。在许多情况下，人寿保险公司想要找到释放财政资源的方法，以支持未来发展新业务和更有利可图的业务。不可避免地，这将导致更加强调保险产品，重新设计投资和储蓄产品以及进一步对分销渠道进行转型。

新的基础设施和系统需要建立起来，需要通过价值创造来重新调整激励措施，需要重新审视绩效管理的治理和理念。这不容易实现，因为总会有那些保持旧的增长和市场份额的心态，但是随着这些保险公司的资金和投资者信心的消耗，他们必须要努力学会适应这个过程。

(二) 确保可持续的代理模式

尽管银行保险和其他渠道有所增长，但代理机构将仍然是大多数人寿保险公司的重要渠道。保险公司将对产品组合、客户所有权以及经济份额进行最大的控制。对于市场上的大多数保险公司来说，运营代理销售队伍是处理遗留问题和创造新的增长引擎之间的过程。从印度的兼职代理人到中国快速发展的代理商到中国香港地区和新加坡的财务策划人员，这些市场都面临压力。这种情况在整个亚洲地区是一样的：即过去的工作已经不再保证在未来一定能发挥作用。

这绝对是一个重要的事实，即使在中国，绝大多数保险公司的代理商总数也不再增长。事实上，在上海等一线城市，市场上的代理商总数正在减少。在印度，兼职代理模式面临巨大压力，经历了痛苦的重组。即使在快速增长的最后边界（如越南和印度尼西亚），目前的代理模式也显示出压力的迹象。

代理机构不会完全消失。在成熟的市场如美国和西欧，代理网络在这些年来仍然发挥着重要的作用。因为消费者对于他们的经济需求并不复杂，而且他们需要良好的面对面咨询。代理机构是一个经过验证的模式，向他们提供了购买广泛的保险、储蓄和投资产品的途径。在诸如亚洲等高储蓄市场中，客户购买这些产品的自由支配收入更多，而且可以提供这种建议的代理人将能够拥有客户。然而，这需要代理商开始关注客户的需求，为客户的人生阶段和家庭情况量身定制解决方案，并提供一套产品和服务。

人寿保险公司也将意识到，他们将无法彻底改变整个销售队伍的心态。销售的产品和销售技能分布不均匀，因此需要有更加差异化的销售模式。许多亚洲销售队伍和管理模式在新的现实背景下已经不再可持续。

这种转变说起来容易。它需要精心策划的方案，以转变代理人的心态，向他们展示现实和未来前景，并使其符合所需的行为和技能。对于许多传统的销售队伍来说，改变并不容易，但是别无选择。

（三）在银行关系中找到价值

目前在许多市场上的银行保险模式根本不可持续，一位行政人士说："我们在全国各地开展了数十亿美元的银行保险业务，有数百家网点销售我们的产品，其最终不会多于几家银行分行的销售收入。"有些人在获得客户后可能会指出未来的交叉销售机会，实际上这些客户往往会保留成为在银行的客户而不是保险公司的客户。

银行保险业务必须发展成为银行与保险公司之间以客户为中心的合作模式，其中保险产品成为向客户提供整合服务、财富管理和其他银行产品的一部分。保险产品，不是银行存款的替代品，应该是银行产品的补充产品。在这样做时，保险公司将需要与其银行合作伙伴更紧密地合作，为不同的银行客户群定制产品。这意味着用与银行更简单和更加整合的产品来解决方案。虽然目前以量为基础的"存款替代"产品将继续存在，但可能会出现其他保险主张，其重点是更多以咨询为导向的保险和投资产品。

使这一切发生的重要驱动因素是银行与保险公司之间后台业务的更大整合。成熟市场中最有成效的银保伙伴关系是通过高度整合而体现出的，尽管这不一定是为了降低成本，而是减少银行一线的行政负担，并提供无缝的客户体验。这方面，亚洲已有成功的银保关系的例子。银行与保险公司之间的许多合资企业正在为双方做好准备，而保险公司与银行建立独家合作伙伴关系的一些长期安排正在创造双赢的局面。来自成熟市场的证据清楚地表明，独家合作伙伴关系在总体销售方面比非独家关系更有优势，从而使银行和保险公司都受益。

人们也希望，随着价值管理成为亚洲保险公司的典范，竞争的保险公司的自我毁灭行为将随着时间的推移而下降。如果同一市场的所有保险公司决定不以破坏价值的方式进行银行保险业务，那么银行可能会更愿意为保险公司建立更好的关系。这种更合理的竞争行为在许多市场上发展成熟可能仍然需要很多年，但是在方向上，这是唯一的途径。

怀疑论者会指出，今天银行的配置和激励方式使之成为一个理论上的讨论。他们现在在有些市场上可能是正确的，但在未来 5 年~10 年的时间里，将不可能继续是这样的。

（四）亚洲富裕的中产阶级

亚洲人寿保险行业具有很大一部分吸引力是由于中产阶级家庭快速增长的巨大潜力。亚洲将在短短五年内增加约四分之一的新兴中产阶级家庭，这是今天美国总数的两倍多。这主要是由中国和印度两大增长市场驱动的。在未来 10 年，亚洲大城市将会有更多的中产阶级家庭和贫困家庭。现在的中产阶级家庭越来越富裕，这要归功于增长型市场对技能型劳动力的大量需求和较高的工资增速。

问题是人寿保险公司如何利用这个中产阶级的机会——特别是更富裕的中产阶级？答案将在很大程度上取决于保险公司是否能够创造适合这一新兴市场的产品的能力，并开发有效服务于这些客户的渠道。今天，大多数人寿保险公司，特别是在增长市场，非常重视这一富裕阶层。现有代理商的质量大多不高，大众招聘模式不适合吸引更高质量的新代理商。即使在银行渠道中，人寿产品主要销往大众市场的客户，而这些产品对更复杂的中产阶级的吸引力是有限的。

为了更好地吸引富裕的中产阶级，人寿保险公司需要重新审视他们的商业模式。他们需要更好地了解这个客户群及其细分，并且需要开发出更多的定制产品。一刀切的方法在这里不起作用。此外，需要创造渠道来有效地针对这一细分市场。这可能包括升级目前的代理商或银行保险模式，或者开发新的销售渠道，更有针对性的招聘，不同的薪酬和职业系统，以及更好的培训平台等。

如果人寿保险公司不符合客户不断变化的需求，他们就会失去亚洲最大的发展机会，即在主要增长市场中出现的富裕的中产阶级。

（五）创新与新技术

人寿保险行业的传统观念是，产品是卖的，不是买的，而且需要面对面地卖。然而，随着新技术、社交媒体的出现以及移动设备的普及，客户行为正在迅速发生变化。很少有客户直接购买人寿保险——这与汽车保险形成鲜明对照。麦肯锡在成熟的亚洲市场上的研究发现，有40%的客户已经不从代理商处购买保险产品，而是使用在线渠道获取人寿保险产品信息，这影响了他们对哪家公司和哪些产品的决定选择。

人寿保险公司需要了解客户行为的变化，以确保他们面对面的销售渠道保持有效。假设代理商只是更好地了解如何获得客户，这还不够，该渠道必须得到强大的在线产品的支持，以便在决策过程中早日寻找到潜在客户。总体来看，人寿保险公司在线销售方面总体上落后于消费品等行业。例如，在了解最终客户的行为改变以及如何利用这些机会的同时，许多保险公司的行为缓慢。很多人寿保险公司没有有效分析目标客户的能力。

互联网普及率和智能设备数量在中国和印度等市场迅速增长，而在这些市场中，传统渠道往往遭受质量问题的争议，客户有更多的动机去使用新渠道获得他们需要的信息。对于较大城市中较富裕的中产阶级家庭尤其如此，人寿保险公司发现很难达到这个目标。

此外，新技术可大大提高人寿保险业务的效率和效益。利用技术创建精简的端到端流程可以提高客户和分销商的满意度并节省成本。新技术通常可以以比传统的方法更有效的方式提供前线信息，而不是有五到七层的销售层次结构。有迹象表明这种情况已经在改变。例如，一家领先的印度人寿保险公司已经开始了整个公司数字化的过程，其发展潜力巨大。

（六）改革投资管理

过去几年来，投资管理一直是人寿保险公司日益重要的话题，特别是股市波动和低收益债券市场。鉴于资产负债的结构性持续时间不匹配（即长期负债，长期资产短缺），大多数亚洲保险公司在低利率期间都面临长期担保的问题。这种负面扩散的问题在中国台湾地区和日本等市场中最为普遍，长期以来，历史利率下降导致许多保险公司陷入困境。

即使在负利率问题不那么突出的市场中，股市下滑也给中国和韩国的寿险公司造成重大损失。这些损失导致投资者重新考虑投资寿险公司的选择，对于保险公司来说，市场的波动对投资信心有很大的影响，对投资管理实践的治理应该做出一些调整。

虽然许多保险公司现在了解如何管理保险资产的理论，但该地区绝大多数保险公司在现实中远非最佳实践。从资产负债管理（ALM）、战略资产配置（SAA）到战术资产配置（TAA），再到资产类别管理，每一步流程都需要分开考虑、科学计量和管理。

由于不匹配的高度技术性，以及只有资产管理专业人员了解投资环境，许多人寿保险公司已将资产配置选择交到资产管理部门。然而，他们的总回报（或会计回报）重点在管理财务业绩和长期财务健康之间的权衡方面面临挑战。通常，这些保险公司的激励措施对于导致资产负债表风险的短期财务业绩太偏斜。

此外，保险公司对投资方面比较头痛的是如何在其组织中吸引和保持投资人才。资产管理行业人才素质短缺、营业额高、专业人员相当年轻、缺乏经验，这在中高级经理层面是一个特殊的问题。无论保险公司是否喜欢，他们都需要面对建立更好的投资管理和 ALM 技能的挑战。对财务上的关注或独立于日常资产选择的 CIO 职能组合的过程也引起了责任方的更多关注。

在实践中，亚洲人寿保险公司已经不再完全使用整体的资产负债表管理，升级投资管理是首要任务。对于许多大型现有保险公司来说，这是迄今为止最大的风险因素，也是保险公司最大的价值驱动力。

（七）并购机会

未来十年，可能会在亚洲人寿保险行业加速并购（M&A）的活动，原因很简单：在亚洲投资了十年（或更长时间）之后，一些跨国公司已经准备放弃并专注于核心国内市场。当地很小一部分保险公司还没有准备好投入更多资金来支持资本日益密集型模式的增长。展望未来，在亚洲出现并购的机会不多，但基本上有两种类型的机会：亚洲市场罕见的规模剥离，例如 ING 预期的剥离以及更常见的地方剥离。对于正在亚洲扩大规模的保险公司来说，接下来的十年将巩固和建立其区域组合。收购者可能来自日本和韩国，他们将承诺跨国公司以及亚洲成熟的市场参与者寻求增长机会。中国的保险公司虽然规模最大，能力较强，但并不处在收购阶段，但仍有许多保险公司仍着重追求国内市场的巨大发展机遇。

目前，当地的亚洲保险公司比跨国保险公司更多地参加并购活动，亚洲保险公司今天在收购方面的专业知识水平很低，并且将与合并后整合中的语言和文化挑战相抵触。他们也缺乏在自己以外的市场运行操作的知识和才能。而跨国保险公司通常拥有更深入的多个行政人员，他们熟练掌握多个市场，并可以快速部署到目标市场。从日本和韩国的人寿保险公司参与最新的 M&A 交易可以看出，一些亚洲保险公司已经开始建立这种能力。鉴于本国市场的低增长环境，他们可能会继续这种趋势，尽管这些趋势也可能会遇到一些失败。在某种程度上，对于日本、韩国、中国台湾地区的保险公司来说，没有别的选择。自己市场的增长已经下降到低位数，相应地，其公司的估值趋向于成熟的市场倍数。因此，他们正在寻求通过地域扩张来实现增长。在许多方面，人们可以认为，传统的日本保险公司在这场竞争中已经相当晚了，因为在过去的十年中，日本大多数保险公司已经在衰退的市场中徘徊很多年了。

随着越来越多的公司在亚洲建立投资组合，他们将陷入泛亚运营的问题中。亚洲地区增值和创造规模经济，在不同的法规、客户、分销合作伙伴和文化中的每一个市场上都具有挑战性。为了在这种环境下取得成功，跨国保险公司需要建立良好的分销管理技能、消费者洞察力和产品制造技能，同时具有利用风险管理，投资和精益运营方面的最佳实践的能力。

中小型保险公司将面临越来越大的压力。没有规模效益，许多较小的保险公司需要在其客户选择中找到更大的差异化，有可能会在较窄的产品或渠道中开发更大的专业化。这在今天的许多市场中并不明显，因为所有保险公司，大小不一的商业模式非常相似。然而，随着市场的成熟，不可避免地会发生这种情况，专业人员将会获得更多的发展空间。

三、未来十年保持增长

亚洲人寿保险正处于真正的拐点。未来十年与过去十年将会有很大的不同。保险公司必须在亚洲业务的新范式下取得成功：他们必须将重点从顶尖的增长和扩张转变为价值创造和销售转型。必须重新设计保险公司的基本价值创造模式，利用技术创新、优秀投资管理以及参与并购活动来解决基本问题。在市场中取得成功的保险公司将是有远见的并为这个新的现实做准备，且有决心解决最具挑战性的问题的保险公司。比以往任何时候，保险公司更需要强大的、变革准备的领导力，并在这个变革和转型的时代里强化自身队伍。

第七节　结　　论

过去十年是亚洲保险高增长时期。虽然我们对未来仍然乐观，但我们看到亚洲人寿保险业已经进入新的范式。未来十年会更具挑战性。虽然其增长率仍然高于西方市场，但仍会低于其历史增长速度的最高点。与此同时，监管机构对当地的企业和跨国公司的压力越来越大，人寿保险公司的核心销售渠道将面临更多的压力和更严格的竞争，必须重组银行业务运营模式，同时利用新技术和大数据，找到一种与终端客户进行互动的新方式。

亚洲消费者市场正在迅速发展。人寿保险公司有机会进入新兴的中产阶级，特别是在中国和印度等增长市场，但也有一个风险，人寿保险公司可能不会快速发展其业务模式，这可能会导致银行和财富管理机构在大众市场中脱颖而出，因为他们可能更能适应新客户的需求。

过去十年，跨国公司在亚洲的业务大幅增加。展望未来十年，跨国保险公司可能会遭遇不断的监管障碍，从而出现投资的相关产品销售下滑，使人们对跨国品牌的看法不断恶化的情况。事实上，跨国公司在亚洲地区的整体毛保费总额呈下降趋势，由 2008 年的 23% 下降至 2010 年的 20%。与此同时，本地保险公司以专业知识和经营方式已紧紧抓住市场份额。国际扩张可能为当地保险公司提供一条途径，特别是日本和韩国经营增长方式有限的保险公司。

随着银行保险渠道的兴起，亚洲的人寿保险业务的销售正在发生变化，而法规和消费者偏好的转变加速了对传统代理渠道转型的需求。银行保险模式的成功提高了银行的议价能力，从而增加了保险公司的分销成本。展望未来，在银行保险销售模式中的成功者将是能够与银行紧密合作的保险公司，为银行提供强大的、以服务为导向的主张，而不是作为产品提供商。在机构方面，低技能、大众招聘代理模式的时代将不可避免地结束。许多亚洲市场的代理机构的专业化已经开始。

　　虽然面对面销售渠道仍将是销售的重要部分，但直接分销在亚洲选择性市场上取得了令人鼓舞的成果。随着更多的亚洲消费者上线，加上智能设备等技术的快速发展和应用，多渠道销售（例如将传统渠道与在线和移动接入相结合）可能会推动下一时期的行业创新。

　　在产品方面，投资相关产品在金融危机之后遭受了巨大的损失，因为客户转移到更传统的储蓄和养老型产品以服务于其长期的财务需求。虽然仍然不确定未来的股票市场发展趋势，保险公司仍然会在保障、年金、危重病和保健方面寻找到发展机会，随着人口老龄化以及亚洲国家财富水平的提高，客户一般都在寻找可以满足其安全和流动性需求的产品，这些机会会随着市场而发生变化，但可以肯定的是，他们将在市场上备受欢迎。

参 考 文 献

[1] 英国人寿保险、养老保险和养老年金的监管及借鉴，中国社会科学院金融所保险研究室，2014.

[2] 方力：《人身保险产品研究——机理、发展与监管》，中国财政经济出版社 2012 年版，第 186～187 页.

[3] 周华林、郭金龙：中国寿险产品供给及其影响因素分析 [J]. 载于《保险研究》2012 (11)，第 62～74 页.

[4] 王绪谨、席友：《中国寿险市场分析》，载于《十二五·新挑战：经济社会综合风险管理——北大赛瑟 (CCISSR) 论坛文集·2011》2011.

[5] 王敏、陈迪红：《英国寿险偿付能力监管体系变化及启示》，载于《金融经济》2012 (8)，第 120～121 页.

[6] 梁来存：《我国寿险需求的实证分析》，载于《数量经济技术经济研究》2007 (8)，第 80～89 页.

[7] 阎建军、王治超：转轨时期我国寿险需求的实证分析 [J]. 载于《保险研究》2002 (11)，第 19～21 页.

[8] 孙祁祥、边文龙、王向楠：《业务集中度对寿险公司利润和风险的作业研究》，载于《当代经济科学》2015 (5)，第 27～38 页.

[9] 张磊：《中美寿险产品对比视角下我国寿险产品的未来发展方向》，载于《未来与发展》，2015 (4)，第 30～33 页.

[10] Life insurance in the United Kingdom, January 2014.

[11] http://www.abi.org.uk/.

[12] Chaplin, Geoff. Life Settlements and Longevity Structures: Pricing and Risk Management. 2009, p. 5.

[13] http://www.AEGON.com.

[14] http://www.aviva.com.

[15] http://www.lloyds.com.

[16] http: //www. prudential. co. uk.

[17] Binder, Stephan. Life Insurance in Asia : Sustaining Growth in the Next Decade (2nd Edition).

[18] Karni, E. , Zilcha, I. . Risk Aversion in the Theory of Life Insurance: the Fisherian Model [J]. Journal of Risk andInsurance, 1986, 53: 606 -620.

[19] Browne, M. J and Kim, K An International Analysis of Life Insurance Demand [J]. Journal of Risk and Insurance, 1993, 60: 616 -634.

[20] Oliver M. Westall, Managing risk: - British insurance over 300 years, Insurance trends, April 2001, pp. 17 -23.

[21] Theodore M. Porter, Regulated Lives: life insurance and British Society, 1800 -1914, Joural of interdisciplinary history, volume 41, Number3, winter 2011, pp. 447 -448.

[22] Adams, M. and Buckle, M. (2003) The determinants of operational performance in the Bermuda insurance market, Applied Financial Economics, 13, pp. 133 -43.

[23] Browne, M. J. , Carson, J. M. and Hoyt, R. E. (1999) Economic and market predictors of insolvencies in the life-health insurance industry, The Journal of Risk and Insurance, 66, pp. 643 -59.

[24] Browne, M. J. , Carson, J. M. and Hoyt, R. E. (2001) Dynamic financial models of life insurers, North American Actuarial Journal, 5, pp. 11 -26.

[25] Greene, W. H. (2002) User's Manual: Limdep Version 8. 0, Econometric Software Inc. , USA. Warner, J. B. (1977) Bankruptcy costs: some evidence, Journal of Finance, 32, pp. 337 -47.

[26] Association of British Insurers (2004), Data extracted from the website at: www. abi. org. uk Balassa, B. (1965), " 'Trade Liberalisation and' Revealed Comparative Advantage", The Manchester School of Economic and Social Studies, Vol. 33, pp. 99 -123.

[27] Banker, R. D. , Chames, A. and Cooper, W. W. (1984), "Some Models for Estimating Technical and Scale Inefficiencies in Data Envelopment Analysis", Management Science, Vol. 30, pp. 1078 -1092.

[28] Berger, A. and Humphrey, D. (1997), "Efficiency of Financial Institutions: An International Survey and Directions for Future Research", European Journal of Operations Research, Vol. 98, pp. 175 -212.

［29］Berger, A. N. and Mester, L. J. (1997), "Inside the Black Box: What Explains Differences in the Efficiencies of Financial Institutions?" Journal of Banking and Finance, Vol. 21, pp. 895 – 947.

［30］Berger, A. and Hannan, T. N. (1998), "The Efficiency Cost of Market Power in the Banking Industry: A Test of the 'Quiet Life' and Related Hypotheses", Review of Economics and Statistics, Vol. 80, pp. 454 – 465.

［31］Blake, D. and Board, J. (2000), The Next Wave of Success in the Financial Services Industry, Geneva Papers on Risk and Insurance: Issues and Practice, Vol 25, pp. 539 – 567.

［32］Chapman, M. (2001), "Sins of the Industry", Money Management, January, pp. 86 – 90.

［33］Coelli, T. J. (1996), "A Guide to DEAP Version 2. 1: A Data Envelopment Analysis (Computer) Program", CEPA Working Paper No. 8/96, ISBN 1 86389 4969, Department of Econometrics, University of New England.

［34］Cummins, J. D. and Santomero, A. (1999), Changes in the Life Insurance Industry: Efficiency, Technology and Risk Management, Boston: Kluwer Academic Publishers.

［35］Cummins, J. D. and Weiss, M. A. (2001), "Analyzing Firm Performance in the Insurance Industry Using Frontier Efficiency and Productivity Methods", in Handbook of Insurance Economics (Dionne, G. ed.), Boston MA, Kluwer Academic Publishers.

［36］Cummins, J. D., Weiss, M. A. and Zi, H. (1999), "Organizational Form and Efficiency: the Coexistence of Stock and Mutual Property – Liability Insurers", Management Science, Vol. 45, pp. 1254 – 1269.

［37］Cummins. J. D. and Zi, H. (1998), "Measuring Economic Efficiency of the US Life Insurance Industry: Econometric and Mathematical Programming Techniques", Journal of Productivity Analysis, Vol. 10, pp. 131 – 152.

［38］Diacon, S., Starkey, K. and O "Brien, C. (2002)," Size and Efficiency in European Long – Term Insurance Companies: An International Comparison, The Geneva Papers on Risk and Insurance, Vol. 27, pp. 120 – 126.

［39］Diacon, S. and Drake, L. (2004), "Measuring Competition in the UK General Insurance Markets" paper presented at the UK Insurance Economists Conference, Nottingham University, March 2004.

[40] Fenn, P. and Vencappa, D. (2003), "Cycles in Underwriting Profits from UK Motor Insurance, 1985 – 2002", paper presented at the UK Insurance Economists' Conference, Nottingham University, March 2003.

[41] Fung, H., Lai, G., Patterson, G. and Witt, R. (1998), "Underwriting Cycles in Property and Liability Insurance: An Empirical Analysis of Industry and By – Line Data", Journal of Risk and Insurance, Vol. 65, pp. 539 – 62.

[42] Hardwick, P. (1997), "Measuring Cost Inefficiency in the UK Life Insurance Industry", Applied Financial Economics, Vol. 7, pp. 37 – 44.

[43] Hoschka, T. C. (1994), Bancassurance in Europe, London: Macmillan. Klumpes, P. (2004), "Performance Benchmarking in Financial Services: Evidence from the UK Life Insurance Industry", Journal of Business, Vol. 77, pp. 257 – 73.

[44] Mester, L. J. (1997), "Measuring Efficiency at U. S. Banks: Accounting for Heterogeneity is Important", European Journal of Operational Research, Vol. 98, pp. 230 – 242.

[45] Oliver, M. and Small, M. (1999), "The Value of Life: Harvesting Lifetime Customer Value in Retail Financial Services", paper presented at the UK Insurance Economists' Conference, Nottingham University, March 1999.

[46] Oliver, M. (2000), "Goodbye Distribution, My Old Friend", Paper presented at the UK Insurance Economists' Conference, Nottingham University, March 2000.

[47] Pearson, R. (2002), "Growth, Crisis, and Change in the Insurance Industry: A Retrospect", Accounting, Business and Financial History, Vol. 12, pp. 487 – 504.

[48] Schaffnit, C, Rosen, D. and Paradi, J. C. (1997), "Best Practice Analysis of Bank Branches: An Application of DEA in a Large Canadian Bank", European Journal of Operational Research, Vol. 98, pp. 269 – 289.

[49] Sigma (2002), "The London Market in the Throes of Change", Sigma, 2002, No. 3, Zurich: Swiss Re.

[50] Campello, 2006, Debt financing: Does it boost or hurt firm per-

formance in product markets? Journal of Financial Economics, Vol. 82, Issue 1, 135 – 172.

[51] Chiesa, 2001, Incentive – Based Lending Capacity, Competition and Regulation in Banking, Journal of Financial Intermediation, Volume 10, Issue 1, January, 28 – 53.

[52] Froot, K. A. , 2007, Risk Management, Capital Budgeting, and Capital Structure Policy for Insurers and Reinsurers, Journal of Risk and Insurance 74, 273 – 299.

[53] Menendez, E. J. , Gomez, S. (2000). Product and labour markets as determinants of capital structure in a medium-sized economy. IV Foro de Finanzas de Segovia, Segovia.

[54] Phillips, R. D. , J. D. , Cummins, and Allen, F. , 1998, Financial Pricing of Insurance in the Multiple – Line Insurance Company, Journal of Risk and Insurance, 65, 597 – 636.

[55] Purnanandam, A. , 2008, Financial Distress and Corporate Risk Management: Theory and Evidence, Journal of Financial Economics, 87, 706 – 739.

[56] Rees and Kessner, 1999, Regulation and efficiency in European insurance markets, Economic Policy Volume 14, Issue 29, October, 363 – 398.

[57] Adams, M. and Buckle, M. (2003) The determinants of operational performance in the Bermuda insurance market, Applied Financial Economics, 13, 133 – 43.

[58] Colquitt, L. L. , Sommer, D. W. and Godwin, N. H. (1999) Determinants of cash holdings by property-liability insurers, The Journal of Risk and Insurance, 66, 401 – 15.

[59] Kim, C. S. , Mauer, D. C. and Sherman, A. E. (1998) The determinants of corporate liquidity: theory and evidence, Journal of Financial and Quantitative Analysis, 33, 335 – 59.

[60] Mehar, A. (2005) Impacts of equity financing on liquidity position of a firm, Applied Financial Economics, 15, 425 – 38.

[61] Opler, T. , Pinkowitz, L. , Stulz, R. and Williamson, R. (1999) The determinants and implications of corporate cash holdings, Journal of Financial Economics, 52, 3 – 46.

[62] Ozkan, A. and Ozkan, N. (2004) Corporate cash holdings: an empirical investigation of UK companies, Journal of Banking and Finance, 28, 2103 – 34.

[63] Panno, A. (2003) An empirical investigation on the determinants of capital structure: the UK and Italian experience, Applied Financial Economics, 13, 97 – 112.

[64] Adams, M. B., 1995, Balance Sheet Structure and The Managerial – Discretion Hypothesis: An Exploratory Empirical Study of New Zealand Life Insurance Companies, Accounting and Finance, 35: 21 –45.

[65] Association of British Insurers, 1998, Insurance: Facts, Figures and Trends (London: ABI). Berger, A. N., D. Cummins, and M. Weiss, 1997, The Coexistence of Multiple Distribution Systems for Financial Services. The Case of Property – Liability Insurance, Journal of Business, 70: 515 –546.

[66] Berger, A. N., D. Cummins, M. Weiss, and H. Zi, 2000, Conglomeration vs Strategic Focus: Evidence from the Insurance Industry. Journal of Financial Intermediation, 9: 323 – 362.

[67] Berger, A. N., and D. B. Humphrey, 1997, Efficiency of Financial Institutions: International Survey and Directions for Future Research, European Journal of Operational Research, 98: 175 – 212.

[68] Cabral, L., 1995, Sunk Costs, Firm Size and Firm Growth, The Journal of Industrial Economics, 48: 161 – 172.

[69] Carter, R. L., 1998, The UK Insurance Industry—Retrospect and Prospect, Journal of the Society of Fellows, 13: 6 – 25.

[70] Chesher, A., 1979, Testing the Law of Proportionate Effect, The Journal of Industrial Economics, 27: 403 –411.

[71] Cummins, J. D., S. Tennyson, and M. Weiss, 1999, Consolidation and Efficiency in the US Life Insurance Industry, Journal of Banking and Finance, 23: 325 –357.

[72] Dunne, P., and A. Hughes, 1994, Age, Size and Survival: UK Companies in the 1980s. The Journal of Industrial Economics, 42: 115 – 140.

[73] Evans, D. S., 1987, Tests of Alternative Theories of Firm Growth, Journal of Political Economy, 95: 657 –674.

[74] Fields, J. A., 1988, Expense Preference Behavior in Mutual Life

Insurers, Journal of Financial Services Research, 1: 113 – 129.

[75] Geroski, P. A., S. J. Machin, and C. F. Walters, 1997, Corporate Growth and Profitability, The Journal of Industrial Economics, 45: 171 – 189.

[76] Gibrat, R., 1931, Les Inegalites Economiques (Paris: Recueil Sirey). Globerman, S., 1986, Firm Size and Dynamic Efficiency in the Life Insurance Industry, Journal of Risk and Insurance, 53: 278 – 293.

[77] Gujarati, D. N., 1995, Basic Econometrics, 3rd ed. (New York: McGraw – Hill). Hall, B. H., 1987, The Relationship Between Firm Size and Firm Growth in the US Manufacturing Sector, The Journal of Industrial Economics, 35: 583 – 606.

[78] Hardwick, P., 1997, Measuring Cost Inefficiency in the UK Life Insurance Industry, Applied Financial Economics, 7: 37 – 44.

[79] Harhoff, D., K. Stahl, and M. Woywode, 1998, Legal Form, Growth and Exit of West German Firms—Empirical Results for Manufacturing, Construction, Trade and Service Industries, The Journal of Industrial Economics, 46: 453 – 488.

[80] Heckman, J., 1979, Sample Selection Bias as a Specification Error, Econometrica, 47: 153 – 161.

[81] Insurance Post, 1999, The Insurance Directory (London: Buckley Press). Jovanovic, B., 1982, Selection and Evolution of Industry, Econometrica, 50: 649 – 670.

[82] O'Brien, C. D., 2001, The Performance of Recent Entrants to the UK Life Assurance Market a Threat to Established Players? Insurance Research and Practice, 16: 26 – 39.

[83] D. Colenutt, 1975, Concentration in the U. K. Ordinary Life Assurance Market, The Journal of Industrial Economics, 24: 147 – 159.

[84] Santomero, A. M., and D. F. Babbel, 1997, Financial Risk Management by Insurers: An Analysis of the Process, Journal of Risk and Insurance, 64: 231 – 270.

[85] Binder, Stephan. Life Insurance in Asia: Sustaining Growth in the Next Decade (2nd Edition). 2014, 220 – 280.

[86] Ward, D., and R. Zurbruegg, 2000, Does Insurance Promote

Economic Growth? Evidence from OECD Countries, Journal of Risk and Insurance, 67: 489 – 506.

[87] Weiss, C. R. , 1998, Size, Growth, and Survival in the Upper Austrian Farm Sector, Small Business Economics, 10: 305 – 312.

[88] Whittington, G. , 1980. The Profitability and Size of United Kingdom Companies 1960 – 74, The Journal of Industrial Economics, 28: 335 – 352.

[89] Storey, D. , K. Keasey, R. Watson, and P. Wynarczyk, 1987, The Performance of Small Firms (London: Routledge). Sutton, J. , 1997, Gibrat's Legacy, Journal of Economic Literature, 35: 40 – 59.

后　　记

　　本书是在博士后出站研究报告的基础上修改而成的，2013 年，我有幸进入中国社会科学院博士后流动站学习，从事保险领域的研究工作，开启了我人生中一段十分重要的里程。感谢社科院提供了一个广阔的学习平台，使我能够在知识的海洋中自由徜徉。感谢我的导师郭金龙教授！郭老师渊博的学识，缜密的思维，对经济金融领域高屋建瓴的把握，对实际问题细致入微的观察，对研究孜孜不倦的追求，对年青学者的栽培，无一不令我钦佩与折服；每一次与郭老师交谈和探讨，都使我获益良多，受用终生！感谢社科院金融研究所的各位老师对博士后研究工作的悉心安排！

　　感谢齐鲁工业大学徐如志院长的大力支持，感谢齐鲁工业大学其他领导和同仁们对我研究工作的指导和肯定！本书也作为"齐鲁工业大学人文社科优秀青年学者支持计划"的阶段性成果。感谢出版社各位编辑的无私奉献和支持！

　　最后，感谢我的爱人刘金秋，无论是在我读博士期间，还是做博士后期间，都给予我极大的支持与帮助；感谢我的父母，帮我做大量家务，照顾我的儿子；感谢我的儿子刘欣源和刘欣宜，你们的快乐和笑声感染着我！家人的理解和支持，是我顺利完成这本书的重要保证！